汉英"他物喻植物"

词汇认知对比研究

陈　晦◎著

A Contrastive Study on
Chinese and English Lexicalized Metaphors of

"Other Things Mapping Plants"

ZHEJIANG UNIVERSITY PRESS
浙江大学出版社
·杭州·

图书在版编目(CIP)数据

汉英"他物喻植物"词汇认知对比研究/陈晦著.

杭州:浙江大学出版社,2024.6.--ISBN 978-7-308
-25177-8

I. H136;H313

中国国家版本馆 CIP 数据核字第 2024QM4472 号

汉英"他物喻植物"词汇认知对比研究

陈　晦　著

责任编辑	曲　静	
责任校对	朱梦琳	
封面设计	雷建军	
出版发行	浙江大学出版社	
	(杭州市天目山路 148 号　邮政编码 310007)	
	(网址:http://www.zjupress.com)	
排　　版	浙江大千时代文化传媒有限公司	
印　　刷	广东虎彩云印刷有限公司绍兴分公司	
开　　本	710mm×1000mm　1/16	
印　　张	13.75	
字　　数	225 千	
版 印 次	2024 年 6 月第 1 版　2024 年 6 月第 1 次印刷	
书　　号	ISBN 978-7-308-25177-8	
定　　价	78.00 元	

词语是表达意义、构成语言的基本单位,在我们的语言学习和使用中发挥着基础性作用。词语的类别有很多种。从构成方式上看,有单纯词、复合词、派生词;从句法功能上看,有实词、虚词,实词又分为名词、动词、形容词、代词、数量词等,虚词又分为副词、助词、连词、限定词等;从词义上看,有概念意义、内涵意义、搭配意义等;从语用上看,有语境义、比喻义、引申义等。一个词语与其内容(即词的意义)存在着一对一、一对多的关系。在各民族的语言中,只有一种意义的词语比较少见。特别是富有实质内容的各类名词,往往表现出一词多义的语言属性,蕴含着语言与思维密不可分的本质。从内容上看,名词可以分为人体词、物体词、时间词、方位词等。人体词、时间词、方位词,顾名思义,无需赘言。物体词包含指称动物、植物、器物等事物实体的词语。从数量上看,指称人、动物、植物的三类词语占据名词的大多数。

有趣的是,在指称人、动物、植物、人造物四类词语中,每一种分别都有一些包含另外三种"他物/非本物"的词语,它们相互存在着显著的语义联系,折射出某种思维互通。譬如,在指称人、动物的词语"校花、包菜头、big potato(大人物)、梅花鹿、swordfish(剑鱼)、silverfish(银鱼)"中,有植物词、器物词;在指称器物的词语"花瓶、鱼头钩"中,有植物词、动物词;在指称植物的词语"人心果、手掌花、finger lime(手指酸橙)、hair grass(头发草)、马齿苋、羊蹄草、sheep laurel(绵羊桂)、buffalo berry(水牛莓)、铁扫帚、拖鞋兰、sword lily(剑兰)、epaulette tree(肩章树)"中,有人体词、动物词、器物词等。

然而,迄今为止,无论汉语还是英语,对于这一类词汇的形态、词义及文化特征等语言现象的研究都较为薄弱。基于此类专门词汇,进行汉英对比研究的论著则尤为罕见。我国著名语言学家赵元任先生指出,所谓语言学理论,实际上就是语言的比较,就是世界各民族语言综合比较研究形成的结论。

对于语言的比较,内容上,离不开词汇、音系、语法等方面的对比研究;视角上,目前来看,无非是依据结构语言学、生成语言学、认知语言学等理论;方法上,则是采用定量统计、定性界定、对比阐释等套路。词汇对比的历史虽然由来已久,但与音系和语法的对比研究相比,则显得不足,就汉英语词汇进行对比探讨的著作更是屈指可数(引自王文斌为《英汉词汇对比研究》(邵斌,2019)所写前言)。

本书以汉英语中植物类专名词汇为研究内容,聚焦于其中的"非植物"词语,在综合运用认知语言学、词汇语义学、文化人类学等相关学科的理论和研究成果的基础上,借助概念隐喻、民族文化及生态理念等观点,对汉英植物名中的"非植物"词语——人体词语、动物词语和人造物词语的语义进行多角度、多层面的系统性考察,采用定性和定量相结合、描写与解释相结合的方法进行对比研究,细致分析两者的共性和个性特征,全面阐释该类语言表现的认知机制及其与民族文化的内在关联,试图丰富词汇对比研究的内容、补充发展认知语言学、文化语义学的理论与实践,从而有助于提高英语和汉语学习者对专类词汇学习的敏锐度,增强其语言与文化的认知意识,有益于跨文化交流及汉外语言的教学与翻译。

全书共分八章,第一章为绪论,介绍研究对象、研究内容,综述相关研究现状,交代研究方法,并对研究意义、语料来源及本书的框架加以说明。第二章为植物词语的认知理据,简述认知观下的词汇意义,讨论词义与文化的关系,并对植物名词义概念、隐喻转喻拓展等进行论述。第三章为汉英植物名的隐喻特征,对汉英植物名的词形特征、词性特征、词义特征、语法特征(主谓、动宾、偏正等结构)、文化特征、审美特征等进行探讨。第四章为"他物喻植物"与"植物喻他物"对比,阐述两类隐喻的本质和特征,分析讨论汉英"植物喻他物"的语言现象,探讨"植物是他物"概念隐喻的衍生机制。第五章为汉英"人喻植物"词语对比,对汉英植物名中的"人"词语数量、结构特征、喻体类型、词义内容及社会文化因素进行对比讨论。第六章为汉英"动物喻植物"词语对比,对汉英植物名中的"动物"词语数量、结构特征、喻体类型、词义内容及社会文化因素进行对比讨论。第七章为汉英"人造物喻植物"词语对比,对汉英植物名中的"人造物"词语数量、结构特征、词义内容及社会文化因素进行对比讨论。第八章为总结与展望,简要陈述本书的主要成果、主要结论及其不足和启示;对于跨文化交流与翻译中如何辨识英语植物名中的中国元素以及汉英语教学中如何融入植物词汇进行思政启发等问题,提出建议,加以展望。

目　录

第一章

绪　论

第一节　研究背景和研究现状

　　植物是大自然的一个重要组成部分,它们不仅为万物带来清新的空气,提供各式各样的食材,而且为自然环境增添无限的生机、活力和乐趣。植物之于人类生活,可谓无处不在、无可替代。植物与人类的衣食住行有着千丝万缕的联系,也与人类有着诸多相似的地方。春芽、夏花、秋叶、冬枝,仿佛人生的每一个阶段,牵动着人类的思绪和情感。如,汉语用"雨后春笋"比喻新事物迅速大量涌现,用"芝麻开花节节高"比喻境况一天比一天好;英语中则有"roses all the way"(一路玫瑰)和"come up roses"(将会出现玫瑰)的表达,预示一帆风顺,事情朝着好的方向发展。这种认知方式是将植物的某些特性映射到人或者事物上,通过对植物的各种感知来促成人们对某种抽象事物的理解和认知。

　　语言反映世界,语言承载文化。人在与植物接触和互动的基础上,将从中产生的生活经验和文化体验进行思维加工,并上升到语言层面,从而形成了独具特色的植物隐喻这种语言表达形式。在植物隐喻的表达中,我们的思维试图通过植物的某一特征来说明一种人、物以及一种难以解释的行为或者现象。当源域"植物"向目标域"人"映射时,我们可以从中衍生出诸多以植物描述人物的隐喻性表达。在汉语中,有的人被称为"山间竹笋"(华而不实,没有真本事的人),有的人被称为"闷葫芦"(不爱说话、闷声不响)。在英语中,"full of beans"(充满豆子)喻指人的精力充沛,"couch potato"(沙发上的土豆)常被用来嘲讽人的懒散,而"pumpkin"(南瓜)则喻指重要人物。从以上例子中我们不难发现,植物拟人是两个母语分别为汉语和英语的不同民族的一种共性思维,植物名不仅仅用于指称植物本身,还广泛用于指称人和人的生活、感情、思想等方面。

植物隐喻表达包含着深层次的文化心理和民族思维特色。正因为文化对植物隐喻形成和使用的重要性,围绕汉英植物隐喻和植物词汇开展的相关研究大体可以分为三类:第一类以呈现植物的文化意义为主,从语言学的角度探讨植物词汇的文化意义,或者某种植物的文化价值,其中包含和体现了植物的隐喻意义;第二类在"存在大连环"概念隐喻的框架下单纯地研究植物隐喻,目前相关研究成果的数量不多;第三类则在认知语言学理论的框架下分析"植物隐喻他物"的语言现象,总结归纳"思想是植物""爱是植物""人是植物""生产活动是植物"等常被忽视而又无处不在的隐喻表达。收集到的资料显示,现有研究似乎忽略了镶嵌在植物名中的大量非植物概念词("他物隐喻植物")这种语言现象,针对这一领域的研究几乎是空白的,这就留给我们一个在植物隐喻这片土地上开垦挖掘的机会。

在权威汉英词典中,已成固定词汇的植物名往往涵盖两种隐喻情况:一种是植物名本义由他物隐喻形成,"他物"概念成为"植物"概念;另一种是植物名隐喻他物,植物词义变成非植物词义。查阅现有文献发现,国外关于植物名隐喻现象的研究开展较早,学者们主要围绕以下三个方面进行了研究。

第一,植物隐喻他物。从事植物隐喻他物现象及其理据研究的主要有莱考夫和约翰逊(Lakoff & Johnson,1980)、布朗和维特科夫斯基(Brown & Witkowski,1981)、莱考夫和特纳(Lakoff & Turner,1989)、穆恩(Moon,1998)、科威塞斯(Kovecses,2002)、艾森诺娃(Esenova,2007)、菲利普丘克-罗辛斯卡(Filipczuk-Rosińska,2012)等学者,他们以一些植物词语为例,或者在其著作的某个章节,或者以论文的形式,对植物概念隐喻抽象概念的语言表现进行了论述,从文学文本或者日常语言中发现并归纳出"思想是植物""爱是植物""人是植物""生产活动是植物"等隐喻表达。这些研究超出了对植物隐喻本身的讨论,深入认知科学、概念隐喻等更高层面,具有较高的参考价值。不过这些研究大多基于单一语言,仅就植物隐喻他物的语言现象进行探索和论述,鲜有反向延伸讨论他物隐喻植物的现象。

第二,"存在大连环"概念隐喻。根据莱考夫和特纳(Lakoff & Turner,1989)提出的"存在大连环"概念隐喻,神话中的人(神/上帝)、人、动物、植物和无机物等宇宙概念可以按照属性和行为分为五个层级。植物与人、动物和其他事物(物质实体)共同存在,相互之间构成概念转换的关系。当我们以植物为本体目标来跨层级理解其概念时,就构成了"植物是其他四个层级中的人或者事物"的隐喻模式。克尔索斯佐斯基(Krzeszowski,1997)认为,"存在大连环"概念隐喻的五个层级是神话中的人(神/上帝)、人、动物、植物和无机物,并通过向上层级和向下层级的扩展联系,归纳出 20 个概念隐喻。需要指出的是,"神话中的人"一词是西方文化中的概念,与中国古代民间的"神仙""大圣""精灵"等哲学概念相当。其中,反映植物概念与非植物概念互相依存转换的隐喻有 4 对 8 条:神话中的人物是植物、人是植物、动物是植物、植物是事或者物、事或者物是植物、植物是动物、植物是人、植物是神话中的人物。在非植物的人/物/事中,人、动物、人造物等属于实体概念。这一视角为植物隐喻他物和他物隐喻植物的语言研究提供了新的理论基础。国外有学者就"植物是非植物(他物)"隐喻现象开展了一定的研究,如里维尔(Rival,1998)、格莱德希尔(Gledhill,2002)、希尔(Hill,2003)、加纳(Garner,2004)、赫尔曼和莫斯(Herman & Moss,2007)、德拉戈依斯库和德拉戈依斯库(Dragoescu & Dragoescu,2012)等。但是,这些研究都是基于单一语言进行的,而且语料零散,仅仅依据选取的数个或数十个植物名,描述其字面义和文化义,解释其命名缘由,研究成果并不完整。值得一提的是,印尼学者瓦佳娜(Wijana,2016)全面讨论了印尼语植物名中的隐喻性表达,分析了隐喻名的构成形式及其社会文化因素,挖掘较深,显示出较高的应用价值。但是,其研究忽视了人、动物和人造物三种实体概念向植物概念映射的全貌、具体表现及其内在关联性。

第三,他物(非植物)隐喻植物的双语对比研究。从事这方面研究的学者极少,仅有莫克依若(Mokhiruh,2017)、卡拉苏瓦等(Kolosova et al.,2017)、瓦尼亚科瓦(Waniakowa,2018)等。莫克依若(Mokhiruh,2017)以 32个英语植物名和 15 个乌兹别克语植物名为语料,分析比较了不同语言植物名的形成模式和词义组成部分,指出词义中包含的植物、人、宗教、动物和房屋财物等概念元素蕴含了丰富的历史和地域特色,往往体现了一个民族特定的世界观。卡拉苏瓦(Kolosova,2017)收集统计了斯拉夫语、日耳曼语和阿尔巴尼亚语等语言中包含"熊"一词的植物名,分析它们采用"熊"来隐喻表达指称植物的原因,比较它们之间命名模式的异同,对于如何考察双语和多语中单个"他物"概念词隐喻表达植物概念的现象具有一定的代表性和启发性。瓦尼亚科瓦(Waniakowa,2018)比较了波兰语和斯拉夫语植物名的民俗根源之异同,指出植物名蕴含了丰富的历史和地域特色,但容易被忽略,只有通过历时和比较的方法才能将其揭示出来。这些研究的视角新颖,以小见大,但因语料太少,其例证偏弱。

我国关于植物隐喻他物(非植物)和他物(非植物)隐喻植物方面的研究零散且不均衡,主要特点如下。

第一,"他物是植物"隐喻(植物隐喻他物)及其汉英对比研究较为突出。一些学者,如安志伟(2009)、陈映戎(2015)、苏正隆(Su,2003)、谢菁玉和邱菀伶(Hsieh & Chiu,2004)、赖梓莹和安可思(Lai & Ahrens,2001)等,以"存在大连环"概念隐喻为基础,结合跨文化理解的视角,针对汉语和英语中植物源域映射在经济、军事、情感、思想等靶域的隐喻现象,进行了较为深入的对比分析,很好地推进了汉英植物隐喻的认知研究。

第二,"植物是他物"隐喻(他物隐喻植物)及其汉英对比研究总体偏弱。从事这方面研究的主要有李润桃(2008)、王丽玲(2009)、谭宏姣(2010)、张喆(2012)等学者。王丽玲(2009)考察了汉语中草药植物名中的一物多喻现象,从形成机制、本体确立和喻体选取等方面进行了分析归纳和认知解释。谭宏姣(2010)对数十个汉英植物名的词源结构进行了分析比较,认为两者在他物来源上具有类比性、具象性和单一性,但在文化上表现出较大的差异性。这些研究围绕汉英植物名的词义理据和隐喻现象进行了较好的讨论和阐释。

有关"植物是他物"的研究成果非常少,相关研究文献仅有200多篇。其中,张喆(2012)的《基于英语语料的"人是树"隐喻探究》探讨了"人是植物"概念隐喻类型下"人是树"的隐喻在英语中的衍生能力,对英语中以人为目标域的"树—人"两个概念域之间表现出的系统隐喻映射关系进行了认知分析和新颖解读;彭媛等(2015)的《"人化"汉语"花卉"词的隐喻研究》、于杰

(2018)的《汉语植物命名中的动物隐喻研究》和丁艳（2020）《汉语植物词语研究》都涉及"他物隐喻植物"的研究，但都是以单一语言的语料为研究对象，内容比较单薄，不够完整系统，论述的深度和广度也比较有限。目前，基于汉英植物名语料对"他物隐喻植物"的语言现象开展的对比研究较为稀少，且存在如下缺陷：一是汉英植物名的词义特性、形成理据及其表现异同论述仍有欠缺；二是语料的系统性和论证的深入性有待加强；三是从双语视角探寻"植物"与"他物"的关联性尚显不足；四是汉英"植物是他物"隐喻的形成机制、源域范围及文化表现研究偏弱。

植物名中的非植物概念词到底有哪些？两者之间着有怎样的认知联系？该类名词的词汇化表现有哪些？汉英词化模式有何异同？植物命名词汇的隐喻义和文化义的表现特色分别是什么？其背后折射出的汉民族和英吉利民族的认知方式有何异同？本书将结合具体的系列例词对以上问题进行定量的全面分析和深入探讨，以发现其内在的文化语义关联，揭示其词汇形成的规律，寻找影响词义认知的障碍，促进人们对汉英植物名的构词过程、称名理据和民族思维方式异同的理解。本书尝试从认知语言学角度对汉英语中"他物隐喻植物"类词汇进行系统的对比研究，是对前人研究成果的拓展，有利于进一步丰富这一领域的研究内容。

第二节　研究内容和研究意义

本书依据认知语言学理论，从"存在大连环"概念隐喻的视角探究植物概念隐喻形成的理论基础，以汉语和英语中包含人体、动物和人造物概念词的植物名为研究对象，定量并对比分析其形义异同，归纳论述"非植物"概念跨域映射植物概念的本质属性及其特殊表现，阐释其词义形成理据和复合搭配特征，探究汉英植物概念词汇模式的异同，达到揭示整个植物名专类词汇的语义特征及其语义建构规律的目的，进而充实认知语言学中物名研究的理论基础，以更好地解释复合词词义现象。

本书的研究内容主要包括以下几个方面。

第一，阐释与植物概念词汇化相关的理论。植物名是语言词汇中的基本名词之一，其形式复合、词义特殊，多数经由非植物概念隐喻而成。人类借助人体、动物和人造物等概念来表达新的植物概念，进而认知和命名植物。其词义的产生、演变反映出人与自然、语言与思维互动的社会文化印迹。"存在大连环"概念隐喻、文化语义学以及语言人类学可视作对其作出阐释的基础理论。

第二，界定植物概念词与"非植物"概念词。概念需要以词语为载体来表征，除了"花、草、树、枝、叶、果、根"等表达植物属类概念的一般词语外，许多表达植物种类概念的词语借用原本描述其他非植物概念的词语，从而产生了大量与人（人体）、动物（动物体）和人造物等相关的植物名，例如湘妃竹、牛尾草、银条菜、baby rose、pigweed、blanket-flower等。这些词语被指称植物之后，依然保持其原有词义，成为语言中一词多义的词。"非植物喻植物"词语的生成正是原本不是表征植物的其他概念映射在植物概念的结果。因此，有必要对这些词语进行定义和区分，为后续论证厘清概念。

第三，对比分析植物与他物互为喻体的现象。在"存在大连环"概念隐喻中，处在"植物"上位的"人是植物……"等四条"连接链"属于"他物是植物"的概念隐喻。这些隐喻表达经常出现在文学作品或者日常用语中，其形式多为开放性的句子或者固定习语，如"一张桃花脸""those kids are blooming"等，在修辞上属于"活"隐喻。而处在"植物"下位的"植物是事或者物……"等四条"连接链"则属于"植物是他物"的概念隐喻，这些隐喻内含于植物名之中，是词汇化了的专类名词，在修辞上属"死"隐喻。这两类隐喻的喻体、本体以及映射基础（mapping ground）完全不同，须探究其词义理据和形成机制。

第四，对比汉英人体、动物和人造物隐喻植物的类别和特征。植物名是命名者利用已有词汇来指称植物的一类名词，以隐喻方式形成，以复合形式出现。人体词、动物词、人造物词等常常是隐喻植物概念的主要"源词"。对汉英植物名中的"源词"进行统计和归类是开展对比研究的重要基础。本书从多个汉英典籍中逐一查找源词，收集、统计包含人体、动物、人造物概念的汉英语名称各500个，加以分类列表，进而对其概念内涵特征、词义形成理据等进行系统分析和研究。

第五，揭示喻体取象与民族文化知识的关联性。植物名冠"他物"之名，表植物概念之实，不仅是民族志的语言呈现，隐性记录了社会文化元素，还是乡土知识的一种来源。其中，喻体概念描述植物性征、形态、环境、功用，而喻体具象的选择及其类比表达则由民族文化知识体系决定。因此,按"近取诸身,远取诸物"的认知原则,植物概念主要借助包含人体、动物和人造物等概念的词语来表达,而具体的喻体概念则是民族文化的呈现,两者互为关联,既反映地域环境,也反映人文思想、动物种类、物用面貌等方面的乡土知识。

第六,对比汉英他物隐喻植物词汇化表现的异同。植物名在概念成分和构词形式上既有共性,也有个性。其喻体的概念成分丰富又复杂,具有鲜明的文化特征。词汇形态一般分为两种:一种是由他物名与某个种类的植物名组合形成,即喻体(他物名)＋ 本体(植物类名)＝(新)植物名,如铁灯树、绣球藤、epaulette tree、arrow-grass;另一种是由他物名直接转为新的植物名,即喻体(他物名)＋ 零本体(零植物类名)＝(新)植物名,如金腰带、一把伞、bottlebrush、cream cup。词性则以名词为主,也有其他类型。汉英"他物"与"植物"在合成新词时,本体名出现的数量各有多少,占比如何? 词性和词汇形态各有哪些特征? 回答这些问题,分析比较它们在构词形式、本体范围、喻体来源等方面的词汇化程度,归纳、阐释、对比其异同以及从中折射出的汉民族和英吉利民族认知世界方式的共性与差异,都是本书的研究需要回答的问题。

植物获得名称的过程,无论从它们的外表、特征,还是从命名族群当时所处的具体语言和历时背景来看,毫无疑问都是不尽相同的(diverse)(Anderson,2001)。植物名常常包含具有人体、动物和人造物等概念的词汇,是一种特殊而有趣的语言现象。植物名植根于社会背景,植物名的变化会引起社会、政治的相应变化(Anderson,2001)。对植物名的词义内容进行的对比研究属于微观探究,语料收集费时费力,在很长一段时间内没有受到汉英语言对比研究应有的重视。

本书的研究意义主要体现在理论价值和应用价值两个方面。

就理论价值而言,主要体现在以下方面。

第一,为进一步探索"物—名"之间的内在联系和语言与思维的关系提供一定的对比语言学方面的依据。本书对汉英隐喻植物名称的词义内容、形成理据、同质特征和个性差异等进行对比分析,进一步探索复合型植物名的词语结构与民族文化、思维模式是如何相互观照、相辅相成的,揭示语言认知的隐喻路径及其与民族思维的内在关联,从而丰富和发展认知语言学和文化语义学的理论。

第二，从认知语言学的概念隐喻视角对比分析汉英指称植物的人体、动物和人造物隐喻的词汇化现象，探寻、厘清植物概念与其他实体概念之间的映射逻辑，发现植物名"二名一物"组合搭配的语言规律，揭示"他物"隐喻植物的认知理据，补充和提升隐喻研究的内容与实际价值。

第三，在"存在大连环"概念隐喻中，植物与人体、动物与人造物之间相互联系的概念隐喻有三组六类。其中，植物映射人、动物和事物（即"他物是植物"）的三类隐喻，学界已有不少讨论。本书将系统地研究鲜有讨论的人体、动物和人造物映射植物（即"植物是他物"）的隐喻现象，以补充汉英语言文化对比在隐喻词汇化方面的研究内容，推进汉英语言对比的整体研究，为汉英其他类词汇的深入对比研究在理论和方法上提供借鉴和参考。

本书研究的应用价值主要体现在以下方面。

第一，国内外对于单一语言中"他物是植物"隐喻的研究不乏优秀成果，而对于"植物是他物"隐喻的研究比较少见。本书从专门词典中析出人体、动物和人造物隐喻植物的汉英名称各 500 个，并加以分类统计和分析，突破了以往研究内容窄化、语料零散的局限，不仅能丰富研究内容，增加汉英词汇研究的比重，提升完整性，还能揭示专类名称在词汇研究中的价值和意义。

第二，就"他物是植物"隐喻开展的汉英语言对比研究成果丰富，颇有参考价值，但就"植物是他物"隐喻展开的汉英语言对比研究比较罕见。本书基于"存在大连环"概念隐喻，研究语料取自专门的汉英植物名典籍，较为全面系统地描述汉英植物名词义内容中所含的"他物"名称及其蕴含的"乡土"知识，并对比分析这一现象背后的民族文化、心理思维以及生产生活方式之异同，揭示植物概念词汇化的语言共性和民族个性，有助于人们认识和关注植物名的词义特性，进一步理解植物名的文化属性，从而增强民族文化意识，涵养人文精神。

第三，在汉英语言对比研究领域，聚焦人体词语、颜色词语的研究成果颇丰，而关注专类词汇植物名的对比研究较少，尤其是基于汉英植物名的对比研究，几乎为空白，目前尚未有重要成果。本书的研究则提供了一种新视角，可以启发更多的学者从理论和实践两个方面对其他类富有浓厚文化色彩的特殊词汇群进行更深入的探索和研究，丰富和推进语言词汇的教学和研究,也为汉英语言其他类词汇的深入对比研究提供借鉴和参考,从而促进汉英语言文化对比的学科建设。

本书涉及的相关术语的解释如下。

第一,关于植物词语的内涵和外延。植物词语的内涵包括两个方面:一是指描述植物个体或者植物个体中某个器官的本质属性概念,如树、桑树、树莓、兰草花、flower、sunflower、tiger flower、sweet pea 等;二是指用来形容非植物的其他客观实体、事物或者思想、情感等概念的植物隐喻词语。其外延指的是语言中包含植物概念的单个名词、复合名词及由植物概念词引申而来的隐喻性习语、短语等,如豆蔻年华、折柳攀花、心花怒放、grass roots、gild the lily、out of the wood 等。何善芬(2002:167)在其《英汉语言对比研究》一书中专门辟章节讨论了汉英含隐喻义的植物词问题,认为在汉英含隐喻义的植物词中,喻词比例最高的 8 类植物词中有 6 类相同,即指称粮谷、水果、香料、油脂植物、纤维植物、落叶乔木等 6 类植物的词语占前 8 类总数的 75%,这 6 类词语对应的植物基本上为满足人类吃、穿、住等方面需求的植物,是日常生活中熟悉的事物,更容易让人产生联想。含隐喻义的植物词语往往是词汇学、文化语义学、文化语用学关注研究的对象。

第二,植物名的内涵和外延。植物名的内涵定义与植物词语内涵定义的第一部分重合,即指语言中描述植物个体或植物个体中某个器官的形状、特征等本质属性的词语,如狗尾巴草、手掌花、龙牙草、helmet flower、duckweed、butterfly orchid 等。其外延包含所有专指植物的名称,广义上还包括植物学拉丁名、俗名及别名等类别下的各种名称,如金银花(俗名)、Lonicera japonica thunb(拉丁学名)、忍冬花(别名)、马铃薯(俗名)、Solanum tuberosum(拉丁学名)、土豆(别名)等,有的俗名也是民族语言的学名。与表达隐喻意义的各类植物词语不同,植物名也属于语言学领域中专名学或者称名学(onomastics)的研究范畴。

显而易见,植物词语与植物名在内涵上部分重合,在外延上也有交叉之处,但在语义关系上,两者互为上下关系,植物名为植物词语的下义词,区分明显。从认知语言学的视角来看,植物名的所指可以是某种植物实体,也可以是该植物实体的一部分,其词义代表的是植物概念范畴里的一个成员。比如,英语"fruit"一词,其基本义为"植物的味甜质软的可食部分",指的是我们日常生活中的"水果";而在科技术语中,其意义为"植物或者树木的带籽部分",指的是非日常水果类的"果实";当它出现在"the fruit of nature"中时,指的是"地球上所生长的所有自然事物",包括谷物和蔬菜等;当它出现在"bear fruit"中时,指的是"成功,成果";当它出现在"forbidden fruit"中时,指的是"(被禁止的)快乐之源";而当它出现在"the fruit of the womb"中时,则指的是"子女、后代"(卢植,2006:163)。可见,"fruit"既是植物名,也是植物词语。当其是基本义所指时,既是植物名,也是植物词语;当其是引申义或者隐喻义所指时,则属于植物词语范畴。

第三,复合型植物名。需要指出的是,在非专门针对植物的生物学特性进行描述的一般语言中,使用的植物名基本都是俗名。伯林等(Berlin et al.,1966)在"Folk Taxonomy and Biological Classification"一文中指出,自然植物的生物学层级有五个,即起点(unique beginner)>形态(life form)>属(genus)>种(species)>变种(variery)。以一属名为"柳树"的植物为例,其对应的民间概念分别为"植物>树>柳树>矮柳>直叶矮柳/卷叶矮柳"。在民间分类中,其指称是自然生物属类、种类和变种类的名词,但在词的形态上可能比较复杂,常以复合词形式出现(Cruse,2009:146)。植物名也有泛称名和特称名之分,泛称名泛指各类属于植物形态概念层的名称,如树、草、竹、花、枝、叶、根、果等非某一"属"或者"种"概念层的植物名;特称名特指某一处在形态概念层之下,属于"属""种"或者"变种"概念层的植物名,如面包树、捕蝇草、包心菜、开心果、喇叭花等植物名(陈晦,2016:44)。将植物名分为泛称名和特称名,可以凸显植物的生物概念层属性与植物名所代表意义的语言对应性。本书中的"汉英植物名"主要是指汉英语中那些含有非植物(人体、动物、人造物)概念词的复合型植物名(或者特称植物名)和含有非简单词的植物名(或者泛称植物名)。

第四,"非植物词语"。"非植物词语"是指表征除植物实体概念以外的其他概念实体的词语。本书中的"非植物词语"主要是指出现在汉英植物名中表征人体概念、动物概念、人造概念的词语。相对于植物而言,"非植物"即为"他物"。本书名中的"认知对比",指的是以认知语言学为主要理论依据,对汉英语言中的复合型植物名进行词义异同对比和文化特性分析;同时,兼顾词汇学方面的词汇形态的解析。之所以将汉语放在前面,是因为在文字表述中,对于每一类含有非植物词语的植物名都是先讨论其汉语现象,后讨论其英语现象,再进行汉英语言比较的。

第三节　研究对象和研究方法

本书以汉英复合型植物名为主要研究对象,语料来源于《植物名实图考校释》、《汉英拉动植物名称》、《新编拉汉英植物名称》、《植物名称研究专集》、《种子植物名称:拉汉英名称》、《木材出版社植物名词典》(*The Timber Press Dictionary of Plant Names*)等典籍。大型植物学典籍《植物名实图考》出版于清代,"在世界植物学界颇具影响,受到国际学术界的高度评价"(吴其濬,2008:648)。《植物名实图考校释》对《植物名实图考》进行校记和注释,其主要用简体字呈现各种植物的"名""实"以及生物学特征,校释了《植物名实图考》中收载的全部 1714 个中的 1708 个植物名,能够为本书的研究提供丰富的汉语植物名例证。英语植物名词典《木材出版社植物名词典》收录了英语国家(主要是英国和美国)植物名 2030 个,其目的主要是帮助园艺学家、植物学家以及植物爱好者了解植物的所属种类、生长习性、颜色、外形和药用特征等。该词典还标注了英语植物名所对应的拉丁名、法语名和德语名,能够比较全面地反映英语植物名的词义概念及其与另外三种语言的植物名之间的形义联系,为本书研究、考察现代英语语言中的复合型植物名提供了基础。《植物名称研究专集》收集了"中国原产及自然归化的种子植物"(含部分蕨类植物)名称 1713 个,列出了每个中文名的来源含义,对应的拉丁名、科名、属名以及所指植物的地域分布等信息内容,对于"识别与鉴定植物是有益的"。《汉英拉动植物名称》编录了 1709 种树木、花卉、蔬菜和水果等 4 类植物的汉英俗名、别名及其对应的拉丁名,具有趣味性、通俗性等特征,有助于非植物专业背景的语言使用者理解、交流与翻译。

例词的收集方法如下:首先,分别对汉英植物名专门词典中涉及人、人体部位、人体器官、动物、动物器官和人造物的植物名进行检索;其次,将检索得到的植物名依据"他物喻植物"概念隐喻下的"植物是人""植物是动物""植物是人造物"等隐喻模式标准进行整理和归类;最后,将它们归入以上三个类别,并分别进行统计和细分。为保证所收集的语料在拼写和语用上的权威性,本书也参考了《现代汉语词典(第 5 版)》《英汉大词典(第 2 版)》等汉英语日常通用工具书。

基于"他物喻植物"的语言现象,本书先从汉英典籍中统计出嵌有"非植物"词语和仅有"非植物"词语的植物名(汉语557个、英语525个),然后将总数按人体、动物、人造物三类词语再进行分类计数,并去除各类中重复出现的同一词语的植物名,最后得到的汉英复合型植物名总数分别为481个和469个。三类植物名的数量分别为:含人体词语的159个和155个,含动物词语的各224个,含人造物词语的98个和90个。需要说明的是,在分类统计的过程中本书发现,在汉英语中都存在同一人体词或者动物词或者人造物词重复出现的植物名,但具体出现的某一人体词或者动物词或者人造物词各不相同。比如,在含有动物词的植物名中,汉语含"鸭"的词重复率高,英语则是含"鹅"的词重复率高。考虑到汉英之间对比分析的合理性,为增强结论阐释的信度,在保留三类植物名中含同一词语非重复出现的全部植物名的前提下,本书对同一词语重复出现的全部植物名作了相应剔除,以使汉英每一类词语所选取的数量尽量保持一致。在此基础上,对汉英语料进行对比分析,定性阐释。本书的研究方法具体如下。

第一,对比研究法。对国内外该领域的研究动态进行全面综合的分析和对比,充分了解其研究现状和发展趋势。目前,学界在"他物隐喻植物"以及汉英对比方面的探究仍存在较大空间。因此,本书尝试通过汉英专类词语隐喻现象的对比分析,补充新的词汇对比研究内容,以期揭示两种语言在"他物隐喻植物"类词汇方面表现出的共性规律和个性特征,从而达成创新或者有所突破,进而对整个中外语言词汇对比研究有所启示。

第二,定性与定量相结合分析法。根据"存在大连环"概念隐喻中关于植物概念与非植物概念互相依存转换的4组隐喻,聚焦"植物是他物"隐喻的语言现象,以植物名中的非植物概念词为"抓手",对汉英含"他物"概念的植物名进行定量统计。在定量统计的基础上,进行定性分类,并借助认知语言学、文化语义学、文化人类学等理论,对语料进行定性分析,对比分析汉英语中"他物"喻体与"植物"本体搭配成词的语言表现异同,阐释"他物隐喻植物"类语言现象内部的规律性。基于对汉英植物名词汇化表现异同与其认知规律、喻体词择用、乡土文化以及民族思维方式的关联性考察,归纳对比和定性分析以汉语为母语和以英语为母语的两个民族命名植物、认知世界的共性与个性。

第三,描写与解释结合法。语言研究离不开描写与解释,一个是研究的基础,另一个是研究的目的。没有详尽的描写,解释就不具有说服力;没有可信的解释,描写也就失去了作用。本书的研究思路是对汉英植物名中含人体、动物、人造物等概念名称的词语进行分类描写,力图全面真实地反映汉英语中"他物隐喻植物"类词汇在构词方式、喻体择用、认知模式、概念指称、地域反映以及文化联想等方面具有的共性特征和个性差异,进而探索该类词汇化语言规律背后的认知理据,并对其作出合理的解释。

本书从专门的汉英典籍中查找统计出含人体、动物、人造物等概念名称的词语,基于词汇学、认知语言学以及文化语义学的视角,采用定性定量分析法和对比分析法,全方位系统性地考察分析汉英"他物喻植物"类词汇表现的异同,着重讨论两种语言中喻体词择用与乡土文化、生态文化与民族思维方式的关联性,对以汉语为母语和以英语为母语的两个民族命名植物、认知世界的共性与个性进行对比归纳和理论解释。

本书共八章,内容安排如下。第一章绪论,综述研究背景和研究现状,介绍研究对象和研究内容,交代研究方法,并对研究意义、语料来源以及本书的框架加以说明。第二章植物词语的认知理据,对词语的概念义、隐喻义、转喻义、文化义进行论述。第三章汉英植物名的隐喻特征,对植物名的词形特征、语法特征、词义特征、文化特征、审美特征进行探讨,同时对汉英植物名的词性和搭配类型进行对比。第四章"他物喻植物"与"植物喻他物"对比,比较这两类隐喻的本质特征和语言表现,阐释"植物是他物"概念隐喻的衍生机制。第五章汉英"人喻植物"词语对比,在相关词语的数量和结构方面进行对比,归纳总结出 10 种喻体类型,并着重对比汉英"人"喻体概念的共性和个性特征。第六章汉英"动物喻植物"词语对比,在相关词语的数量和结构特征方面进行了对比,对"动物"具象类型、词语结构方式、词义内容及其跨域映射的认知机制进行了讨论。第七章汉英"人造物喻植物"词语对比,对汉英植物名中人造物概念取象的异同进行讨论,并列表对比,着重分析人造物隐喻植物的文化属性。第八章总结与展望,简要回顾本书的主要内容和研究成果,指出本书研究存在的不足。此外,本书进一步辨识了英语植物名中的中国元素,对语言教学中融入植物词汇的德育价值进行了思考,并提出三点思政启示。

应该说,和所有新生事物一样,汉英"他物喻植物"词语汉英对比研究有所发现,有所创新,也有所不足。在语料拓展方面、在隐喻模式的建立完善方面、在"人—植物"互喻、"物—植物"互喻的隐喻输出表达方面,还有待今后与学界同仁共同努力,深入探讨。

第二章

植物词语的认知理据

第一节　认知语言学发展概述

　　作为人类社会特有的产物之一,语言不仅是思维和交流的工具,而且也是记录人类各种活动、科学发明的主要方式。自语言产生之日起,其就伴随着人类的生产生活,承担着保存和传递信息的功能,记述着历史。在全球化和信息化的今天,语言不仅仅是交际工具,更是创造经济价值和社会效益的宝贵资源。归根结底,语言是"我们人类最后的家园"(钱冠连,2005)。因此,关于语言的研究自古以来就从未停止过。有学者(卢植,2006:13)认为,语言学理论从传统语法至今经历了8个阶段:(1)传统语法(古典语法、中世纪语法、学校语法);(2)语文学(历史或比较语法、音变语音学);(3)心灵主义描写语法(欧洲大陆结构主义);(4)物理主义描写语法(美国和英国结构主义);(5)逻辑语言学(代数、运算、转换生成语法);(6)系统功能语法(英国功能主义);(7)计算语言学(人工智能);(8)认知语言学(认知科学和心理学)。

一、语言学的发展阶段及代表性著作

　　人们对于语言的研究,从传统语法上升到认知机制层面,经历了一个思

想和方法演变的过程。在中国，早在 2000 多年前，就有了以文字为对象对语言进行辨识和研究的"小学"，"小学"的内容与现在广义语言学所涵盖的内容大致相当。随着时代的推进，"小学"关注的内容不断扩大，逐渐发展为语文学（philology），语文学则是语言学（linguistics）的前身。语文学着重文献资料的考证和古训的解读，在古代起到了解释字义、传授知识的作用，但其研究比较零碎，缺乏一定的系统性。中国在"五四"以前的语言研究基本都属于语文学范畴。我国古代虽然没有语言学这个名称，只有所谓的"小学"，但专门的语言学著作出现得早，最著名的有西汉的《尔雅》、东汉的《说文解字》。《尔雅》（作者不详）是我国古代语言学第一部解释词义的专著，对后来的语言学研究影响很大，其中的释草、释木、释器、释鸟等分篇直到今天仍然是语言学研究的古代参考资料。《说文解字》是中国语言学史上第一部分析字形、说解字义、辨识声读的语义辞书，也是世界上最早的字典之一，作者为东汉文字学家许慎。该书首次提出汉字造字的"六书（象形、指事、会意、形声、转注、假借）"学说，创立了汉民族风格的语言学——文献语言学，对后世的文字学、音韵学、训诂学研究以及传统语言学的形成和发展有着巨大影响，其中的训解更是国人今天注释古书、整理古籍的重要依据。到了清代，文字、声韵、训诂等语言学研究进入全面发展时期，但整体上落后于时代，与西方蓬勃发展的语言学研究相去甚远（刘润清，2002；束定芳等，2009）。

清末，受西方影响，中国的语言学研究开始进入与国外接轨跟步的时期。1898 年，《马氏文通》的出版标志着中国现代语言学的问世，这是中国第一部关于汉语语法的语言学专著。该书以汉语语言为研究对象，模仿西方语法体系，但又突破西方语法体系的框架，对后来的汉语语法、语义研究的影响较大。从 1919 年五四运动到 1949 年新中国成立前，以白话文为对象的语法研究成为语言学研究的主流。一些语言学家基于汉语的实际特点，借鉴国外语言学理论，创作出了重要的语言学著作，如《新著国语文法》《中国文法要略》和《中国现代语法》等。从 1949 年到改革开放，中国的语言学研究进入了欣欣向荣的时期，出现了将语言与文化、语言与社会、语言与语用、语言与修辞相结合的各种语言学分支研究，如《语言与文化》（罗常培，2004）一书将语言学与各种人文学科相结合，从中文和外文两个方面介绍语词的语源及其变迁与文化的关系，挖掘语言文字中所蕴含的丰富文化，将语言的研究领域扩展到社会历史、文化等领域,成为文化语言学的"开山之作"。改革开放以来,中国的语言学研究有了强劲的动力,学界掀起了介绍国外语言学流派的热潮,诸如结构语言学、转换生成语法、计算语言学、语言类型学、语料库语言学、认知语言学等国际前沿研究理论。通过介绍,这些语言研究理论逐渐被中国学人知悉了解。

在西方,关于语言的研究也有着悠久的历史。据文献记载,大约 2500 年前人们就开始了对语言问题的探索,其萌芽时间与中国古代的语言研究相当。国内语言学界普遍认为,西方语言学的发展史可以大致分为传统语言学、历史比较语言学、现代语言学和当代语言学等四个阶段。早期的西方学者主要侧重于词源学、语音学和语法学等三个方面。其中,在语法学方面所取得的成绩最为突出,对传统语言学的发展产生了很大影响。古希腊哲学家柏拉图(公元前 428—前 348 年)在分析单词与意义的关系时,把词分为主词和述词两大类(大致相当于名词和动词),是西方语言学史上第一个对词进行分类的学者。柏拉图的学生亚里士多德(公元前 384—前 322 年)认为语言是约定俗成的,是有规则可循的,倡导"约定俗成"论。他注意到名词有格的变化、动词有时态的变化等特征,并第一次给词下了定义。公元四五世纪,普里斯基安等古罗马语言学家采用古希腊语法的模式分析拉丁语,从而建立了拉丁语法体系,对传统语言学的传播起到了很大的作用。19 世纪,历史比较语言学在西方获得了发展,占据主流。语言学家们几乎都用比较的方法来研究语言,其中最为有名的著作当属施莱歇尔(1821—1868 年)的《印度日耳曼语言比较语法纲要》,该书对历史比较语言学的发展产生了很大的影响。

20 世纪初,语言学经历了一个巨大的转折,从而快速进入现代语言学时期。现代语言学的奠基人是瑞士语言学家索绪尔(Saussure),其代表作《普通语言学教程》由他的学生和同事根据听课笔记和他离世后所留下的讲稿整理出版。《普通语言学教程》的出版,标志着结构主义语言学的诞生。结构主义语言学主张对语言进行系统的研究,反对孤立地分析语言现象。这本著作提出了一套新的理论,为结构主义语言学的诞生奠定了理论基础,同时也奠定了索绪尔"现代语言学之父"的地位。20 世纪五六十年代,国际语言学界兴起了一种新的语言学说,即乔姆斯基(Chomsky)基于语言能力的天赋性和创造性理论的转换—生成语法。1957 年,乔姆斯基代表性论著《句法结构》的出版，标志着转换—生成语言学的诞生。与以前的语言学理论仅仅关注语音、语法等语言现象不同，转换—生成语言学把研究语言的内在能力放在重要地位，认为语言能力具有创造性，是一种对语言具有内在认识的先验能力。因此，其研究对象是内在性语言（指人脑对语法结构的认识，以心理形式体现），而不是一般语言学家所研究的外表化语言（指言语行为，说出的话、音义结合的词句等）。乔姆斯基认为语言是人类特有的一种先天机制，具有生成能力，语言学是认知心理学的一部分，语言学家不仅要研究语言行为，而且要研究语言能力，强调从认知学的角度对人类语言共性的解释，以区分先天的语言能力和后天的语言知识。转换—生成语法还包括音系规则和语义规则，它们分别描写人们头脑中潜在的音系知识和语义知识。与在它之前出现的语言学理论相比，转换—生成语法在理论上有了根本性的突破，对其之后的语言学理论产生了深远的影响（束定芳等，2009：37-39）。其影响之一是，转换—生成语法为心理语言学的实验研究提供了新的主导理论，心理学家验证语言认知的问题、认知心理学验证语言与思维的问题，一时成为语言学界的研究热点。自此，认知科学和语言科学相互交叉、相互渗透、相互融合，"以研究人的语言能力为出发点的语言学研究逐渐成为主流"（卢植，2006：5）。

二、认知语言学理论的学科交叉性

发端于国外的认知语言学，并非从天而降、凭空出现的产物，而是经历了一个继承、吸收、蜕变、形成与发展的过程。

20 世纪 70 年代，一门新学科——语用学在语言学界兴起。语用学认为，语义研究应该结合具体的语境，语境包括人的语言环境、社会环境、文化环境、认知体系等，以此将人的认知体系融入语言研究（赵艳芳，2001：25）。语言学在受到认知科学的启发和促进之后，其研究不再将重点放在语言系统本身，而是转向讨论语言形成、语言理解与人类认知机制、客观世界环境以及百科知识之间的关系问题。由此，以探讨人类认知与语言关系为研究对象的认知语言学（cognitive linguistics）在 20 世纪 70 年代末就出现了。20世纪 80 年代，"一股'认知语言学'的强劲风潮从北美和欧洲刮向了全世界，为研究语言提供了一个崭新的视角、全新的方法"（何自然，2006：5）。自此，认知语言学发展迅猛，得到普遍的承认，基本替代了结构主义语言学和转换—生成语言学,成为国际语言学界的主流理论。

认知语言学的创始人为莱考夫(Lakoff)、约翰逊(Johnson)和兰盖克(Langacker)等。1980年,莱考夫和约翰逊合作出版了《我们赖以生存的隐喻》(*Metaphors We Live By*)一书,对隐喻的产生、结构、特点、种类等进行了全面分析,从认知角度探讨了语言的本质,用大量语言事实证明语言与隐喻认知结构的紧密相关性,令人信服地阐释了存在于我们思维体系中的隐喻概念体系(metaphorical concept system)。该书成为认知语言学真正意义上的奠基之作。关于该书的贡献,赵艳芳(2001:26)将其归纳为三点。一是突破传统的隐喻理论观点,认为隐喻不仅仅是语言中的修辞手段,更是人类的一种思维方式;作为人们认知、思维、语言和行为经验的基础,隐喻也是人类生存主要的和基本的方式。二是对西方哲学以及语言学的"语义"理论提出了挑战,强调人的经验和认知能力(而不是绝对客观的现实)在语义解释中的重要作用,认为没有独立于人的认知以外的所谓的"语义",也没有独立于人的认知以外的客观真理,倡导一种"经验主义语义观"。三是阐述了人类隐喻认知结构是语言、文化产生发展的基础,而语言反过来又影响思想文化,论述了语言形式与意义的相关性、词义发展的理据性以及语言与思维的不可分割性。

之后,《女人、火与危险事物:范畴对于心智揭示了什么》(*Women, Fire, and Dangerous Things: What Categories Reveal about the Mind*)(Lakoff,1987)、《心智中的身体——意义、想象和推理的身体基础》(*The Body in the Mind—The Bodily Basis of Meaning, Imagination & Reason*)(Johnson,1987)、《基于身体的哲学——体验性心智以及对西方思想的挑战》(*Philosophy in the Flesh—The Embodied Mind and Its Challenge in Western Thought*)(Lakoff & Johnson,1999)、《认知语法基础(第一卷)理论前提》[*Foundations of Cognitive Grammar (Vol. I) Theoretical Prerequisites*](Langacker,1987)、《认知语法基础(第二卷)描写应用》[*Foundations of Cognitive Grammar (Vol. II) Descriptive Application*](Langacker,1991)、《语言范略化——语言学理论中的原型》(*Linguistic Categorization—Prototypes in Linguistic Theory*)(Taylor,1989)、《认知语法》(*Cognitive Grammar*)(Taylor,2002)、《从词源学到语用学——语义结构的隐喻观和文化观》(*From Etymology to Pragmatics—Metaphorical and Cultural Aspects of Semantic Structure*)

(Sweetser,1990)、《认知语言学导论》(*An Introduction to Cognitive Lingusitics*)(Ungerer & Schmid,1996)以及《语言与语言学的认知探索》(*Cognitive Exploration of Language and Linguistics*)(Dirven & Verspoor,1998)等著作基于认知科学、体验哲学和语言学等理论,从隐喻、体验性、语法化、范畴化等角度论述"现实—认知—语言"三者之间的关系,大大夯实了认知语言学理论的基础,使得认知语言学广为人知,引发了全球学者的追捧,也使得认知语言学派近数十年来在语言学领域独领风骚。

由于认知语言学是众多不同领域(心理学、哲学、语言学)的学者合作努力达成的理论学说,国外并无严密而又完整的统一定义,何自然(2006:31-34)综合众多认知语言学家的研究成果,将认知语言学定义为:认知语言学是一门坚持体验哲学观,以身体经验和认知为出发点,以概念结构和意义研究为中心,着力寻求语言事实背后的认知方式,并通过认知方式和知识系统等对语言作出一致性解释的、新兴的、跨领域的学科。该定义明确地描述了认知语言学五大方面的独有特点。

第一,体验认知。认知语言学认为,语言的形成和发展与人类的身体经验和认知密不可分,语言能力是人类整体认知能力的一部分,而语言的出现和发展又促进了人类认知的发展。

第二,认知语言学以意义为中心,重视研究语言和认知的关系,认为意义是人类对客观现实进行范畴化、概念化的产物,实施范畴化和概念化的主体在认知范围上存在差异,不同族群、不同语言的意义系统也必然会千差万别。

第三,对语言现象及其背后的认知规律作出解释,认为语言形式与客观世界息息相关,是人们对世界的认知方式和内在思维规律的反映,约定俗成的语言形式潜藏着人们的经验结构、认知方式、概念框架、语义系统和客观世界,是人类生理、心理、认知等协同作用的结果。

第四,认知方式。认知语言学认为,认知方式适用于分析语言的各个层面,可对语言作出统一的解释。认知方式主要包括体验、原型、隐喻、范畴化、概念化、意象图式、关联、识解等。语言的表达、运用和理解直接受人类认知世界的方式的影响,语言差异由认知差异导致。例如,拉丁名为 *Gypsophila paniculata* 的同一植物,在汉语中叫"满天星",英语中叫"baby's breath"(婴儿的呼吸)。之所以汉英名称不同,是因为以汉语为母语和以英语为母语的两个民族对同一客观实体"*Gypsophila paniculata*"所凸显特征的认知不同。

第五,百科知识观。认知语言学认为,语言与自然环境、社会习俗、文化规约、综合知识等密切相关,想要解释语言,必须依靠百科知识来分析语义。例如,拉丁名为 *Gentiana cruciata* 的同一种植物,汉语叫"龙胆草",英语叫"gentian",命名理据互为不同。龙胆草源自《本草纲目》,其"叶似龙葵,味苦如胆,因以为名",是根据形状、味道而得名的。龙胆草是多年生草本植物,根茎相对较短,须根细长,多至数十条,形如龙的须,而龙是中国古代神话中的动物,能飞行、擅变化,拥有呼风唤雨等特殊本领,在中国文化中与凤凰、麒麟等并列为祥瑞之物。"gentian"则源自一位国王的名字。据传公元前 2 世纪,位于亚德里亚海东岸的伊利里亚国的国王简提乌斯(Gentius)首先将龙胆草当作药用,后来众人纷纷仿效,并用国王的名字来命名该药。由此,"gentian"逐渐传开,也被英语借用吸收。

在认知语言学中,认知是指人的大脑(包括感观知觉、知识表征、概念形成、范畴化、思维在内)对客观世界及其关系进行处理,从而能动地认识世界的过程。植物词语的概念化、范畴化、结构化,都可以从认知角度作出解释,且比其他理论更具解释力。

第二节　植物词语的意义

意义与人类思维共生,从人类出现开始,意义就已经存在。在语言产生以前,人类最早通过表情、吼叫或其他简单的音节来表达意义、进行交流,方式与其他动物相似;在文字产生之前,人类祖先通过口口相传、结绳记事、物件记事和刻画符号等原始方式来表达意义、传递信息。当然,使用这些简单的符号难以表达更多更复杂的意义,同时也制约了思维的发展。无疑,意义是人类思维和语言文字的产物,但又早于语言文字而客观存在。人类理解意义、获得意义、组织意义、发送意义、接收意义,一般都要通过语言。最早的意义应该是人类表达对自身及外部物质世界的思考。因此,对于何为"意义"以及意义与世界的关系,历来就是哲学家们和语言学家们关注的焦点(黄碧蓉,2010)。

一、词语的"意义"

1905 年,英国哲学家罗素提出著名的"指称论",认为意义是词语与其所指事物之间的关系。"语言与外部世界现实事物之间,存在着某种约定俗成的联系,这种联系便是语言的所指意义。"(许余龙,2002:38)美国语言学家布龙菲尔德(Bloomfield)把词的意义看作一种刺激和反应的互动过程,认为语言反应向语言刺激转变的过程包含许多非语言因素,如生物物理运动、化学反应、生物生理过程等(赵爱国、姜雅明,2003:116),因此词义实际上是固定在语言的外壳——词的声音上的对外界事物的反映。迄今为止,关于意义的理论就有指称论、观念论、行为反应论、用法论、可证实论、言语行为论、语境论、认知论等。认知论发现,意义是一种认知现象,与人类的身体经验、范畴化、概念化、认知过程、推理能力相联系(黄碧蓉,2010:23)。"意义"之所以如此受到哲学家们和语言学家们的关注,一个根本原因就在于它是一种相当复杂的现象,眼看不见,手摸不着。鲍林杰(Bolinger,1993)就曾在其《语言要略》中说到,词语意义就像浴缸里的肥皂一样不易拿捏。虽然意义有其不可捉摸的一面,但有一点是无疑的,"意义是客观现实在人脑中的反映,同语音形式相结合就形成语义"(王德春,1997:88)。

意义是人类认知的起点,儿童理解词语意义、习得语言的开始是其作为社会人生命的萌芽。如果我们把一个人语言思维的发展过程与其生命成长过程进行比较的话,就会发现,两者是相互吻合的,都经历了"萌芽—成长—成熟—衰弱"这样的倒 U 形轨迹。儿童最早掌握的意义就是一个"mama"(妈妈)发音与喂奶人的"音义"结合体,一个生命自然到头将要离世的人,最后能表达的词语、能理解的意义也如儿童般有限。儿童理解事物、认识世界,就是从习得简单的词语意义开始的。例如,儿童学说"花"字,就是由家长指着真花或者假花实体,带领着反复念"花"(hua),不断操练学会的。这个阶段,"花"的意义就是一种好看的植物或者外形像花一样的东西,词与物对应,"花"符号代表"花"实体。在此基础上,儿童再学习"莲花、荷花、桃花、葵花、鲜花、枯花、油花、钢花、铁花",然后扩大到"花车、花丛、花灯、花雕、花房、花费",最后达到对"花花公子、花枝招展、水性杨花、锦上添花"的理解和使用。显然,后来"花"的意义,与儿童最开始习得的意义已经完全不同。"花"的词义在不断引申,儿童不断成长,其理解语言、认识世界、表述思想的能力也在不断提高。

意义与心智紧密相连,词语意义的引申扩展也是人的思维的延伸发展。美国语言学家杰克道夫(Jackendoff)在其著作《语言的基础:大脑、意义、语法和演变》(*Foundations of Language*:*Brain*,*Meaning*,*Grammar*,*Evolution*)中指出,"意义不仅是语言学所'觊觎'的'圣杯',还是哲学、心理学和神经科学所关注的对象……大多数凭直觉即可判断:意义是语言研究的中心问题——远比理解词序和形态学的细节更为重要"(邵斌,2019:106)。我们认为,意义不仅是语言研究的中心问题,还是人作为高级动物认识世界、学习和使用语言、表达感情和思想的手段。意义附着于语言之中,离开了承载意义的语言,思维活动无法进行,心智策略难以成长。

美国语言学家奥格登和理查兹(Ogden & Richards,1989)在《意义的意义》(*The Meaning of Meaning*)一书中把客观对象、概念和文字象征或者符号看作一种符号三角关系(semiotic triangle),词义则存在于"符号""概念"和"所指对象"三者的关系之中。在这种关系中,语言符号不是直接指向所指事物的,而是通过"概念"这一中介间接地与所指事物构成符号关系(见图2-1)。

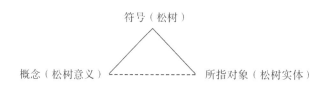

符号(松树)

概念(松树意义) ←- - - - - - - - - - -→ 所指对象(松树实体)

图 2-1　符号(松树)—概念(松树意义)—所指对象(松树实体)

剑桥大学英语及应用语言学研究中心主任布朗教授(Brown,1999)认为,语言存在着一套可以在不同层次——语音层次、构词层次、组句层次和话语机构层次进行描述的模式,而且"意义"的某些方面可以与每一层次相联系。在语言表达中,理解和使用一个词,不能仅仅依靠词典上的定义和解释,还必须从外延及其与其他域的词语搭配使用等方面来考察和了解该词。

二、植物词语的概念义

概念义指的是词语本身所表示的概念,也就是词语的本义(王东风,2005)。这也是为何在词典和语言学习课本中人们常使用概念义给词语作注释。它不包括词语的各种比喻义或者引申义，而且同一词语在不同的语境中往往具有不同的概念义。例如，春天已过，地上到处都是残花败柳；荒唐岁月过去，她已成了残花败柳。同样是"残花败柳"，概念义却不同。朱亚夫(2005)认为，概念义指的是词语中将其与外部世界的现象联系起来的那部分意义，即一个词语的字面义中所包含的最基本的、最本质的意义成分。例如，英语中"bird"一词的概念义是"a two-legged, winged, egglaying, warm-blooded creature with a beak"(两条腿，长有翅膀，能下蛋的，有喙的温血动物)。王宁(2011)指出，词的概念义是脱离具体语境而存在的，是在词的聚合状态下储存着的"无语境义"或者"贮存义"，是不同于言语意义的语言意义。没有哪一个人说话可以全面体现一个词的语言意义所包含的全部内容；但是，任何人说话都不能违背这个词的语言意义。语言学中所说的词义，指的是词的语言意义。词的语言意义是词的言语意义的集中和综合，这种意义被记录在词典里。词典里的释义尽管并不等于词义本身，但带有客观性，可以按照语言实际来检验。

从以上分析中可以看出，学者们对"概念义"的定义和解释基本趋于一致，即一个词的概念义就是其在历时语言学中的最初基本义或者不加联想和引申的字面义。本书中讨论的植物名概念义(与植物名的隐喻义、转喻义、文化义不同)，指的是在生物学上所对应的植物实体或者相对于其实体的代表物。例如，汉语植物名"玉带草"，其概念义为：多年生草本植物，其叶片扁平，呈绿色且有白色条纹相间其中，外观似玉带。这基本也是词典的释义。如若将其意义理解为"玉带"物或"玉带＋草"两个实体物，就相去甚远了。同理，英语植物名"jewel orchid"(宝石兰)的概念意义为：一种开着如宝石般美丽花朵的兰花(核心意义是"兰花")，而不是"宝石"物或者"宝石＋兰花"两个实体物。当然，词的概念义不是词义的全部。例如，"蕙质兰心""兰因絮果""春晖寸草""拈花惹草"等词语，其中的植物词义就不能停留在生物学概念上来理解了，因为"词义是一种经过社会长期使用，含有社会共同经验，产生时注重外象感受，产生后以词形(音)作为载体而存在的语言内容"(王宁，2011)。

现代语义学奠基人、英国语言学家利奇(Leech)在其《语义学》(Semantics)一书中指出，词义就其构成而言，可分为理性意义、内涵意义、社会意义、情感意义、反映意义、搭配意义和主题意义等 7 种(Leech，1987)。

词的理性意义即为概念义和字面义或者逻辑义,主题意义是借助词序、句式等手段来传递的一种意义,其余的内涵意义、社会意义、情感意义、反映意义、搭配意义统称为联想义或者引申义。不少植物词语经过文学创造和语用拓展,都在构成这 7 种意义的不同语境中扮演核心角色,充实和丰富我们的语言表达。邵斌(2019:106)认为,论及词语意义一般都涉及两个方面。一方面,它指的是词语与语言外部世界的关系所决定的意义。比如,植物名"苹果"的意义是现实世界中可生食的水果。另一方面,它指的是该词语与词汇系统中其他词语的相互关系所决定的意义,即"苹果"的意义与"植物""水果""苹果树""苹果花"等词语相关联。英语中还有"an apple a day keeps the doctor away"一说,将"苹果"直接与"健康""医生"等词语相联系。索绪尔曾借用货币系统来比喻语言系统。某一货币的价值体现在两个方面:一方面它可以用来兑换商品;另一方面它可以同货币系统中其他面值的货币进行兑换(邵斌,2019:106-108)。由于植物名所指的植物与人类的日常活动密切相关,原本仅指称各种自然植物实体的名词,除其概念义外,还被附加上了引申义。植物名的价值不仅体现在其所代表的植物概念中,还体现在其与植物系统以及非植物系统中其他词语的关系中。钱冠连(2005)先生说"语言是人类最后的家园",我们是否可以说,语言也是植物的家园?

第三节　植物词语词义的文化差异性

语言是人类社会特有的产物,早期词汇的产生是人观察理解外部世界、与客观事物接触的结果。语言不仅仅是历史文化的载体和重要组成部分,更是人类思维的反映。不同族群之间,其语言、文化和思维是不一样的。早在 20 世纪上半叶,美国人类语言学家萨丕尔(Sapir)和沃尔夫(Whorf)就提出了语言相对论(linguistic relativity)和语言决定论(linguistic determination)。语言相对论认为,语言不同的人,思维也相应不同。语言决定论认为,语言决定思维,思维不可能脱离语言而存在。后人将这两种理论统称为萨丕尔—沃尔夫假说(Sapir-Whorf hypothesis)(高一虹,2000:4)。该假说论述了语言、文化和思维三者之间的关系,指出不同语言有不同的思维;语言不同,对世界的认识方式也不同,语言的组织机制体现了思维和文化的不同。汉英语言在语义、语法、语篇、语用以及非语言形式的体态语等方面都存在差异。

一、语言与文化的关系

语言三要素中的词汇,恰如人的影子,时刻与语言的"行走"相伴,承载着文化。语言不同,文化也存在差异。在世界各语言体系之间,语音、语法上的差异仅仅是表层现象,比如,语音之间的差异一听便知,语法之间的差异通过句法比较也容易辨别,而不同语言间的词汇往往"似是而非""同一帽子不同面孔"。词义之间的差异非常大,需通过学习研究才能明白其真正内涵。同一个词语,其在不同语言中的文化含义完全不同,背后涉及思维方式、历史典故、生活习惯、地域风俗、审美情趣、传统哲学以及社会体制等各种因素。

对语言中的文化时刻保持清醒的意识,正确理解词语的文化词义,可以帮助我们在跨文化交流中避免误解,提高语言词汇教学与综合运用的能力。开展任何形式的语言研究,都需要联系文化进行思考和阐释。对汉英"他物喻植物"类词语进行研究,离不开关注其词义的文化元素和分析其背后的文化理据。

汉语中关于"文化"一词,最早是分开使用的。"文"的本义指"纹理","化"的本义指生成、造化、改变。"文"与"化"并联使用,最早见于先秦时代《易经》中的"观乎天文,以察时变;观乎人文,以化成天下"。句中,"人文"与"化成天下"联系在一起,"以文教化"的思想已基本明确。后来,西汉刘向在其《说苑·指武》一文中说:"圣人之治天下也,先文德而后武力。凡武之兴,为不服也;文化不改,然后加诛。"自此,"文化"作为一个组合词,正式出现在我们的汉语中。"文化"一词的意思就是"人化"和"化人",其作用就是以"文"化人、教化人。教化人指的是对人进行性情陶冶、品德教养,本属精神领域的范畴。随着语用上的演变,现在"文化"已成为一个内涵丰富、外延宽广的多维概念,凡是超越本能的、人类有意识地作用于自然界和社会的一切活动及其结果,都可归于文化名下(王福祥、吴汉樱,1994;陈晦,2016)。

英语中的"culture"一词最早来自德语"kultur",由"cult(词根,耕种)+ure(……行为)"组成,原指土地的开垦以及植物的栽培,后来指对人的身体、精神,特别是指艺术、道德和天赋的培养(束定芳,1988)。而人是实施"土地耕种、植物栽培"行为的主体,因此"culture"与人息息相关。英语中还把"agri"(田地)和"culture"(文化)叫作"agriculture"(农业—田地文化)。再如,self-culture(自修,自学)、pisiculture(养鱼学,养鱼)、pomiculture(果树栽培学)、apiculture(养蜂业)、horticulture(园艺学)、silviculture(造林学)等词中都含有"culture"(文化)。这里的"文化",或者指的是改造自然、追求美学的能力,或者指的是教化"野蛮"、传输文明的思想行为。我们今天使用的"文化"一词属于外来词,与英语中的"culture"相当(杨元刚,2008:7)。

在西方,首次把"文化"作为一个中心概念提出来的学者是英国人类学家泰勒(Tylor)。泰勒在其 1871 年出版的《原始文化》(*Primitive Culture*)中对"文化"作出如下定义:文化或者文明,就其广泛的民族学意义来讲,是一个复合的整体,其包括知识、信仰、艺术、道德、法律、风俗以及人们作为社会成员而获得的能力与习惯。因为文化是人类族群活动的积淀物,是一种社会现象,"文化"一词几乎可以包罗万象,所以很难有一言以蔽之的确切说法。继泰勒之后,又有许多学者对文化进行了阐释定义。美国文化学家克鲁伯(Kroeber)和克拉克洪(Kluckhohn)在其合著的《文化:概念和定义的批评性回顾》(*Culture: A Critical Review of Concepts and Definitions*)一书中列举了多达 160 种与"文化"有关的定义,并结合这些定义,赋予"文化"新的定义:文化是人类通过象征符号获得的或者传播的、明示的或者暗含的人类行为模式,这些行为模式——包括它们在人工物品中的体现,构成了人类社群最显著的成就;人类文化的核心是由历史上遗传或者筛选的传统观念,尤其是传统观念所附着的价值观构成的,文化系统也可以看作人类行动的产物,同时又是人类采取进一步行动的条件。这是继泰勒之后关于"文化"最有影响力的定义,该定义包含了文化的五个元素:(1)文化是行为模式;(2)行为模式,无论外现的还是内含的,都由后天习得并通过符号传递;(3)行为模式通过人工制品具体化;(4)从历史上获得并经过选择的价值体系是文化的核心;(5)文化既是人类活动的产物,同时又制约着人类的活动(杨元刚,2008:8)。简言之,文化是人创造的;同样,人也是文化造就的。

20 世纪 70 年代,美国语言学家和人类学家布莱特(Bright)将文化进一步分为大写的 Culture 和小写的 culture 两大范畴,即大文化(big culture)和小文化(small culture)。大文化指文学、艺术、音乐、建筑、哲学、科学技术成就等集中反映人类文明各个方面的活动及其成果;小文化指人们的风俗习惯、生活方式、行为准则、社会组织、相互关系等一系列特征（邓炎昌、刘润清，1989；连淑能，2003）。人类语言与人类文化密不可分，语言与大文化的关系是从属关系，与小文化的关系是并列关系。语言，一方面，无论其外在表现如语音、符号、语法体系等，还是其内在表现如词义、语用习惯等，都是文化的产物，从属于大文化；另一方面，语言的所有这些表现又承载和体现其所属的文化。例如，英语的文字由字母组成，名词和动词都有人称和时态的变化，语序较为固定；汉语的文字由表意形式的方块字组成，名词和动词无人称和时态的变化，语序固定又灵活。

我们认为，无论英语中的"culture"还是汉语中的"文化"，两者都指人类在社会实践过程中所获得的物质、精神的生产能力及其所创造的物质、精神财富的总和，包括教育、科学、艺术等方面的知识与经验积累（陈晦，2016：161-162）。"文化"一词虽然很难用一句话来确切概括，但在我们日常语言中的使用相当广泛。以"文化"为中心词搭配引申的词语可谓不计其数，例如民族文化、传统文化、地域文化、制度文化、组织文化、校园文化、乡土文化、植物文化、咖啡文化、茶文化、文化基因、文化记忆、文化休克、文化符号、文化活动、文化底蕴、文化用品、文化生活、文化宫、文化馆等。文化孕育语言，语言承载文化，两者互为一体，不可割裂。这是共识，也是常识。可以说，一个人的语言透露出他的文化。文化从地理环境上看，有农耕文化、草原文化、森林文化、高原文化和海洋文化等；从呈现方式上看，有语言呈现、音乐呈现、图画呈现、园林呈现、建筑呈现等。语言呈现的文化体现在两个方面：一是以语言作为工具记录下的所有内容，如文学、历史、科学技术发明等；二是语言的所有形式，如反映文化属性的语音、词汇、语法。由于文化具有非常鲜明的民族地域性，或曰不同于人类文化共性的文化个性，不同民族的文化之间会自然呈现不同的文化形态。这种文化形态差异反映在语言层面上，就表现为一系列的诸如语言的外壳——语音，语言的形式——词语、语法，语言的意义—词语的隐喻义、文化义以及语用义等方面的语言差异。因此，各国语言都是承载其民族精神和文化传承的文化遗产，属于人类文化遗产的重要组成部分，具有不可替代性。钱冠连（2005）说"语言是人类最后的家园"，指的就是"精神"和"文化"上的非物质家园。

萨丕尔（Sapir，1985：3-10）说："语言有个底座，说一种语言的人属于一个（或者几个）种族，属于身体上某些特征与别人不同的一个群。语言不脱离文化而存在,不脱离那种代代相传的决定我们生活面貌的风俗和信仰总体。"他在《语言论》中指出,"语言纯然是一个集体的历史遗产,是长期相沿的社会习惯的产物",主张把语言现象同人类心理、社会、文化联系起来。可见,一门语言的存在和演变与其族群历史和文化的发展密不可分。语言不是一个人或者一个家庭的文化呈现,而是一个族群集体的社会呈现,具有地地道道的社会性质。语言的这种"社会性"表明,语言系统不可能是一种存在于真空中,独立发展、自生自灭的系统,人们的语言表现形式无时无刻不受存在于语言之外的社会要素的制约。语言之外的社会要素是指独立于语言意义呈现之外的整个世界,也指被意义呈现的民族、地域、历史、习俗、宗教、经济、军事等文化印迹和文化内涵。这种文化印迹和文化内涵蕴含在语言的词汇中,通过其词义折射出来。

无论何种语言,其最早的文字数量都非常有限。拿汉语来说,现有文字9万多个,常用的有7000多个,现代汉语词汇数量多达50万个,常用的有5万多个。而商朝时期的甲骨文从1899年发现至今,出土的单字共5000多个。从中也可以看出,社会经过3000多年的发展变化,其语言中的词语数量大量增加,但文字的发展变化相当缓慢。因此,语言记录人类的一切活动,又保持相对稳定。

二、植物词词义与文化的关系

词义上的文化属性则更为明显,比如,英语中的"peach"和"plum"两个词放在一起,无论配上什么动词,其意思基本都是指"桃子+李子"(peaches and plums)两种植物。而汉语中"桃子+李子"的组合词"桃李",如"立德树人无数桃李成栋梁,传道授业三尺讲台铺锦绣"中的"桃李"则指老师培育出来的学生、人才。当"桃李"一词分开使用时,英语中的"peach"可指"漂亮,受欢迎的人或者事","plum"可指"令人垂涎之物",而汉语中则没有这种表义。汉语中"桃花"的词义有"鲜艳漂亮"的意思,如"面若桃花"。但是,"桃花"与"桃子"是植物域内的不同概念词,词义又不一样。简单常见的词语,都透出其文化属性。

词义的文化差异与价值观念的差异联系密切,词义的演变伴随着文化的发展而产生(高一虹,2000:26)。例如,英语中的"individualism"(个人主义)一词,《兰登书屋大学词典》(*The Random House College Dictionary*)对其的定义是：(1)主张个人的自由、权利或者独立行动的社会理论(a social theory advocating the liberty, rights, or independent action of the individual)；(2)独立思考或者行动的原则或者习惯(the principle or habit of independent thought or action)。而《现代汉语词典(第 2 版)》对"个人主义"·的释义是：一切从个人出发，把个人利益放在集体利益之上，只顾自己、不顾别人的错误思想。同一名词，英汉词义的差别很大：在英语中是受到肯定的积极意义，而在汉语中则是受到否定的消极意义，折射出背后不同的社会价值观念。语言的基础是词汇，核心是词义，因此语言词汇与文化的真切关系应当深入词义与文化的关系中来说明(宋永培，1995：133)。从广义上讲，词义的民族文化性是每一个词都必有的，这是由语言的民族性所决定的，即使是那些反映全人类共有的客观环境和思维方式的词义，在不同的语言系统中也会有表现形式或者表达方式的不同(谷建军，1999)。

什么是语言的文化词义呢？我们从词义的特征谈起。"词义作为语音形式所联系的客观事物或者现象在人脑中的反映，从产生起就根植于某一具体、特定的思想表达环境中，这种环境随着人类社会的、民族的、经历的划分呈现出不同的特性，这种特性同时作用于词义的概念、音形等方面使之带有民族、国家、区域的特征，这种特征就是词义的民族文化属性。"(谷建军，1999)在不同的语言中，词语所反映的事物与该民族或者该群体的文化紧密相关。自然现象中的许多事与物，作为语言的指称对象，并不一定是纯客观的物理世界，而是人所感知的、经过民族文化这个过滤器过滤的，并被人赋予了特殊意义的事与物。简言之，其是由人所构建的文化世界或者语言的世界图景(赵爱国、姜雅明，2003：25)。词语所指称的对象，都是以人为核心的客观世界中的事与物，词义必然是体现人认识世界的主观心理，留有族群深深的认知轨迹和文化印记。比如，同是指称自然现象的"雪"，生活在北极地区的爱斯基摩人整天与雪打交道，他们对雪的观察细致入微，能用 20 多个词来指称不同的"雪"——地上的雪、石上的雪、堆积的雪、下着的雪，等等。而居住在我国广东省的人很少见到雪，因此在概念上对冰与雪不加区分，北方人叫"冰棍"，广东人却叫"雪条"。词语的指称内容由其所产生地域的文化背景和生活人群(族群)决定，具有一定的人文属性，带有"人"的印记。因此，可以说，词义的特征反映了其内涵背后的民族文化属性。无论什么样的内涵，词义都是族群文化的记录和反映。研究词义必须与民族文化背景相联系。英国语言学家利奇将词义研究置于社会文化的大背景之下，在其《语义学》(Leech,1981:33)中把词语的意义划分为理性意义和联想意义两大类别：理性意义包括概念意义、主题意义；联想意义包括内涵意义、社会意义、情感意义、反映意义、搭配意义等。如果理性意义是语言表达某一客观事物、某一思想概念时所获得的意义，即指称意义，那么联想意义则是人们在使用语言时在联想到的现实生活中的经验，以表达人们使用语言时在情感上的反应，并从广义上显示出特定语言集团的社会文化特征，因此可以称为社会文化意义(social-cultural meaning)(沈安平,1996)。我们认为，无论词语的理性意义，还是联想意义，或者社会文化意义，其概念内容实际上含有三种元素：一是词语所产生和使用的地域环境元素；二是词语使用族群的社会环境元素；三是词语使用族群的心理元素。语言是人类活动的产物，词语的出现、使用和发展离不开其所依附的社会"土壤"。比如，竹子是生长在热带及亚热带地区、对水热要求高的禾草科常绿植物，其枝杆挺拔、生长迅速、茎为木质，自古就与我国人民的生活生产活动息息相关，因此，"竹子"一词在中国历史文化发展和精神文化形成中具有独特的含义：竹、松和梅一起被称为"岁寒三友"；竹子的空心，被中国文人引申为"虚心"；竹子的竹节，被引申为"气节"；竹子的耐寒长青，被视为"不屈"；竹子的高挺，被视为"昂然"；竹子的清秀俊逸，被引申为"君子"；中国的成语里也多有提到竹子的，如雨后春笋、青梅竹马、势如破竹、胸有成竹、竹篮打水一场空；等等。而英国属于海洋性气候，居住在寒温带的英国人对竹子的生长了解甚少，因此在概念上不知道竹制品和竹子的特性，遑论"竹文化"。虽然英语中有"bamboo"一词，但该词在西方文化中并没有什么特别的含义，仅是一种植物而已(白靖宇,2010:89-90)。此外，我们还就汉英语中一些植物词的搭配义所体现的文化性进行了检验。我们分别从英国国家语料库(the British National Corpus)和中文十亿词语语料库(Chinese Gigaword Corpus)中选取表示整株植物概念的英文单词"tree""bamboo"和表示植物器官概念的英文单词"stem"及其对应的中文字"树""竹""茎"，对它们分别在汉英语料库中每万词数出现 1 次的频率进行统计，发现"tree"出现的频率为 35.4，"bamboo"为 0.78，"stem"为 3.5；"树"为 17.5，"竹"为 3.4，"茎"为 0.56。在"bamboo"与"竹"、"stem"与"茎"之间，差异明显较大。这些数据从一个侧面证明，词的搭配义离不开社会这个大背景和民族文化的烙印。一个词的搭配范围越大,其搭配意义越丰富,文化义项越多;反之亦然。

关于文化词义(也即词的文化义),在学界存在不尽相同的定义,所使用的指称术语也不一致。王德春(2002:167)将词语文化义称为"国俗语义",认为国俗语义是"语义民族性的一种表现,它反映使用该语言的国家的历史文化和民情风俗,具有民族文化特色。也就是说,在反映概念的基础上增添了附加的民族文化色彩,离开民族文化背景,难以准确理解语言单位的含义。杨元刚(2008:25)认为,文化义就是"词语的概念意义所包含或者附着的反映该语言使用民族的价值观念、宗教信仰、生活方式、审美心理、人文地理、风土人情等民族文化因素的那部分内容,词语文化义的差异性实际上就是语言民族性的表现"。

我们认为,文化词义是指词语在特定社会文化背景下所获得的反映一个民族风俗习惯、文化背景、宗教信仰、思维方式等诸多文化因素的隐含意义,它是一个与概念义、隐喻义、语法义、语用义等都密切相关却又不完全相同的词义种类。它主要体现特定语言集团所独有的民族文化内涵。词的文化义不仅指象征事物实体的语言符号——词语——所蕴含的社会文化意义,而且也包括其所指称的具体事物实体如植物、动物以及人工制造物等所含的理据性民族文化意义。文化义与概念、隐喻义(转喻义)既有区别,又有联系。例如,我们把中外合作建立的、以开展汉语教学为主要活动内容的非营利性海外教育机构命名为"孔子学院",德国将其在海外的德语教育机构命名为"歌德学院",而西班牙则把其在海外的西班牙语教育机构叫作"塞万提斯学院"(陈晦,2022),学院名称反映所属国的历史人物和民族文化。再如,我们把中国自己研制的运载火箭命名为"长征",把探月卫星命名为"嫦娥",而美国则将其研制的火箭命名为"Saturnus"(萨图努斯,古罗马神话中的农神)、"Atlas"(阿特拉斯,古希腊神话中的战神)等,这些名字(指称名词)都蕴含着各自民族丰富的历史内涵和人文气息,其词义就属于文化义。而俄罗斯的火箭名为"安加拉",其名字来源于俄罗斯西伯利亚地区的安加拉河;日本的卫星以"樱花""梅花""百合花"等花的名字命名,这些名称可看作由隐喻形成。

第四节　植物名词义概念及隐喻拓展

　　认知语言学指出,隐喻是人们认识事物的重要方式,其产生的基础是人所获得的对世界上具有相似关系的两种事物的认识经验,"这一经验使我们能够将两个或者多个不同的认知域联系起来,并将源域的认知结构映射到靶域上面。人的认知总是以自己熟悉的事物或者概念为基础、模板或者原型来理解自己不熟悉的事物或者概念,从而在两者之间建立起一座'桥梁',即映射"(卢卫中、李一,2020)。而映射又造成了具有引起我们关注的可能性特征即本体与被我们选择的可能特征即喻体之间的对应关系(刘大为,2001:75)。正因为本体特征的被关注与喻体特征的被选择在人的对应联想中存在各种可能性,因此不同民族间和同一民族内不同地域之间的植物名都有可能完全不同。植物名深深扎根于认知结构之中。隐喻的产生不仅涉及身体体验,还涉及文化、社会等多个层面,"即使是那些所谓具有普遍性的体验性隐喻,也不仅受制于我们的身体和周遭的自然环境,还会受到社会文化环境的影响"(张炜炜,2020:5)。人类用语言中的已有词汇给植物命名时,在一定程度上受到自身认识、生活、生产习惯的影响与制约,而不仅仅取决于某种植物是否存在于主观和客观的世界中(王珏,2001:130)。从这一点上看,植物名词义不只是一种单纯概念的描述,而是人与客观世界在互动的同时又受到文化规约的有限知识系统。植物的命名与植物名词义生成以及拓展的背后是无形的隐喻,隐喻的相似性本质是植物名词义产生与拓展的根源,而意义扩展是隐喻运作的标志之一。

一、隐喻对植物名词义的生成作用

　　隐喻是汉英语构词以及词义形成和拓展的一种重要的理据和认知机制。其中,人体、人造物和自然现象等人类熟悉的事物是两种语言构词以及隐喻词义形成和拓展的主要源域(卢卫中、李一,2020)。本书讨论的隐喻性植物名,是指由隐喻方式形成的复合型植物名,其词义通过隐喻而来。那些含有人体概念词、动物概念词或者人造物概念词的植物名,是"他物"概念映射植物概念的结果,基本都属于隐喻植物名。最初将"词—物"相联系的语言符号是名词,名词词汇来自人类对自身、生活处所、生活资料的认识和分类,如人体部位、房屋家具、动物植物、各种食物等,而后在名词的基础上通过身体体验和想象力,运用隐喻转喻等认知策略不断扩展,形成了人类的概念系统。比如,用形容词来描述花草、树木等的特征,用代词来指称家族成员等。因此,自然界中的动植物不仅是人类赖以生存的基础,还是人类运用类比描述物事、发展思维的重要取象源。植物名从原先指称植物实体概念,到后来引申指代其他非植物实体或者抽象概念,其词义从单纯意义向复杂化、多样化延伸扩展,渐渐地,原植物名也就成了一词多义的词。事实上,无论汉语还是英语,其中的许多植物名已经添加了非植物学上的所指意义,成为具有想象或者联想意义的普通名词而进入日常词汇部分。当然,作为普通名词,在类属上还有专业、专有、普通、俗用之分;在意义上还有词典义、学术义、隐喻义、文化义、语用义之分。

在原始社会,人类创造并使用的最初词汇多表示具体事物,这一批数量不多的词汇所指的基本都是"词—物"对应,一词一物,"物"即为概念词义,词汇性质基本都是名词。随着活动范围的扩大,原始人的认识也在不断拓展提高,人们又用这些名词来命名其他相似的事物。这个时候,此"物"非彼"物",其词义已从原物概念转到现物概念上,语言中便有了一名二物的表达。比如,我国唐代著名诗人王维的《九月九日忆山东兄弟》:"独在异乡为异客,每逢佳节倍思亲。遥知兄弟登高处,遍插茱萸少一人。"诗中言及的植物名"茱萸",为吴茱萸、食茱萸、山茱萸等多种不同植物的称名。作者指的"茱萸"是一种人们在重阳节采摘来插在头上或者用来制作香囊,以辟邪除害的植物,即吴茱萸,而非今天植物学专著和辞书中的"山茱萸"或者"食茱萸"。再如"沙参"一名,也指南沙参和北沙参两种(北沙参属于伞形科植物珊瑚菜的根茎,南沙参属于桔梗科沙参属植物的根茎,其产地、形态、药性、功效均各不相同)(祁振声,2014)。这种用一物名称命名另一相似物的方式通常称为隐喻。

对于指称具体事物的名词,其词义类别如何划分,需要结合语源学进行讨论辨析。我们认为,如若两物分属不同的领域,同一名词,指称最早第一物的词义是概念义,后来指称第二物或者更多其他物的词义当属隐喻义。以英语"potato"一词为例,英汉词典中"potato"的释义如下:(1)马铃薯、土豆、洋芋,(2)甘薯、山芋、白薯,(3)【英口】(袜子上的)破洞,(4)【澳俚】姑娘、女人，(5)【美俚】钱。(1)(2)为概念义，(3)(4)(5)则为隐喻义。那些以简单名词"potato"为中心词的复合型词组，其词义多数也为隐喻义，比如 white potato(白土豆)、red potato(红土豆)、small potato(小土豆)、big potato(大土豆)、round potato(圆土豆)、potato bean(菜豆)、potato family(茄科)、potato beatle(土豆瓢虫)、potato flower(土豆花)等，它们的词义既是概念义，也可以根据语用需要，添加限定词，成为隐喻义。比如，2023 年冬天在我国出现的网络热词"南方小土豆"，其词义就是喻指从南方来北方玩的游客。

区别一个词尤其是复合词的词义到底属于概念义还是隐喻义，要根据造设该词所使用的手段。如果在该词形成的过程中使用了隐喻手段，则该词的词义就是隐喻义。隐喻义的产生使词语变得更加丰富、生动，也折射出人们思维的不断发展。

二、植物名的隐喻性辨识

在人类原始意识中，对于一个具体事物的认识是朦胧不清的，与该事物对应的词的概念往往也是笼统的、模糊的，精细区分的界限和定义经历了漫长、渐进的过程。"在此之前，人们会把我们现在认为是完全不同的事物看作同一概念，因而也只用一个符号来表示，只有经过细致区分之后，同一符号的一些含义才被认为是隐喻的。"(赵艳芳，2001:100)例如，汉语植物名"铺地锦"，就是指称"天胡荽"和"地捻"两种植物。"天胡荽"(*Hydrocotyle sibthorpioides* Lam.)是五加科天胡荽属草本植物，多年生矮小；"地捻"(*Melastoma dodecandrum* Lour.)为野牡丹科半灌木草本植物的地上部分，两者外形都呈匍匐状。再如英语植物名"fruit"，当其指称"水果、果实"时，词义就是概念义；当其指称"小孩、儿童""后代"以及"(非地上生长的)收获"时，其词义就属于隐喻义。基于这一点，索绪尔提出语言具有任意性，即词语和事物之间的联系并非必然的能指和所指关系，从植物的地方性命名(indigenous naming)中，可见一斑。"当人类从具体概念中逐渐获得抽象思维能力的时候，往往借助于表示具体事物的词语来表达抽象的概念。"(赵艳芳，2001:100)任何抽象概念都是从形象思维中产生的，这种"借助"或者"借用"现有词语来表达新知事物的能力属于人类的抽象认知能力，"这种抽象认知能力就创造了人类隐喻语言"(赵艳芳，2001:100)。语言的"构词过程反映着人类认知过程的重要方面和重要特性"(卢植，2006:188)。

隐喻式命名建立在隐喻性思维与认知方式的基础之上。奥格登和理查兹的"符号三角"说，阐释了人对事物命名的概念化过程。从所指对象（事物）到语言符号（词语），其间经过一个概念意义的抽象过程。在此过程中，一般性命名是客观的命名，其理据是依据明显可见的特征而派生或者组合，也许是任意性的。例如，将一全株长有白色长毛的植物称之为"白草"，是根据其具有"白草"的客观特征来命名，命名过程简单直白，词义单纯明了；而将该植物称为"仙鹤草"，则是一种隐喻命名，命名过程复杂、婉转，词义生动义凸显主观性。在"仙鹤草"的命名中，喻体"仙鹤"是抽象概念。这种命名完全是跨域映射，其认知过程属于借助一种抽象概念的事物来表达另一种具体概念的事物。"植物的隐喻命名是一种概念对另一种概念的比拟阐述，是经过人的精神世界'概念'环节所产生的一种'折射'。"（王丽玲，2009）

汉英语言中，大多数植物名形成于 19 世纪前，其词义有很多是隐喻性的（高明乾，2006；Gledhill，2002）。人类的类比思维能力可以基于相似性对事物进行分类，根据学者对《说文解字》取类系统的研究，古代汉字造字的取类反映了人们发现不同事物之间的相似性而以彼物喻此物的认识事物的规律（束定芳，2000：94）。"语言构词以及隐喻词义的形成和拓展离不开隐喻。"（卢卫中、李一，2020）无论隐喻词义的内容是什么样的，其特征总是一概念物与另一概念物在某个方面具有相似性的联系，即本体在外形、性状、颜色、气味、味道、功用等与喻体具有一定的相似性。各民族任意地将凸显体验的某一特征作为植物命名的理据，当这一特征相近时，其理据也是相似的。王文斌（2007：238）认为，相似性是隐喻赖以存在的基石，在隐喻性词义的发展过程中，相似性起着重要作用，其是基本义与隐喻义、隐喻义与新的隐喻义产生关系的基础。相似性包括物理相似性和心理相似性：物理相似性则是指人们可见、可闻、可听、可触等感觉上的客观物质之间的相似性，心理相似性是指必须通过人的抽象思维概括和创建的相似性。在隐喻性词义的发展过程中，人们既要借助物理相似性，又要借助心理相似性（王月华，2010）。无论物理相似性的联系还是心理相似性的联系，其实都是人的主观性反应。因此，同一种植物，在不同民族、不同地域之间，其隐喻取象点就会存在差异，名称自然也会不尽相同，因为不同族群的主观性反应都会受其物理环境、宗教信仰、价值观念、民族心理等文化因素的影响。例如，拉丁学名为 *Gypsophila paniculata* L. 的植物，汉语叫作"满天星"，英语则叫作

"baby's breath"（婴儿的呼吸）。

此外，还有三种认知过程也广泛用于植物命名。一是借助一种非植物概念的事物来表达另一种具体植物概念事物，例如狗尾巴草、楼梯草、sausage tree、window palm 等复合型名词，此为隐喻命名；二是借助一种植物概念的事物（或者同一植物的某个部分）来表达另一种具体植物概念的事物，例如苹果梨、树莓、草莓、strawberry，apple tree 等复合型名词，此为转喻命名；三是是文化概念性的命名，词义理据包含民族文化特征，不同民族命名的差异较大，其命名过程实际上也是隐喻性的，例如刘寄奴、湘妃竹、Cupid's dart、Bishop's cap 等。束定芳（2000：70）认为，隐喻是通过某一事物来描述另一事物，每一个隐喻至少涉及两个事物，或者说应该出现两个不同类属的概念，而不同类属的概念词被组合成一个词语，就属于一种范畴错置，两者之间往往会构成语义上的冲突。因此，一个通过隐喻命名的植物词，其词义在表层会呈现出一种矛盾性，这种词义的矛盾性实际上就是隐喻的标志和信号。例如在上面举例的植物名中，"狗尾巴"与"草"之间、"sausage"与"tree"之间毫无关系，放在一起，看起来好像有"违和感"，如果背景知识中对这四种概念的物体毫无了解，就很难理解它们组合形成的名词的词义。"近取诸身，远取诸物"，这是古代人认识和描述事物的基本原则，折射出人具有通过事物的相似性或者相异性进行类别划分的自然能力。

第五节　植物名词义概念及转喻拓展

邻近性和凸显性是概念转喻的两个主要特征。转喻涉及的是事物的相邻关系和"凸显"（salience）关系，两个事物相互"接近"或者"关联"，但属于不同的概念范畴，一个凸显事物替代另一个事物，例如部分与整体、原因与结果、容器与其功能之间的替代关系等（赵艳芳，2001：116；束定芳，2008：195）。人在理解转喻性语言时的心理投入同理解一般语言的心理投入相当（沈家煊，1999），使用转喻是为了方便认知、表达和理解。转喻的认知方式是将两个属于同一领域内或者一个整体事物内不同概念的事物进行联系，即在同一认知域内的不同部分之间概念范畴的映射，强调的是事物两部分之间的相关性（张建理，2005）。

一、转喻对词义的拓展作用

自 20 世纪 80 年代开始,转喻引起了认知语言学家的兴趣。莱考夫和约翰逊(Lakoff & Johnson,1980：69)指出,转喻是涉及人类推理和语言使用的一种心智策略和认知过程,其首次使用区别于修辞学的术语将转喻描述为一个认知过程。后来,莱考夫和特纳(Lakoff & Turner,1989:118)又给转喻定义以新的补充,将转喻视为一种概念映射,认为转喻是人们自发地、无意识地利用两事物相邻的常规关系的认知过程,是域内的两个概念之间的映射,强调概念认知机制的本质。他们指出,转喻和隐喻是两种涉及人类推理和语言使用的不同认知机制,转喻是邻近关系,是在同一领域内发生的指称转移。转喻的邻近关系是概念层面的,而不是语言修辞和语义层面的。泰勒(Taylor,1989)提出转喻的实质是一个概念结构中两个实体之间树立的一种意义联络。莱考夫(Lakoff,1993)、克罗夫特(Croft,1993)等还对转喻和隐喻的差别作了如下概括:转喻只涉及一个概念域的映射,属于领域突出(highlighting);而隐喻涉及两个概念域的映射,属于领域映射(mapping)。领域突出——让次要领域具有首要领域的地位,可视作转喻的典型特征。例如,"大家盯住那个'黄背心',别让他跑了"。句中,"黄背心"指代"穿着黄背心的人"。从事物的类别上看,"黄背心"和"人"属于两个完全不同的类别,"物"指"人",应该是隐喻。实际上,这里面存在着一个语义冲突,之所以用"物"代"人",并不是因为这两者之间有什么相似的地方,而是因为"穿黄背心"是那个人当时的"显著特征"之一,由此次要的"物"取代"人"成为首要领域。转喻不再是传统的辞格,而是人类概念系统的重要组成部分,是一种人的概念化心理机制。作为一个知识组织的认知方式,转喻与隐喻不相上下,通过转喻方式,人们可以利用某一事物熟悉的或者容易理解的特征来表示或者指代整个事物。概念转喻理论的观点为转喻理解走向更宽阔的领域打开了通道。从此,转喻从隐喻中走出,开始以强大的生命力活跃在研究领域(刘正光,2002;束定芳,2004;陈香兰,2005)。

束定芳(2004)认为,转喻由替换事物和被替换事物(常隐含)组成,其功能在于以 A 代 B,在于指称,即通过某一事物的显著部分或者特征,或者有特殊关系的邻近事物来理解整个事物。这一观点可用于转喻性植物名的解释中。据刘正光(2002)的考察,转喻和隐喻构成连续体,两者之间存在非离散性的模糊地带。其中,经验基础和抽象机制在起作用,这使得转喻成为基本的意义扩展方式,大量的隐喻是基于转喻才产生的。转喻的产生方式是认知思维,转喻的形成基础是两者的"邻近性"。世界上的事物总是相互联系的,根据"存在大连环"概念隐喻,宇宙内的所有事物都存在于一个大连环之中,各物质相互联系,不是相邻,就是相似,通过转喻,语言产生了大量新的词语,词义实现了转移,词汇得到了快速扩展。新词汇的出现和新词义的产生不是任意的,而是有其认知基础和认知方式,或者是隐喻性认知,或者是转喻性认知,又或者是文化性认知。

二、植物名词义的转喻拓展

由两种植物概念词相加生成的植物名在汉英语言中有很多,转喻可能是更基本的植物认知方式。例如,汉语植物名"棉花""草莓""草兰""豆梨""菜瓜""菜豆""菜蕨"等,其命名都是通过借用同一植物域内的概念甚至同一植物内另一器官的概念形成,可视作转喻生成,其词义属于转喻性的词义。

词义转移(semantic shift)是指词的意义从一个概念意义转移到另一个概念意义。一个词的词义转移,有时需要通过添加另一概念词,词义的内涵与外延可以扩大,也可以缩小。词义转移有两种情况:一是发生在同一个语义域中,则是转喻认知的结果;二是发生在两个语义域中,即两个概念之间,则是隐喻认知的结果(张绍全,2010)。通过转喻实现词义转移的例子,如"tobacco"(烟袋杆、烟叶、烟草)转义为"烟丝、烟草制品";"paper"(可造纸的植物)转义为"植物造出的纸、纸张,印在纸上的文章、试卷";"wood"(木头)转义为"木材,生长木材的树林"。语用中还有"Peter is a wood(a slow learner)"的表达,"wood"的意思相当于汉语的"木头"(人)。同样用于形容一个人"木讷、反应慢",英语"wood"和汉语"木头"的转义方式都为隐喻。但英语中没有"head"(头),以"木"指"脑子"是隐喻认知;汉语中有"头",而"头"为"脑子"的容器,以"头"指代"脑子"是转喻认知,"木的头""木脑子"才是隐喻认知。可见,不同文化背景下,同一认知方式的实现过程也有直接与婉转之分,而且转喻与隐喻时有相伴,难以绝对分辨。上述例举的这几个词,在构成形式上属于简单词,复合形式的词出现词义转移的概率更大。比如,在汉语名词中,指称整体木本植物的"树"和整体草本植物的"草",通过在前面或者后面添加其他表示植物部分的词,实现了词义转移,这其实就是转喻的作用,如树莓、树柳、树根、松树、橡树、草莓、草花、花草、麦草、棉花草等。这些词语早已被广泛使用,是我们日常词汇中的一部分,属于词汇化了的词,也可叫作"词汇词"。

词汇词包括两个方面:一方面是按构词法构成的词,如词根＋词缀,另一方面就是按照句法造出的词,但是已经发生了转义(宋春阳,2005:93)。词汇词还有从语用发展而来的,比如大暑时节,人们为了消暑有喝"伏茶"的习惯,由金银花、夏枯草、甘草等中草药煮成的茶水,有清凉祛暑的作用;我们中国人有关于夏天大暑的谚语"一候腐草为萤;二候土润溽暑;三候大雨时行"("腐草为萤"说的是古人见萤火虫从腐草中飞起,误以为萤火虫是腐草化生。夏夜,一群精灵翩翩起舞,恍若仙境)。这两个句段里的"伏茶""腐草"是复合型名词,但所指并非固定的植物实体,而是经过词义组合形成的语用搭配,是"假植物名",属于典型的语用产物。对于有些词汇词,到底是转义形成,还是句法形成,语言学界似乎也有争议。这也是语言研究的价值和语言学的魅力所在。不过,语言中哪有"自动"生成的词汇? 任何词语都是人的认知思维的产物,用久远以前指称一个事物概念的词作为"根词"来"繁殖"转指另一个事物概念,表面上是词义的转移与拓展,实质上是人的智力的延伸、人对世界认识的扩大,反映了人的认知进程。

莱考夫和约翰逊(Lakoff & Johnson,1980:35-40)指出,转喻具有指代功能,使我们可以用一种实际存在物指代另一种实际存在物,但它又不仅仅是一种指代手段,更是我们认识事物的一种重要方式。世界上有 40 多万种植物,植物名从最初的简单名词形式逐渐扩大到复合型名词形式,这不仅意味着被发现的植物不断增多,数量上变得更加丰富,而且折射出民间对植物认识分类的不断深入。受限于认知和活动范围,初民最初认识的植物的数量相当有限,指称植物的名词也相当有限。每一种新发现、新认识的植物都需要用对应名称来指代,这是植物类新名词之所以产生的语言内驱力和社会要求。

随着人类的进步和科学技术的发展,仅仅借助转喻或者隐喻方式新造词语是远远不够的,人们还通过语法作用进行词汇扩展。通过语法作用(如词性转类等)产生的词,经过语用上的约定俗成,也会成为词汇词。例如,植物名"花",有棉花——棉树上长的花、木棉花——木棉树上长的花、梨花——梨树上长的花;等等,这种转义比较容易理解;而"红花""白花"则不一定指的是植物开的白色的花、红色的花,"菜花"也不仅是指一种菜开的花;还有"钢花""礼花""彩花"等;更有当动作用的,"花费""花用"以及"采花""开花""提花"等。

可见,植物类名词的转义现象非常广泛,具有很强的语言能产性。万变不离其宗,植物类词语的词义归根结底源于植物的概念意义,只是历史久远,其词义转移产生的方式需要通过语源学进行历史语言学的追踪才能阐释清楚。我们认为,无论何种词语,只要其中的植物名词词义是从一种植物概念引申发展而来的,而且引申义与原概念义或者基本义之间具有一种相关性,那么这一类语语的词义就属于植物的转喻词义。植物的隐喻词义则是引申义与原概念义之间具有相似性。管中窥豹,可见一斑,通过研究数量相当的一部分植物名的意义生成和转移现象,也可以达到厘清和阐释植物词语的语言学目的。

三、词义隐转喻拓展的边界与交叉

"隐喻和转喻是语义变化的两大基本机制。"(张炜炜,2020:51)作为两种不同的认知机制,隐喻与转喻对语言的创造力和解释力各有千秋,难分彼此。不过,目前来看,学界对隐喻的关注度显然远远高于转喻。通过分别输入"转喻""隐喻"关键词,查阅中国知网的相关文献,关于隐喻的研究成果有54860条之多,而关于转喻的仅为8704条。可见,"在认知语言学研究视域内,关于转喻的研究,无论研究的历史还是研究的成果,都无法和隐喻相提并论"(朱建新、左广明,2012)。

像隐喻研究一样,转喻的认知方向得到了明确,转喻研究也从语言修辞的层面逐渐深入认知的层面,不断为中外语言学研究者所补充、拓展。束定芳(2004)认为,转喻是一种重要的认知机制,反映的是人类思维层面上的问题,转喻属于关系轴,涉及的是事物的邻近关系:部分与整体、原因与结果;等等。例如,我们可以将"北京"指称"中国政府",将"华府"指称"美国政府",就是因为"北京"是中国的首都,而"华盛顿"是美国的首都。兰盖克(Langacker,1987)认为,解释转喻的理论依据是凸显原则。该原则的内涵为,凸显度较高的事物通常作为凸显度较低的事物的参照系,言者或者听者以较高凸显度物体所提供的背景来感知较低凸显度物体,以语言表述中凸显之处为参照点构建一个话语环境,从而使言者或者听者与话语表达中所指的凸显度低物体或其部分产生概念联系。例如,汉语"水手"一词,英语叫"hands",这并非偶然的巧合,而是不同民族具有相同概念认知方式的反映。船员在船上工作最忙碌、最活跃的身体部分是两只手,"手"最为突出,因此人们在认识"船员"的概念时,就用"手"来代替"船员",产生了"水手"和"hands"的词语。拉登和科威塞斯(Radden & Kovecses,1999)认为,转喻是一个认知过程,在此过程中一个概念载体在相同的理想化认知模式中向另一个概念实体提供心理联系。转喻的这种运作机制可以从以下三个方面来理解:一是"理想化认知模式"中会出现转喻;二是形成概念的人可以通过心理桥梁达到想要描写的目标;三是人的注意力可以通过一些具体的概念投射到认知对象上(赵艳芳,2001;朱建新、左广明,2012)。

转喻源于隐喻,又异于隐喻。转喻是基于邻近关系或者涉及同一域结构内部的映射,隐喻则是一种跨域映射,涉及不同现象之间的相同点。两者既有共性,也有区别。共性即基于人的身体经验的一种思维方式和语言表达方式,都包含概念映射,是概念性的认知过程,各自的形成都具有一定的理据性。我们可以从以下四个方面进行分析:一是从映射的心理基础来看,转喻的基础是"邻近联想",属于"域内映射",隐喻的基础是"相似联想",属于"跨域映射";二是从语言表达的功能来看,转喻有指称功能,隐喻起述谓作用;三是从映射的方向性来看,转喻表征为双向性,隐喻则为单向性;四是从映射的范围来看,转喻中源域与目标域共存于同一认知结构,隐喻中源域和目标域分属不同的认知结构(陈道明,2007;张辉、杨波,2009;朱建新、左广明,2012;张炜炜,2020)。在人们运用语言词汇描述事物、进行思想交流的过程中,隐喻、转喻都是人类的一种思维方式,是人类认识、理解客观世界的一种工具。因此,"隐喻和转喻对于人类的认知和语言都起着重要的作用"(陆俭明,2009)。

李瑛和文旭(2006)认为,转喻与隐喻的区别主要表现在以下两个方面。一是"域"(domain)的不同。转喻的本体和喻体之间是一种替代关系,其映射是在同一个域中进行,即通过某事物的凸显特征来识辨该事物,事物与事物之间具有邻近性关系;隐喻的本体和喻体之间是一种相似性关系,其映射是从一个域向另一个域进行,两者属于不同的范畴,对一事物的理解是基于对另一事物的理解。二是转喻的投射一般是双向的,事物的凸显性呈现在同一域中,可因不同的视觉而转换。从转喻认知的思维模式来看,主要有"整体与部分""部分与整体""地名与机构""原因与结果"和"人名与作品"等;隐喻的投射一般都是单向的。例如,(1)"the pretty face just went out";(2)"小王是一朵花"。句(1)是转喻,"face"是身体的一部分,属于转喻中的"部分代整体"思维结构,在该句中"the pretty face"指"脸蛋漂亮的人";句(2)是隐喻,"花"是一种美丽的植物,把"花"映射到"小王"上,说明她"漂亮",即把植物映射到人上,这是两种不同域之间的映射。不论句子,还是词语,转喻的例子在语言中比比皆是。"域"是区分转喻和隐喻的关键,但"域"的界限模糊,较难界定。因此,转喻和隐喻在词义的构建与延伸上又有千丝万缕的联系,它们之间往往容易出现相互交融的现象。

束定芳(2004)指出,虽然转喻与隐喻在结构和功能上具有相似之处,但它们在运作机制上存在较大的差异。虽然转喻和隐喻都涉及以此代彼,但转喻是通过某一事物自身的特征或者相关的事物来辨认该事物的,一般不涉及两个不同的范畴。而在隐喻中有两个概念领域,两者属于不同的范畴,将 A 说成 B 是一种"范畴错置"(category mistake),其中一个通过另一个领域获得理解。转喻和隐喻的区别在于它们利用的是事物之间不同的关系。在转喻命名中,人们利用的不是两事物间的相似性,而是该事物某一方面的特征,如朱顶红、长绒棉、山茶花、木棉花等。"朱顶红",是因为这种花颜色鲜红、长于顶端;"长绒棉",是因为这种棉花纤维较长;"山茶花",是因为山茶树上开的花;等等。因此,转喻的功能是通过个别事物代表一个类别,或者某一特定事例、特征或者特点代表一般。而在隐喻性命名中,人们是根据相似性来命名的,如马尾松、喇叭花、鸡冠花、蛇瓜、木耳、发菜、蚕豆、剑麻等。把某一种类的松树称为"马尾松",是因为该类松树的某些部分"像"马尾,以此类推。当然,语言中之所以存在大量词汇化隐喻,一个原因就是转喻起到了词义扩展方式的基本作用。

无论修辞学的研究对象,还是认知语言学的研究对象,转喻和隐喻都是既有联系又有区别的。认知语言学认为,转喻和隐喻之间不仅相互联系,而且联系紧密,大量隐喻的产生正是建立在转喻的基础之上。在转喻向隐喻发展的过程中,有两种机制起主要作用:一种是转喻的经验基础对隐喻的源域及其映射选择的制约机制;另一种是抽象机制。转喻和隐喻都具有"联想"这一共同心理基础。共同心理基础之间互补又关联,两者构成连续体关系(刘正光,2002)。古林斯(Goossens,2002)在转喻和隐喻互动的背景下,提出了隐转喻概念。实际上,语言中有相当一部分语用表达很难区分其到底是由转喻还是隐喻形成。例如,"Sally finally married money"(萨丽最终嫁给了有钱人),用"money"喻指"有钱人";"Peter drove a Ford to the Park nearby"(彼特驾驶一辆福特牌汽车去附近公园了),用汽车品牌名称"Ford"喻指汽车;"Polar bear",用"北极熊"喻指"俄国人或者俄国政府";"the Big Apple",用"大苹果"喻指"纽约市";"British lion",用"英国狮"喻指"英国或英国政府";等等。这些表达,或者句子,或者词语,形象生动而又不失诙谐,大大增强了语言的艺术性。即使是言语交际双方之外的第三听者也能明白内容、领会意思,我们可以认为它们的语义是由隐转喻概念形成的。无论对于语言使用者,还是对于语言研究者而言,要绝对区分转喻隐喻,都有相当的难度,这一点或许可以解释为何到目前为止,相对于大量学者对隐喻研讨的注重而言,仅有少量学者对转喻进行了深入思考(束定芳,2011)。

第三章

汉英植物名的隐喻特征

第一节　植物的命名

《老子·道经》有言,"无名,万物之始也;有名,万物之母也",混沌之初,宇宙之始,万物有"名"是在语言出现之后。在语言产生以前,地球上的植物是没有名字的,即使人类初民天天接触植物、采植果腹,也无法用符号命名植物。儿童认识动植物、了解世界,就是从学习各种名称开始的。就像人类认识自己的身体并加以命名一样,人类对植物的认知和命名也经历了"陌生—接触—观察—了解—熟悉"的过程。在熟悉某种植物后,人们就会在大脑中留下经验印记,形成感性认识,对这种植物有了概念,而植物概念是人对植物本质特征的"观念性理解"(卢植,2006:83),记录这种植物概念的词语便是植物名。

一、植物命名的通俗性和地域性

亚里士多德说,"人生而求知"(man by his nature desires to know),即人类天生具有求知欲。通过某种符号给周围的事物命名,自古就是人类认识世界、发展思维的一种方式。地球生灵无数,也只有人这种高级动物才能做到。对事物进行认知和命名,是人类的概念形成机制、概念范畴和语言符号相互联动的结果,三者的关系如图 3-1 所示(卢植,2006:84)。

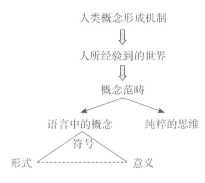

人类概念形成机制

人所经验到的世界

概念范畴

语言中的概念　　　　纯粹的思维

符号

形式 - - - - - - - - - - - - 意义

图 3-1　概念体系的模式

图 3-1 可以帮助我们理解植物命名的思维过程,借助人的概念性思维,人们创设语言符号来表达指称植物的意义,意义是对外部植物世界认知的经验总结,反映植物概念范畴。从词的指称对象到词的意义,标志着人类认知能力的一个飞跃(褚孝泉,1991)。

早期接触植物的人并非拥有生物学、植物学学科背景的专业人士,他们生活在植物环绕的自然环境之中,逐渐了解和熟悉身边植物的生长习性、形态特点以及各种实用价值。由于认知能力和思维方式的不同,不同国家的人们命名的植物名称或相似,或相异,都富有民间特色,如普遍反映植物的某种食用、药用功能。植物命名过程既影响社会和民族特性,也受社会和民族特性的影响(Anderson,2001)。生长在不同地域的同一种植物,人们会对其进行不同的范畴化归类,从而形成不同的概念意义,约定不一样的名称叫法,即使使用同一母语的不同地域也会不同。例如,同一拉丁名为"*Bidens pilosa L.*"的植物,汉语称"鬼针草",英语称"beggar's ticks"(乞丐身上的虱子);"红薯"(英文为"sweet potato")在我国南方地区一般叫红薯、红苕,北方地区普遍叫地瓜、番薯。人们在现实生活中形成的对植物的习惯性叫法或者通俗性叫法,就是植物的俗名,也称别名(other name)、地方名(vernacular/local name)。经过约定俗成和语用传播,大多获得了包括专业人士在内的语言学习者的认可与接受,属于母语中固有的名称(indigenous name)。植物俗名是各民族通用的名称,具有地域性和通俗性,为了与拉丁语学名(scientific name)区分,同一语言内使用范围广的俗名也被学界视为民族的植物学名(botanical name)。

本书探讨的汉英植物名,是指词义包含汉民族和英吉利民族地域特色、富有文化理据的俗名(common names)。它是指大众给予植物非学术、浅显易懂的称呼,其局限于民族语言中,且命名理据较为复杂(任开兴,2020)。这一点在本书后面的论述中将不再特别指出。

二、植物命名理据的可考性

木谓之华,草谓之荣。依据《世界在线植物志》(*World Flora Online*),截至 2020 年,世界上已认定的植物有 35 万多种,而对这些植物认定命名的名称达 100 多万个。人类如何为植物命名,为何称呼不同,命名理据是什么? 古今中外的不少前辈学者都进行了不懈的探索,并取得了可信的学术成果和丰富的专门典籍。

我国劳动人民自远古时代就开始了对植物的自然认识。从神农尝百草,到明代李时珍的《本草纲目》,再到清代吴其濬的《植物名实图考》,直至当今中医药事业的欣欣向荣,人们对各类植物的认知不断深入,各类植物典籍不断问世。2000 多年前的秦汉时代,就有专门收集、解释植物名的词典《尔雅·释草》《尔雅·释木》,其内容朴实、清晰有理,将植物分为草、木两类,基本反映了自然界的客观实际。《尔雅·释草》云,"女萝,菟丝,又云蒙,玉女",对于旋花科菟丝子又名女萝交代得很清楚。这种古老的分类方式,对后世产生了深远影响。公元 304 年,晋代稽含撰写的《南方草木状》是世界上最早的区域民族植物志,距今已有 1700 多年的历史,它记述了我国两广、云南和越南的重要植物资源共计 80 条(裴盛基,2003)。16 世纪明代医学家、药物学家李时珍在他的《本草纲目》中对植物命名也进行了深入的研究。他从植物之间的亲缘关系出发,根据植物的形态、用途、习性和内含物的不同特点,将 1000 多种植物按草、目、菜、果、谷 5 纲分为 30 类和若干种,同时也统一了许多植物的命名方法、说明了植物的命名缘由(李时珍,1982)。清代植物学家吴其濬每到一处,实地观察植物的生长情况,考究其药性功能,足迹踏遍半个中国,著成《植物名实图考》一书,该书以图文形式全面记载了 1700 多种植物的别名、产地、形状、习性、用途以及文献渊源等(吴其濬,1963)。《植物名实图考》一书不仅是对我国古代植物学的空前总结和发展,而且也是近代以来收录植物名最全的单本著作。

　　我国现代农学家与植物学家夏纬瑛在他的《植物名释札记》中比较详细地解释了 308 个植物名的得名方式,其"关注词语的音义联系,并能结合植物形态、物性来说解命名"是"继李时珍《本草纲目》之后又一部由植物学家撰写的专门研究植物命名的重要著作"(谭宏娇,2005)。高明乾(2006)主编的《植物古汉名图考》,收集植物古汉名 4000 多个,并对其形态、特征、生境产地和主要功用作了介绍。谭宏娇(2004)对古汉语植物命名进行了系统的回顾和梳理,基于植物命名的相对可论证性,通过对单个植物命名的具体考释,总结和归纳了古汉语植物命名的特点和规律。杭东(2012)认为,中国古人命名植物的方法依据主要有四种:一是按生活习性命名;二是按外在特征命名;三是按功能效用命名;四是按谐音或者音译命名。例如,山莓、山蓟、山韭、水苔、水蓼、海菜、海苔、迎春花、春兰、半夏、夏枯草、秋葵、麦冬、寄生树、子午花、车前草等植物名,就是按照其生长环境、生长季节等特点来命名的;鹅肠草、马齿苋、红花草、龙爪菜、茼蒿、乌杷等,因其外在特征而命名;当归、忘忧草、接骨草、醉鱼草、扫帚菜等,因其功能效用而命名;舜华花、茨棘、荔枝等,则以谐音寄意的方式命名。总体而言,古人主要依据植物的形态、生境、习性、纹色、质地、气味、用途、神话、典故等命名(任开兴,2020)。

　　对于英语植物名的词源学研究,西方学者希斯帕仑斯西斯(Hispalensis)(公元 560—636 年)等也早在公元五六世纪就开始了。1886 年,英国植物学家布里顿(Britten)和霍兰德(Holland)出版了《英文植物名称词典》(*A Dictionary of English Plant-Names 1886*),对诸如三叶草(shamrock)等 200 多个英语植物名的词形结构和词义理据进行了较为详尽的解释。"事实上,植物名称的词源蕴藏着丰富的历史趣味,掩盖了人性的许多方面,包括一些作者的讽刺以及另一些作者的幽默。"(Gledhill,2002:32)虽然这些研究涵盖的植物名的数量有限,但为后续的英语植物名研究奠定了基础(Gledhill,2002;Coombes,2009)。

　　英语中还有一些词典和著作,如《语义学》(*Semantics*)(Ulmann,1962;Leech,1981)、《牛津英语词源词典》(*The Oxford Dictionary of English Etymology*、*Word Origins and Their Romantic Stories*)(Funk,1978)、《古英语:历史学伴侣》(*Old English:A Historical Linguistic Companion*)(Lass,1994)、《植物的名称》(*The Names of Plants*)(Gledhill,2002)等,也对部分植物名的词形词义及其语源进行了不同程度的探讨。不过,这些词典和著

作中所提供的植物名的成名由来,大多都分散在对词素(morpheme 或者 word)的解释中,比较零散,缺乏系统性。

由于各国各地的植物叫法不同,不利于人类对全球植物资源的认知、利用、开发和保护,瑞典生物学家林奈(Linnaeus)在 18 世纪提出了"拉丁双名法",采用两个拉丁化的名字来命名地球上的植物,以避免一物多名、同物异名或者异物同名的混乱现象。例如,银杏树(英语 ginkgo)的学名为 *Ginkgo Biloba L.*,Ginkgo 是属名,名词;Biloba 是种名,形容词;排位最后的字母则是定名者姓氏的缩写,该名字母 L 为林奈首字母的缩写。1905 年,第二届国际植物学大会通过了"国际植物命名法规",以林氏的拉丁名法作为国际植物学界进行交流的标准用名(崔大方,2006)。然而,对于语言学研究而言,即使植物学领域没有出现更多新的民族学名,也并不意味着不重视母语中现有植物名的研究。因为植物名称错综复杂,任何词典编者也会有千虑一失的时候(任开兴,2020)。

综上,目前基于植物名称的典籍,对植物名形成理据进行专门溯源考证的并不多见。2019 年,"植物名称英译模式构建与《中华汉(拉)英植物名称词典》编纂"获得国家社科基金立项,这也说明植物名研究还需加强,尤其在植物名形成理据的挖掘和中外对比研究方面。约定俗成的植物名,从古沿用至今,不仅是语源学、名物命名学研究的现成语料,而且其作为专类词汇的形义特色及其折射出的文化元素和思维方式,依然值得我们从认知语言学、文化语义学的角度深入发掘。

第二节　汉英植物名的词形特征

汉语是字本位,一个字即为一个词。英语是词本位,汉语的"字"与英语的"word"并不完全相同,但具有较高的对应性。汉语的"字"可分为自由词根词素和非自由词根词素,汉语中可以单独使用的自由词根词素便是简单词(simple word),英语中只有自由词根词素才是简单词。汉语的非自由词根词素与英语的非自由词根词素相当,但也有区别。一是英语中的非自由词根词素和词的界限在外形上比较清楚,汉语中的非自由词根词素和词很难从外形上区分,往往需要通过句法上的使用来判定;二是英语的非自由词根词素一般都是黏附性的,而汉语的非自由词素具有动态性,搭配不同,词义也不同,非自由可转变为自由;三是英语中用非自由词根词素构成的语言单位永远是一个词,词素与词素之间不能插入其他成分,而汉语用非自由词根词素构成的语言单位,既可以是不能单用的字,也可以是词,还可以是短语(汪榕培等,1997:13-21;蔡基刚,2008:3-7)。

一、植物名词义的任意性和理据性

作为最基本的构词单位,词素(也称作语素)是语言中具有意义的最小单位。词素可以分为黏着词素(bound morpheme)和自由词素(free morpheme)。黏着词素不能在句子中独立使用、必须黏附在其他词素上构词。自由词素具有完整的词汇意义,可以在句子中独立使用,实际上就是小得不能进一步划分的词。例如,汉英植物名"花""flower""草""grass""树""tree""木""wood""苗""sprout""根""root""果""fruit"等(汉语名也是以"字"的形式出现),都属于词。其中,"花"不可以分成"艸"与"化","艸"为黏着词素;而"化"则是另外一词的含义,表示"变化、改变",其仅作声旁,与作形旁的"艸"一起构成形声字"花"。"flower"指"花"时,不可以分成"flow"与"-er",尽管"flow"也是一个自由词素的词,但是其词义非"花","-er"则为不可独立使用的黏着词素。汉英语中,由一个自由词素构成、指称一个意义成分的植物名叫作简单式植物名,如"花""flower""草""grass""树""tree""苜蓿""玫瑰""枇杷"等;而由两个及以上自由词素构成、指称一个意义成分的植物名可以叫作复合型植物名,如"熊果""bearberry""睡菜""buckbean""磁石草""compass plant""捕蝇草""catchfly""金钱草""moneywort"等。

词由黏着词素和自由词素按各种构词规则合成,作为一种音义结合的语言符号,除了外在形态,还有内在意义。词所呈现的形态结构与词义形成的依据密切相关。词义形成的依据就是词的理据。索绪尔(Sassure,2001)最早提出"理据"一词,认为语言的能指与所指的联系是任意性的,并把"任意性"解释为"无理据的"。同时,在任何语言中,只有一部分符号是完全任意的。对于另一部分符号,涉及可能任意程度的问题,或许可以相对地论证(蔡基刚,2008:137,155)。最早对语言理据展开详细讨论的乌尔曼则认为,"语言符号的任意性是绝对的,理据性是相对的"(蔡基刚,2008:137)。形式简单的植物名属于语言中的原生词,原生词的形成或者有理据性,或者无理据性,或者理据无从可考,而复合词则大多都具有理据性。在各种语言中,词形复合的植物名往往都是隐喻(转喻)形成的,汉英植物名也不例外。

乌尔曼(Ullmann,1983)认为,世界上的每一种语言都包含约定俗成的隐性词,这些词在语音与词义之间毫无联系;但同时每一种语言也包含许多有一定理据的显性词。这里所说的"隐性词"就是无理据性的词,"显性词"就是有理据性的词。邵志洪(1997)认为,词的理据(motivation)指的是事物和现象获得名称的依据,以说明词义与事物或者现象的命名之间的关系。蔡基刚(2008:137)认为,词的理据是指一个词词义形成的可释性,即一个词指称某一事物或者表达某种意义的动因、理由或者根据。换言之,它研究的是词义和所指事物之间的联系,也就是解释某事物为什么获得这个名字的原因。这就像一个硬币的两面,任何一个音义结合的语言形式,都存在任意性和理据性的可能。语言符号既存在任意性,同时也存在理据性。任意性指语言符号的音义之间没有自然联系,理据性指语言符号的音义之间具有人文联系。一方面,任意性是一个贯穿始终的变量,它的存在支持着语言的变异性、选择性和多样性;另一方面,理据性是一个普遍潜在的动因,它支持着语言的有序性、机制性和可证性(王艾录、司富珍,2002)。

既然词义形成具有一定的理据性,那么如何理解理据性,它表现在哪几个方面呢?

乌尔曼(Ullmann,1983)将词的理据分为三类:语音理据(phonetic motivation)、形态理据(morphological motivation)和词义理据(semantic motivation)。许余龙(1992)注意到词的文字书写形式与词义的联系,在乌尔曼分类的基础上,加上了文字理据(graphemic motivation)。蔡基刚(2008:138-177)给出四种理据的定义:语音理据表现在词的语音形式与词义之间的联系上,主要有拟声词和感叹词等,其他类词汇基本不存在语音理据;词义理据是一种心理联想,主要有隐喻性、转喻性和词源性;文字理据主要表现为词的文字书写形式与词义之间的联系,汉英语书写形式不同,取得理据的方式也不同;形态理据是指一个词的词义可以通过对该词的形态构成进行分析而获得。一个词的形态结构一般可以分为三种:一是由一个自由词素充当的简单词;二是由一个自由词素加上词缀构成的派生词;三是由两个自由词素构成的复合词。派生词和复合词——尤其是复合词——可能带有理据,简单词(除了少数拟声词外)通常没有理据可言(李冬,1988)。由此不难看出,索绪尔所说的相对可论证的符号是指复合词符号,复合词内部结构是可以分析的,意义是可以推理的,即形态理据,而绝对任意的符号是指简单词符号。语言学上一般把由简单词符号构成的词称为一级词,把由复合词符号构成的词称为二级词。

结合汉英植物名来看,一级词包含两部分:一部分是指称植物基本层次概念的词,汉语中如花、草、树、木、苗、根、果,英语中如 flower、grass、tree、wood、sprout、root、fruit 等;另一部分是指称基本层次概念下属植物概念的词,汉语中如芸、枫、苔、桐、蓟、桃、栗,英语中如 akee、broom、bugle、rue、squill、lentil、flag 等。这些一级词,也叫作简单词。但无论其指称哪一级概念的植物,也并不是任何一个词都毫无理据可言的。汉语中,花、草、树、果含有"艹""木"等词素,具有形态理据。而"桐"字的由来为:该木轻脱,轻脱即通脱,"桐"通作"通"。"桃"字的由来为:该树叶形狭长,陕西关中方言谓物之狭长为"逴",逴与桃两音相近,故名之曰"桃"(夏纬瑛、夏经林,2022)。"桐""桃"之名形成既有语音上的理据,也有词义上的理据。英语中的"flower"最早源自拉丁语"florem",意为"开花",具有词义渊源上的理据,而从词素组成上看,"flower"为"flow + er",自由词素"flow"有"垂吊、飘拂"之意,黏着词素"-er"表示"行为、动作的主体",合起来为"垂吊之物"或者"飘拂之物",也与"花"实物所呈现的形态相符,有形态上的理据;而"broom"(拉丁学名为 planta genista)为"扫帚"名,用"扫帚"指一种"枝丛生细长,直立,无毛"的植物,或许是联想到该物可以用来制作扫帚的功用,词义形成具有隐喻性的理据。当然,同样是简单形式的植物名,由于汉英文字属性不同,汉语中的文字理据性要比英语中的文字理据性强。汉语是表意文字,"字"本身是古人通过各种理据性的方法(即象形、指事、会意、形声、转注、假借等"六书"法)创造出来的,偏旁部首有意义、无发音,一个独立的字才有发音;而英语是表音文字,一个词素就有一个发音,且代表意义。因此,对汉英植物名中简单词形词的形态进行比较,没有必要,也无意义。而且,汉英语中简单词形的植物名所占比例都非常小。二级词,即指称植物基本层次概念下属概念的词,如汉语中的牵牛花、车前草、象牙树、华盖木、砖子苗、牛蒡、腰果,英语中的 spider flower、moor grass、candle tree、coral wood、moon carrot、pea seedling、horse chestnut 等,都是由两个及以上自由词素(即可以独立使用的"简单词")组合成的复合词,属于具有典型形态理据的词,其词义可以通过分析其形态构成上的特征得出。由于复合形式的植物名在语言中占据绝大多数,我们重点考察这部分汉英植物名的形态构成,从一个侧面认知其词义形成的理据。

二、汉英植物名的词形特征

通过对《植物名实图考校释》收录的 1708 个汉语植物名和《木材出版社植物名词典》收录的 2030 个英语植物名进行统计,获得仅含 1 个单字词的汉语植物名 77 个,占比 5%;获得含 2 个及以上单字词的汉语复合型植物名 1701 个,占比 95%;获得仅含 1 个简单词的英语植物名 492 个,占比 24%;获得含 2 个及以上简单词的英语复合型植物名 1538 个,占比 76%。需要说明的是,本书不对汉英植物名单词形词数、双词形词数以及多词形词数的占比作分析比较,因为汉语典籍《植物名实图考校释》和英语词典《木材出版社植物名词典》并未能分别收录汉英语中所有的植物名。从语料来源的可考性和权威性考虑,本书并未将从其他渠道收集到的与本节所列例词形态相似的双词形或者多词形植物名作为形态特征的例词进行统计和列举。不过,管中窥豹,可见一斑,这两本汉英典籍/词典所呈现的植物名涵盖了汉英植物名的各类词汇形态,具有广泛的代表性,对比分析其特征,可以帮助我们辨识汉英植物名的形态理据之异同。

汉语植物名绝大多数由三字词构成,共计 870 个,占比 51%,例如苦马豆、八角菜、肺筋草、山蚂蝗、水棘针、牛耳朵等;由二字词构成的植物名共计 552 个,占比 32%,例如红花、血藤、奶树、地笋、马兰、莎木等;由四字词构成的植物名共计 147 个,占比 8%,例如丫枫小树、田螺虎树、婆婆枕头、紫背天葵、滇淮木通等;由单字词和五字词构成的植物名的数量较少,分别为 77 个和 52,占比分别为 4% 和 3%,例如蓼、艾、芦、茜、粟、苋、荠、竹叶吉祥草、千年不烂心、羊肝狼头草、昆明鸡血藤、铁角凤尾草等;由六字词构成的植物名的数量极少,共计 7 个,占比 0.4%,例如天台山催风使、威胜军亚麻子、常州石逍遥草、临江军田母草等;由七字词构成植物名的仅有 2 个,占比 0.1%,例如永康军紫背龙牙、施州紫背金盘草等(详见附录一)。

英语植物名绝大多数由 2 个简单词构成,共计 1368 个,占比 67%,例如 poison tree、jade vine、egg fruit、fan fern、honey wort、balloon pea、spike grass 等;由 1 个简单词构成的植物名共计 492 个,占比 24%,例如 aster、 blink、beet、heath、elm、pansy、pea、rose、rue 等；由 3 个简单词构成的植物名较少，共计 153 个，占比 8%，例如 starfish flower、red flag bush、bloodwood tree、foxtail lily、button snake root、giant bellflower、sea sandwort、powder puff tree、silver saw palm 等；由 4 个简单词构成的植物名极少，共计 17 个，占比 0.8%，例如 Alpine forget-me-not、bur forget-me-not、lily of the valley、canary island bellflower、mind your own business 等。在含 2 个及以上简单词的植物名中，除了表示实际意义的词外，还有表示所属、方向等关系的介词 of/in/to，例如 rose of Jericho、grass of Parnassus、bird of paradise、mother-in-law's tongue、love-in-a-mist、farewell to spring 等；表示限定意义的冠词 a/the，例如 pick-a-back plant、pellitoeries of the wall、glory of the snow 等；表示连接意义的连词 and，例如 gold-and-silver chrysanthemum、cup and saucer vine、Isaac and Jacob 等。从词素组成上看，除自由词素外，还有以下黏着词素：一是 -'s（所有格形式），如在 traveler's tree、sheep's bit、Shepherd's cress、rat's tail cactus 等词中；二是 -s/-es（复数形式），如在 creeping lady's tresses、green threads、grassy bells 等词中；三是 -ed/-ing（分词形式），如在 round-headed club rush、yellow-eyed grass、shaving-brush tree、climbing lily、climbing butcher's broom 等词中（详见附录二）。

此外，英语植物名中还存在两种特殊形态：一是连字符形式，如 rice-paper plant、scarlet-fruited gourd、youth-and-old-age；二是缩略形式，如在 St John's bread 词中，"St"为"Saint"（圣人）的缩写形式，表示人名。汉语植物名中无此类形态。究其原因，英语文字有表音性特点，需要依靠形态变化呈现意义，汉语文字的基本单位是方块字，不必借助形态变化表达词义。我们可以通过计算汉英植物名各自所含简单词数量的占比来进一步分析比较两者在词汇形态上的一致性与差异性（见表 3-1）。

表 3-1　汉英植物名所含简单词数量的占比

简单词数量	1 个	2 个	3 个	4 个	5 个	6 个	7 个
汉语占比	4%	32%	51%	8%	3%	0.4%	0.1%
英语占比	12%	74%	11%	0.6%	—	—	—

从表 3-1 中可以看出，汉英植物名词形的共性是：汉英语中，简单词有 2

个和 3 个的植物名占比基本相同,分别为 83％ 和 85％,进而反映出汉英植物名形态构成上的一致性,从中折射出两个民族对植物分类和命名的共性。不仅是复合型植物名,"英语复合词和汉语复合词之间还存在较高程度的对应性"(邵斌,2019:77)。汉英植物名词形的差异性是:含 4 个简单词的植物名占比,汉语远高于英语,从中反映出汉语 4 字格组词命名具有强能产性的语言特征;而含 1 个简单词的植物名占比,英语远高于汉语,可能是受拉丁语等外来语种的影响,简单形式的植物名内含有的黏着词素远高于汉语,从中折射出英语文字的表音特性。蔡基刚(2008:183)认为,汉英语简单词和复合词的占比存在显著差别,汉语各种简单词在现代汉语词汇中仅占总数的 20％ 左右,复合词占 80％ 左右;而英语中,简单词占 45％ 左右,复合词占 25％ 左右,派生词占 24％ 左右。从中可以看出,英语中简单词的占比远远高于汉语。从复合型植物名的结构来看,含有三字词的植物名数量,汉语的占比远远高于英语。此外,英语含 3 个简单词的复合型植物名中,在末尾一般都出现了指称植物概念的缀词,如以上例词 starfish flower、red flag bush、bloodwood tree、foxtail lily、button snake root、giant bellflower、sea sandwort、powder puff tree、silver saw palm 中的 flower、bush、wood、lily、root、wort、tree、palm 等;而汉语三字词的复合型植物名中,表达植物概念的末尾词,一般隐而不现,如山蚂蝗、牛耳朵、蛇肠子、老虎刺、象牙参、水蜡烛等,其词尾词"草、花"并未出现。这一现象折射出两个方面的语言特点:一是对植物实体的所指,汉语比英语更具灵活性,且词义既可指对应概念的整株植物,也可指植物的一部分;二是汉语词语弹性和词义模糊性更大。

第三节　汉英植物名的语法特征

语法,即语言使用的法则。语法和词义是不能完全分开的,"语法的意义与词汇的意义会相互作用"(Cruse,2009:16)。复合词的语法关系并不仅仅限于词与词的组合关联,更是语言成分的组合关联。一个复合式语言单位既然在意义上可以相互分割、相互关联,其内部就存在结构关系(杨锡彭,2002)。汉语中,人们习惯于把复合词结构分成联合型、偏正型、补充型、动宾型、主谓型等,把复合词结构看作与短语结构相同的语法结构,复合词结构是语法学的一部分(王政红,1998)。朱德熙(1982)曾指出,"汉语复合词的组成成分之间的结构关系基本上和句法结构关系一致"。汉语复合词的形成就是一个构词法的问题(石毓智,2004)。与汉语不同,现代英语的构词方式有词缀法、转类法、合成法、拼缀法、逆成法和缩略法等六种,复合词的语法"是把两个或两个以上的词按照一定的次序排列构成新词的方法"(陆国强,1999)。与汉语相似,英语复合词的结构形式也有搭配的因素在内。按其搭配方式的不同,英语复合词可以分为语法搭配(grammatical collocation)和词汇搭配(lexical collocation)(薛旭辉,2000),语法搭配如creeping lady's tresses("爬行女的头发",斑叶兰)和 sweet grass("甜草",水甜茅)。邵斌(2019:77-78)认为,英语复合词的分类标准各式各样,每种分类都有不尽如人意之处,并对以下分类进行了介绍:斯卡利斯和比塞托(Scalise & Bisetto,2009)根据复合词成分之间的语法关系,将复合词分为从属型(subordination)、并列型(coordination)和限定型(attribution)等三类;每一类下面分为两个小类,即向心复合词(endocentric compound)和离心复合词(exocentric compound)。向心复合词是指复合词的一个成分起中心成分的作用,如"bubble economy"(泡沫经济),其中心成分是"economy""bubble economy"是"economy"的下义词。离心复合词的任何一个成分都不作中心成分,如"laptop"指"手提电脑",但其中心成分既非"lap",也非"top",而是未在复合词中出现的"computer"。斯卡利斯和比塞托(邵斌,2019:45)的"复合词的统一分类"框架如图 3-2 所示。

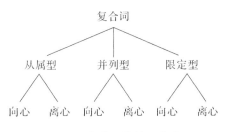

图 3-2 复合词的统一分类

资料来源:邵斌.2019.英汉词汇对比研究[M].北京:外语教学与研究出版社:45.

相对而言,英语复合词的构造比较自由,类型也比较丰富,但是不同词类的复合词的结构类型不一样,结构的数目也不一样。英语名词复合词的结构类型主要有:N+N、A+N、P+N、V+N 等四种(石毓智,2004)。布龙菲尔德在他的经典著作《语言论》中指出,语言之间词法上的差异大于句法上的差异。汉英语中,不少复合词既具有明显的词性,也具有短语的一些特性,遵守着短语的一些规则(黄月圆,1995)。复合词的语法特征因语言而异,复合词与短语之间没有明确的界限,只能依据语法来判断。

综上可知,两个单词原本词性不同、各有意义,能够连在一起,形成一个意义变化了的新名词,是人们基于逻辑思维,依据一定的关系规律,考虑搭配关系,运用一定的构词方法来描述新事物的结果。我们认为,复合词的语法特征是指一个词由两个或者几个自由词根(单个独立词或者词干)联结组合形成的关系特征,即单个独立词的词性及其合成结构的句法搭配特征。下面将从词类组成和搭配类型以及概念成分类型两个方面对汉英复合型植物名进行对比分析。

一、汉语复合型植物名的词类组成和搭配类型

(一)"名 + 名"结构,偏正式

第一,非植物概念缀词 + 植物概念中心词,如雀麦、鹤草、刀豆、石榴、地栗、山楂、肉苁蓉、山茶、土豆、云杉、银条菜、珍珠花、蚊子树、象鼻草、公孙桔;等等。

第二,植物概念缀词 + 植物概念中心词,如花蒿、草莓、松树、柏树、杨梅、杨树、藜芦、木葛、木槿、荞麦、萱草、蝙豆、地瓜儿苗、山豆花、茅香花、兰香草、黄瓜菜;等等。

第三,非植物概念词 + 隐含植物概念中心词,如羊奶子、狗脊、王孙、都管、铁观音、铁扫帚、六面珠、张天刚、满天星、千层塔、仙人掌、矮脚三郎、山蚂蟥、陆英、刘寄奴;等等。

(二)"名 + 名"结构,补充式

第一,植物类概念中心词 + 植物概念缀词"子",如椰子、麦子、菟丝子、赤药子、决明子、苦槠子、水蔓子、海松子、黎檬子、赤药子、桄榔子、黄药子、益智子、天茄子、冈拈子、蛇床子;等等。

第二,其他类概念缀词 + 植物概念中心词"子",如阳春子、大风子、胡颓子、鸦蛋子、秋风子、人面子、使君子、猪腰子、相思子、风车子、马甲子、五味子、九仙子;等等。

（三）"名 ＋ 形"结构，偏正式

第一，植物概念词 ＋ 颜色概念词，如韭黄、竹黄、杏黄、藤黄、菱白、花红、菜蓝、芥蓝、玫瑰红；等等。

第二，其他类概念词 ＋ 颜色概念词，如海红、地黄、何首乌、乌金白、千日红、马樱丹、冬青、万年青；等等。

第三，颜色概念词 ＋ 其他类概念词，如朱锦、白鲜、白微、白及、白前、黄精、白马鞍、白头翁、红丝线、红孩儿、红小姐、白马骨、白头婆、白龙须；等等。

（四）"形 ＋ 名"结构，偏正式

第一，表示大小、厚薄、地域或者季节等概念的缀词 ＋ 植物概念中心词，如鼠李、厚朴、冬枣、淮草、夏草、水草、雪松、昆明乌木、野栀子、吴茱萸、山栀子；等等。

第二，颜色概念词 ＋ 植物概念中心词，如青葙子、黄瓜、黄麻、甘薯、甘蔗、红杏、红麻、红杉、红百合、绿百合、红茶、赤豆、黄豆、丹桂、丹参、白菜、白梨、青椒、黑枣、白蔷薇、白蝶花、蓝菊、朱兰、白草果、红花、紫蓝、黄麻、甘蓝、黄芪、丹参；等等。

第三，颜色、大小概念词 ＋ 非植物概念词 ＋ 隐含植物概念中心词，如：赤箭、大戟、大黄、锦带；等等

第四，味觉概念词 ＋ 植物概念中心词，如臭草、臭牡丹、酸枣、甘蔗、甜菜、苦荞、苦瓜、甘草；等等。

（五）"动 ＋ 名（＋ 名）"结构，动宾式（＋补充混合式）

这种结构的概念类型分散，如悬钩子、无食子、解毒子、无患子、颠楮子、露兜子、闹狗子、落雁木、覆盆子、望江南、消风草、透骨草、救命王、还魂丹、钓鱼竿；等等。

（六）"名 ＋ 动（＋ 名）"结构，主谓式（＋补充混合式）

这种结构的概念类型分散，如老虎刺寄生、夏枯草、雁来红、狗掉尾（苗）、石长生、阴行草、鹿衔草、小紫含笑、蜘蛛抱蛋、藏报春、地涌金莲；等等。

（七）"数 ＋（名）"结构，偏正式

这种结构的概念类型分散，如一枝黄花、一连条、一把伞、（小）二仙草、

三七、三白草、四喜牡丹、五色兰、六月菊、八字草、八角菜、九牛草、十大功劳、万年藤;等等。

除以上主要七大类型外,汉语中还有不少以短语形式出现的复合型植物名,如王不留行、野避汗草、冬虫夏草、鬼见愁、千年不烂心、千年矮、朝天一柱、天台山催风使、叶上花、叶下红、急急救;等等。

二、英语复合型植物名的词类组成和搭配类型

(一)"名词 + 名词"结构,限定型

第一,非植物概念缀词 + 植物概念中心词,如 watermelon、buckbean、butterfly bush、arrowroot、bearberry、crab grass、cradle orchid、eggplant、devil pepper、helmet flower;等等。其中, buckbean、crab grass、cradle orchid、eggplant、butterfly bush 等为向心限定型;watermelon、devil pepper、helmet flower、arrowroot 等为离心限定型。

第二,植物概念缀词 + 植物概念中心词,如 strawberry tree、strawberry、oat grass、turnip fern、violet orchid、whisk fern、wood barley、wood apple、rice grass;等等。其中,strawberry tree、oat grass、rice grass 等为向心限定型;strawberry、turnip fern、violet orchid、wood barley、wood apple 等为离心限定型。

第三,非植物概念词 + 隐含植物概念中心词,如 goosefoot、desert candle、elephant ears、gold thread、crowfoot、mountain ash 等,均为离心限定型。

(二)"名词 + 名词"结构,并列型

这种结构一般以"and"连接两个非植物词的形式出现,如 noon-and-night、lords and ladies、gold-and-silver(chrysanthemum)、youth-and-old(age);等等。其中,youth-and-old 为向心并列型;noon-and-night、lords and ladies、gold-and-silver 等为离心并列型。

(三)"名词所有格 + 名词"结构,从属型

这种结构的概念类型分散,如 baby's breath、granny's bonnet、bird's-beak、Helen's flower、bird's nest、cat's-head、monk's hood、devil's claw 等,均为离心从属型。

（四）"形容词 ＋ 名词"结构，限定型

这种结构一般以表性质的形容词搭配概念词的形式出现，如 brown algae、broad bean、black locust、bitter bamboo、longleaf、barren strawberry、sweet olive、small reed 等，均为向心限定型。

（五）"名词 ＋ 形容词"结构，限定型

这种结构一般以植物概念词搭配表颜色的形容词的形式出现，如 beet red、pea green、grass-green 等，均为向心限定型。

（六）"名词 ＋ 动词"结构，限定型

这种结构一般以植物概念词或描述自然事物的词搭配动词的形式出现，如 acorn squash、snowdrop 等，均为离心限定型。

（七）"动词 ＋ 名词"结构，从属型

这种结构一般以动词搭配植物或动物概念的形式出现，如 catchfly、scarecrow、winged tobacco、cut grass、climbing onion、dropwort；等等。其中，catchfly、winged tobacco、climbing onion 等为向心从属型；scarecrow、cut grass 等为离心从属型。

（八）"数 ＋ 名"结构，从属型

这种结构一般以数词搭配植物或人体概念间的形式出现，如 pick-a-back plant、five finger、4-leaf clover、ninebark 等，均为向心从属型。

除以上主要八大类型外，英语中也有不少以短语形式出现的复合型植物名，如 forget-me-not、low-hanging fruit、mind your own business、pick-a-back plant、star of Bethlehem、tree of heaven、Venus' looking glass；等等。

通过以上对比分析可知，汉英复合型植物名词类的结构基本相同，各结构类型下的植物名数量占比具有相当的一致性（比如，"数 ＋ 名"结构的植物名数量的占比都比较少），词内的词类组成规则与各自的句法规则基本保持一致，各词之间的搭配都具有一定的规律模式，概念成分类型基本相同（下一节将具体讨论其概念成分来源）。两相比较，汉语中，由表植物概念的词"子"作为缀词搭配组成的植物名较多，英语中则无对应概念的词；汉语中表植物基本范畴概念的中心词常常隐含，英语中一般都出现，隐含现象较少；汉语植物名中的短语类型比英语中的更加丰富，表达自由度更高；英语植物名中还存在违反语法规则的植物名,比如"forget-me-not"短语式的植物名,否定副词置于宾语词之后,再如"mind your own business",中间缺少连字符号。此外,汉语植物名中,数词出现的种类也比英语的多,除了"一"比较常见外,还有"二、三、四、五、六、七、八、九、十、千、万"等数词,而且出现了"把、月、年"等量词,而英语中仅出现"一(a)、四(four)、五(five)、九(nine)"等少量数词,没有量词出现。此种现象除了因汉英语言的语法系统差异所致之外,也反映出数量词在植物名的词汇中,汉语比英语的使用频次更多、范围更广,汉民族更倾向于把数量概念与植物概念进行联结。蔡基刚(2008:108)认为,判定一个复合词词化的标准主要有两条:一是结构的结合度;二是词义的透明度。从词化上看,英语植物名结构的结合度和词义的透明度均高于汉语。

第四节   汉英植物名的词义特征

植物名是词汇化了的名词。词汇的读音和拼写是意义的载体,而意义是词汇的内容(王逢鑫,2001:324)。我们先从词汇词的词义概念进行认识。从词汇语义学的视角来看,作为一个词汇词,无论简单形式,还是复合形式,也不论指称植物、动物,还是指称人工物,其词义就是音义结合体的所指意义。词的所指意义表现为词与语言外部的物质实体或者抽象概念之间的联系,反映了语言使用者对语言外部世界的认识(许余龙,2002:100)。认知语言学认为,词汇的形成是一个认知过程,也是概念化的结果,概念化也即概念形成的过程,因此词汇所指意义实际上也就等于概念。概念"基于人与客观世界的互动,是建立在人对客观世界的认识和体验的基础之上的"(黄碧蓉,2010:24)。而"概念化和一般认知能力在意义建构中起着关键作用,词义的形成是多种内外因素共同作用的结果,其中人的认知是重要的制约因素"(卢卫中,2015)。人的认知是一种将心理思维与外部世界关联起来的行为活动,其结果便是描述各种外部事物的概念。概念构成词汇的意义,词汇等于概念的名称,概念是用来联结我们和外部世界的心理实体(Rakova,2004:16)。

人类早期词汇都是一个词对应一个概念,即一个词只有一个词义。随着人类活动范围的扩大和认知能力的发展,语言中原有的词汇及其概念已经跟不上实际交流的需要,由此就有了各种方法下的"一词多义"和"多词一义"。一词多义的形成是人类通过隐喻或者转喻等认知手段由一个词的中心意义或者基本意义向其他意义延伸的过程,其是人类认知范畴化和概念化的结果。一个词只有一个字面意义,其余的为隐喻意义或者派生意义。隐喻词义或者派生词义的出现便是语言中的一词多义现象(Rakova,2004:17)。根据历史演变,多义词的意义可分为本义(或者原义、基础义)和引申义。本义通常为词的原始意义或较早的意义,而引申义是在本义的基础上延伸扩展而来的意义(张炜炜,2020:51)。植物名的词义概念具有两面性:一面是其字面义形成由他物隐喻派生而来,例如狗尾巴草、dog's tail、灯笼树、lantern tree 等;另一面是其义可以隐喻他物,派生出非植物概念的意义,例如蟾宫折桂、柳条腰、cabbage leaves、olive branch 等。同简单词形的植物名一样,复合型植物名也是词汇词(lexical word),词汇词是"独特硬性组合的音义复合体"(张维友,2010:37),收录进词典中是不能拆开的。在词义分析中,一种普遍适用的方法是将一个词的意义分解为一组较为简单的语义要素,这种方法一般称为成分分析法(componential analysis)。用这种方法分解出来的词义要素通常称为语义成分(semantic component)或者语义特征(semantic features)(许余龙,2002:104)。复合型植物名词义既取决于或出现或隐含的植物概念词,也取决于其所组合形成的各简单词的原本义和结构方式的语法义,可以说是一种基于语言使用者认知体验和已有百科知识的主观性概括(即简单义素组合后的概念)。在对词义概念和植物名的词义概念有了认识之后,我们再来看复合型植物名词义具有的代表性特征,以及这些特征在汉英语中表现出的异同之处。通过对汉英植物名的通考,我们发现,复合型植物名主要有隐喻性特征、转喻性特征、文化特征和审美特征。

一、汉英植物名词义的隐喻性特征

从汉英复合型植物名的义素组成中可以推知,许多植物名的语言形成时间要比某些人体名、动物名、人造物名的形成时间晚。当然,这并不排除少量植物名与某些动物名、人造物名是同一阶段形成的。一般来说,词典里排在前面的义项中,动物名的词义就是指动物概念,人造物名的词义就是指人造物概念。因为"词义是一种经过社会长期使用，含有社会共同经验，产生时注重外象感受，产生后以词形（音）作为载体而存在的语言内容"（王宁，2011）。我们在这里所论述的植物名词义，不是指其在后来的语用中引申开来转指非植物概念的词义，而是指其在所指上与植物实体对应的"概念意义"。"概念意义"在利奇（Leech，1981）关于"词汇语义"分类的 7 种类型中被定义为一个词"所承载的概念本身的意义"。学者们对"概念意义"的定义和解释基本趋向一致，即一个词的概念意义就是其在历时语言学上的最初基本义或者不加联想和引申的字面义。

一个复合型植物名呈现的概念意义或者字面意义，是多物联系后的结果意义，往往折射出命名社群和语言学习者的社会属性、情感倾向，隐含着人们已有的词语资源和描述主题的方式等。汉英语中有许多复合型植物名，不但其所组合的单个词字面义不是植物概念，而且整体字面义最初也不是指植物，例如金挖耳、羊蹄甲、净瓶、golden knee、mountain ash、mare's tail 等。后来有了植物概念义，其是隐喻作用的结果。莱考夫和约翰逊（Lakoff & Johnson，1980）指出，人类语言 70% 都是由隐喻形成的，这其中也包括复合型植物名这一语言形式。简单地说，一个复合型植物名的词义，如果从他物概念域映射形成或者由他物词义组合形成，就属于隐喻性词义。束定芳（2000）认为，隐喻是两个不同语义域的互动，隐喻词义是两个语义场之间的语义映射。隐喻是以喻体和本体之间的相似性作为意义转移的基础。相似性可以是客观的相似，也可以是主观的相似。相似有物理的相似性和心理的相似性之分，相似性还有程度上的不同。相似性的程度与隐喻的隐喻性存在密切关系，程度大小与事物的本质和它们之间的距离有关。如果我们把世界上的事物（事物、具体、抽象、有生命、无生命、动物、植物、自然、人造、人类等 11 种）按照图 3-3（束定芳，2000：177）进行分类，那么，一般情况下，属于同类事物的相似性往往大于属于不同类事物。植物属于有生命的具体事物，与其相似性最大的是同样属于有生命物的动物和人类。因此，汉英植物名中有大量的动物隐喻和人体隐喻。此外，属于无生命物的自然物隐喻、人造物隐喻也有不少，甚至还有与植物相似性最小的抽象物隐喻。换句话说，汉英语中有许多复合型植物名词义由非植物词（动物词、人体词、人造词、自然物词、抽象物词等）词义映射而来，是隐喻性的。需要说明的是，我们这里讲的植物名词义的隐喻性，是指植物概念义由非植物概念隐喻指称，即由概念隐喻"他物/非植物是植物"(又可下分为"人是植物""动物是植物"等)产生。在概念隐喻归属上,其与日常语言中出现频率更高的概念隐喻"植物是非植物"(又可下分为"植物是人""植物是动物"等)不同。汉英复合型植物名中的他物隐喻实际上就是把已知的他物概念映射到植物概念上,学习者用已有的他物概念词汇命名或者刚刚认识或者开始熟悉的植物实体。下面我们就汉英语中隐喻植物概念的他物"源词"进行分析比较。鉴于动物隐喻、人体隐喻和人造物隐喻在汉英植物名中占据绝大多数,本书第五、六、七章将对这三种隐喻现象进行专门讨论,故本小节仅分析比较汉英语中的"他物"隐喻现象。

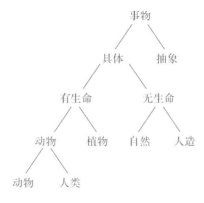

图 3-3 事物层分类

在对汉英植物名专门典籍所收录的复合型植物名进行分类统计,同时查阅参考相关工具书以及网络词典后发现,汉英复合型植物名除动物、人体、人造物外的"他物"隐喻,主要也是基于与植物在颜色、形态、性状、功用等方面的相似性,其分别来源于嗅觉、味觉、色彩、形态、季节、数字、自然、地理、神话、道德、价值观、空间、方位、功能和动作等概念域,整体上可以综合分为 7 种概念域(见表 3-2)。

表 3-2 汉英植物名"他物"概念域与概念词分类对比

"他物"概念域	相似性类型	汉语植物名例词	英语植物名例词
嗅味觉概念域	性味关系	苦瓜、甘蓝、香梨、臭草、酸桶笋、糖刺果、辣椒	bitterroot, fragrant orchid, sweet grass, hot water plant, honey palm

续表

"他物"概念域	相似性类型	汉语植物名例词	英语植物名例词
色彩和形态概念域	形色和质地关系	赤豆、绿豆、乌嘴豆、黄豆、黑药豆、细叶沙参、软枣、蓝莓、白蒿、紫草、金桔、火烧兰、锦团团、野烟	blueberry、black root、whitebeam、green weed、redwood、yellow palm、cluster bean、purple wreath、golden larch、fire bush、smoke wood、soft grass
季节和数字概念域	形态和性状关系	迎春花、报春花、冬瓜、夏至草、秋葵、一枝黄花、(小)二仙草、三七、四喜牡丹、五色兰、五月霜、六月菊、八月菊、八角菜、九牛草、十大功劳、百合、千年矮、万年藤	spring starflower、vernal grass、summer cypress、autumn crocus、winter-thorn、may lily、mayweed、pick-a-back plant、five finger、4-leaf clover、ninebark
自然和地理概念域	形态和性状关系	山韭、川谷、野蔓菁、地榆、海红、满天星、水莴苣、雪菜、沙参、湖瓜草	blazing star、beach grass、earth star、water clove、river rose、wild buckwheat、sand grass、mountain sorrel、snowberry、dayflower、sea onion
神话、道德和价值观概念域	形态和性状关系	邪蒿、二仙草、风仙花、观音竹、龙胆草、佛指甲、雷公凿	devil's claw、chaste-tree、dragon tree、fairy lily、sacred bark、blessed thistle、Venus' looking glass
空间和方位概念域	形态和性状关系	大麦、小麦、南瓜、北瓜、西瓜、矮瓜	broadleaf、small reed、dwarf pine、eastern horned poppies、southern beech
功能和动作概念域	功用关系	防风、爬墙草、临时救、消风草、剪草、捕蝇草	catchfly、climbing lily、creeping zinnia、killearney-fern、cut grass

从表 3-2 中可以看到,在性味相似性植物隐喻中,都出现"苦"(bitter)、"甜"(sweet)、"辣"(hot)、"香"(fragrant)等喻体词,而汉语的"酸""臭"等喻体词未在英语中直接出现。英语植物名中的"酸""臭"概念隐含在"mountain sorrel"(山酸叶草)、"skunk cabbage"(臭鼬包菜)中。英语习语 sour grapes,其"sour"的词义与葡萄的性味无关,sour grapes 在语用中非指葡萄,不同于表中所例举的固定式植物名。在形色和质地相似性植物隐喻中,都有"红"(red)、"黑/乌"(black)、"蓝"(blue)、"白"(white)、"绿"(green)、"黄"(yellow)、"紫"(purple)、"金(色)"(golden)等色彩喻体词和"烟"(smoke)、"火"(fire)、"软"(soft)、"团"(cluster)等形态喻体词,相似度高,仅汉语"细"在英语中未见。在形态和性状相似性植物隐喻中,都出现"春"(spring)、"夏"(summer)、"秋"(autumn)、"冬"(winter)、"五月"(May)

等季节、月份喻体词和"一"(a)、"四"(four)、"五"(five)、"九"(nine)等数字概念的直接喻体词,但无论月份喻体词,还是数字喻体词,汉语中出现的种类均多于英语;都有"山"(mountain)、"河/川"(river)、"野"(wild)、"海"(sea)、"水"(water)、"沙"(sand)、"雪"(snow)、"星"(star)、"地"(earth)等自然和地理概念喻体词,一致性较高,但汉语中无"beach"(海滩)、"day"(白昼)等喻体词,英语中无"湖"喻体词。出现神话、道德和价值观等概念的喻体词差异较大,仅汉英语共有表神话概念的"仙(女)"(fairy)、"龙"(dragon)等喻体词;英语中无表道德概念的"邪"喻体词,汉语中无表道德概念的"chaste"(纯洁)喻体词和表神话概念的"blessed"(保佑)、"sacred"(神圣)等喻体词;汉语中的"佛""观音""雷公"等表神话概念的喻体词,英语中为"Venus"。汉英语中都有"大""小""东""南""矮"等表示空间和方位概念的喻体词,但英语中无"西""北"等喻体词。在功用相似性植物隐喻中,都有"爬"(creep)、"捕蝇"(catchfly)、"剪"(cut)、"消"(kill)等表示功能和动作概念的喻体词,但汉语中的"救、防"等喻体词在英语中未见。

隐喻是人们理解事物、认知世界的一种方式,语言学习者通过借助已知概念、利用已有词汇对尚未命名的新事物进行描述,以形成新的概念范畴,进而不断拓展认知领域。在概念化的过程中,"概念内容既是认知主体在感官驱动下对外部环境的反映,也包括人与环境长期互动而形成的多方面的主观经验的反映"(Evans,2009)。汉民族和英吉利民族在地理环境和社会文化背景上的差异决定了他们对植物实体的认知反映会存在差异。在汉英隐喻形成的植物名中,存在喻体词相同或者相似的现象,反映出两地植物具有性味上的共性和汉英语命名者认知上的一致性,而存在差异则源于汉民族和英吉利民族所处地理环境和社会文化心理的不尽相同。一定的民族语言与一定的民族性和文化性相维系(潘文国,1997:39),不同的语言除了理据性程度不同之外,表示同一事物的名称在不同的语言中也可能采用这一事物的不同特征来作为词的理据(许余龙,2002:126)。

二、汉英植物名词义的转喻性特征

隐喻以相似性为基础实现意义转移,转喻则以邻近性为基础实现意义转移。人们在认知过程中,习惯将距离相近而义具有凸显特征的事物看作一个单位,并以这一特殊关系的邻近事物来理解整个事物(束定芳,2004;张建理，2005；Geeraerts，2010）。以指称邻近部分事物的概念来指称整个事物的概念或者以整个事物的概念来指称邻近部分事物的概念，通过这样的方式产生的词语，其词义就属于转喻形成。就复合型植物名来说，如果其非中心概念词与中心概念词都是指称植物概念的词，则其整词的词义就是转喻形成，例如豆叶菜、山柳菊、槐花、杨梅、peppergrass、cabbage tree、bur forget-me-not、bean tree 等。这些复合名称中的中心概念词，除了"bur forget-me-not（刺果忘忧草）"属于民间分类中的基本层次范畴词外，其余的"菜""菊""花""树""草"等都属于基本层次范畴词的上义词。在民间分类中，基本层次范畴词属于属概念层次。来源于属概念层次的植物名在各语言的植物名中数量最多。需要说明的是，植物民间分类与按植物生物学意义上的科学分类不同。科学分类（scientific taxonomy），严格按照门、纲、目、科、属、种、变种等 7 个层次区分等级，是根据植物的生物功能和形态结构进行的概念范畴化；而植物的民间分类（folk taxonomy）更多的是基于人的经验性认知和文化积淀进行的概念范畴化。民间分类命名的基本层次范畴词一般可以对应科学分类的属类概念词。例如"菊花"在科学分类中为菊科下的属类名，其在民间分类中则属于基本层次范畴词，下义词有"夏菊花""秋菊花""四季菊花"等；"勿忘我"（forget-me-not）在科学分类中为草科下的属名，其在民间分类中也属于基本层次范畴词，下义词有"高山勿忘我""湿地勿忘我""森林勿忘我"等。马清华（2006：25）认为，命名层次和民俗分类层次大体上是互相印证的，并依据人类学家伯林等的发现，将植物总概念分为起点、形态、属、种和变种等垂直型的五大层次。起点层（unique beginner）概念名称"植物"，与"菌类"和"动物"两个生物概念层次范畴相当，在语言学中属于不可多产的基本词位（unproductive primary lexeme）词，语用程度较低。而形态层（life form）概念名称如"树"等，主要"指植物的生活状况，如木本、草本和藤本等植物的外貌特征"（崔明昆，2005），在语言学中属于多产的基本词位（productive primary lexeme）词。各层次概念对应的语言学属性、概念意义转移关系如图 3-4 所示。

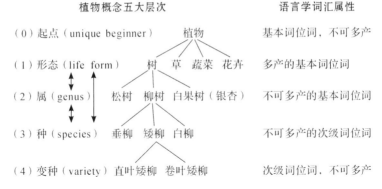

图 3-4 植物概念层次分类

"可多产的"基本词位,意味着可"被限定""被添加",因而能够派生;"不可多产的"基本词位,意味着"不能产"或者"只能少产",因而不可派生或者只可少量派生。伯林(Berlin,1972)认为,"属"名最先出现,是根本的植物名,紧随其后出现的是"形态"名和"种"名。克鲁斯(Cruse,2009:146)认为,属类层的词位词形态简单、词义原创(非隐喻扩展形成),是事物和生物的日常普通名称,如教堂、茶杯、猫、橡树、苹果、康乃馨;等等。只有在这一层级,语言中最大数量的词项才有可能出现,并且大多数分类层级的分支都在该层结束。可见,在植物民间分类体系中,属于基本词位、具有典型层级概念的词,就是那些处于属类层的植物名。

邵斌(2019:147)认为,民间分类更突出基本层次范畴。而"基本层次范畴具有三个特性:一是其内部相似性和外部区别性达到最佳平衡;二是基本层次范畴具有共同的整体形状,可以被整体感知;三是生物体或物体只有在基本层次上才为真正带有区别特征的行为所标记"(邵斌,2019:188)。在语义范畴的形成和扩展中,"转喻被认为是认知域内部的概念映射"(张炜炜,2020:32)。转喻性认知在民间植物分类命名中的运用较为普遍。"在转喻性命名中,人们利用的不是两事物间的相似,而是该事物某一方面的特征"(束定芳,2008:196)。参照转喻词义的定义,我们可以将复合型植物名的转喻词义理解为从植物概念引申而来的新概念义,与原概念义之间存在一种相关性,两者在同属植物域下进行意义转移。

复合型植物名在词汇结构上基本属于定中结构,其中心词义往往由后一个植物名承担,但后一个植物名的词义并不完整,整词的词义要受前一个植物名词义的限制。下面我们举例考察汉英复合型植物名的词义转喻表现和类型。

（一）植物概念的同层平行转喻

第一，形态层间的平行转移，如花菜、蕨菜、tree fern、tassel weed、bean tree 等，中心词义是菜、fern、weed、tree。复合名的前后简单名均为形态层概念词。

第二，属层间的平行转移，如葵花白菜、麦条草、茶条树、竹叶麦冬草、粟米草、莲瓣兰、palm springs daisy、berry catchfly、corn lily、tulip orchid、date palm 等。复合名的组成分名均为属层概念词。

第三，种层间的平行转移，如野艾蒿、黄花地锦苗、黄花蒿、米蒿、柳叶蒿、牡蒿等。在现有资料中，未见该类英语复合名。复合名的组成分名均为种层概念词。

（二）植物概念的邻近层互相转喻

第一，形态层—属层的邻近层互移，如菜蓝、草莓、树莓、木莲、木槿、wood apple、wood barley、wood betony、bush pea、bush violet 等，中心词义是蓝、莓、莲、槿、apple、barley、betony、pea violet；松树、杨树、槐树、桂树、款冬花、桃花、黄连花、瓜藤、兰草、黎豆、棉花、柳叶菜、堇堇菜、金瓜草、地柏叶、杏叶草、地耳草、臭竹树、oat grass、straw-berry tree、ivy tree、cucumber tree、cabbage tree、turnip fern、pea shrub、parsley fern、rice grass、grapefruit、cotton weed、rye grass 等，其中地耳草、臭竹树、cucumber tree、cabbage tree、turnip fern、pea shrub、parsley fern 等，属于跨越不同植物形态的转喻复合名。该类复合名的组成分名各为形态层或属层概念词。

第二，属层—种层的邻近层互移，如垂柳、白柳、矮柳、strawberry、pineapple、palm figwort 等；山柳菊、薯蓣、桔梗、青稞麦、thorn apple、rose myrtle 等。复合名的组成分名各为属层或者种层概念词。

（三）植物概念的跨层互相转喻和其他形式转喻

第一，形态层—种层的跨层互移，如木棉、木瓜、菜瓜、shrub palmetto、tree tomato 等，山豆根、白花树、香花树、丫枫小树、野西瓜苗、roseroot、rosewood、rose moss、yam bean、pineapple flower、plumbago plum grass 等。其中，英语中的"rose moss"，属于跨越不同植物形态的转喻复合名。该类复

合名的组成分名各为形态层或种层概念词。

第二，直接以起点层概念"plant"（植物）转喻其下属植物概念，如 basket plant、century plant、ice plant、rainbow plant、shrubby dew plant、velvet plant 等，复合名的中心概念词为起点层概念词"plant"。汉语中未见此类植物名。

例词多少一定程度上反映其转喻频率的高低，其中形态层—属层转喻类型的例词相对较多，因为形态层与属层概念邻近性最大，转喻频率最高，表现出一致性。此外，有一部分植物名在汉语中由转喻形成，以复合形式出现，而在英语中则是简单词形，可能由隐喻形成，有任意性。例如，汉语中的"橡树""松树""棉花"，均为转喻形成，而英语中的"oak"（力量之神），则为隐喻形成；"pine"源于古拉丁语对松树的称谓，为任意性形成；"cotton"拉丁名为"*Gossypium*"，源于阿拉伯语"goz"，意为"软的物质"，也为隐喻形成（Gledhill，2002）。这种语言现象是由汉英语的文字形式和语言类型不同导致的。汉语是表意文字，属于分析型语言，英语是表音文字，属于综合型语言。英语中不少简单式植物名，来源于拉丁语、希腊语、德语等，其中的单个字母或者组合字母实际上有着不同的概念意义，这些字母"词"的词义需要通过查阅相关的语源学词典才能辨认，有的已经无从可考。因此，这种类型的简单式植物名结构属于典型的词内复合，其词义具有语源上的理据性，概念形成是隐喻方式还是转喻方式，仅从字面义上看难以辨别。例如，英语简单词形植物名"daisy"（汉语为复合词形"雏菊"），在拉丁语中意为"pretty"（漂亮的）；而复合形式英语名"cape daisy"（汉语为"蓝眼雏菊"），其中的"daisy"在拉丁语中又指"bear's-ear"（熊的耳朵）（Coombes，2009）。而汉语简单词形的植物名，其理据性则是从其构字部首（非自由词根词素）和整字意象中反映出来。例如"茶"，意为"人在草木间，人与物和合"。

三、汉英植物名词义的文化特征

许多植物因其独特的文化象征意义而在民间风俗中扮演着十分重要的角色，甚至在文学作品和民间传说中被赋予了灵性和人性。比如，中国古诗词中以松竹为代表的树木类意象蕴含着对君子品格的追求，以芙蓉为代表的花木类意象蕴含了清新自然的审美情趣，以飞蓬落叶为代表的草木类意象寄托着身世飘零之感慨。

植物词汇是植物实体的文字符号,是植物的自然属性在人脑反映和联想产生的结果,词义蕴含着命名人的生活经验、思维方式、民族审美、价值观念以及所处自然环境等多方面的文化元素,带有鲜明的社会属性和民族文化特征。利奇所说的联想意义、社会意义、情感意义等,就植物名而言,可以理解成人们从自己的生活环境、社会习俗、宗教信仰和文化背景出发,赋予植物实体特有的概念意义。植物名词义与植物本身有关,也与命名人的文化属性有关。植物名作为普通名词的一个组成部分,其句法义与属于其他域的普通名词没有多大区别,其富含文化的概念义才是其从根本上与其他属域的词语区分开来的主要入口,这往往是人们直观地理解植物属性及其社会属性的最佳途径。例如,汉语中的"王不留行""湘妃竹""八仙花"等,英语中的"Venus' slipper""mistletoe""wallflower"等,这些名称的词义具有浓厚的文化色彩,若不结合文化背景来考虑,就难以理解其所描述的植物形态、性状特征。汉英植物名的文化特征主要从四个方面来反映:一是神话、典故、传说以及社会风俗的反映,二是历史人名和称谓的反映,三是民族物用文化的反映,四是自然生态关系的反映。

首先,植物名蕴含着神话、典故和古老传说,深刻反映了历史与社会文化,从而传递教育性的道德准则。如果缺乏社会文化背景知识,便无法认识和掌握其词义。汉语中的"湘妃竹",又称斑竹,具有神话色彩。据说其名称来源于上古的尧舜禹时代,竹子上面的斑点是舜的两个妻子洒下的泪痕。舜晚年将王位禅让给儿子大禹后,就前往各地巡视。后来,巡视到了苍梧地区(今广西壮族自治区东北部和湖南省南部一带),得病逝世。舜的妻子娥皇和女英十分想念他,常常扶着门前的竹子哭泣,她们的眼泪滴在竹子上,凝成了斑斑点点的美丽花纹。后来,人们将这种有花纹的竹子称为"湘妃竹"。汉语中的"金银花",则来源于一个传说。在很久以前一个天气炎热的夏天,有几个村庄家家户户都染上了可怕的麻疹,当时郎中很少,村里穷苦人因没有钱而无法得到治疗,得病者九死一生。当地有个大富户,家中藏有很多能医治此病的主药,如羚羊角、犀牛角等。但这富户只为自家人用,不肯拿药救人。他家的佣人金牛和银妹看到病死者日渐增多,痛心之至。一天趁东家外出,银妹把富户收藏的这种药拿出一部分交给金牛。金牛趁外出时把药转交给一心地善良、乐于助人的老翁,让其赠给染病者治病。服此药者均降了火,解了毒,幸免一死。不料,后来大富户的一个儿子也染上了麻疹。当这个大富户去找储藏的药时，发现被人拿走一部分，便找来家中所有佣人依次拷打责问。金牛和银妹见状心里过意不去，二人挺身而出承认了拿药的事。于是，大富户令人将他俩吊在村头大树上活活打死。那些服药而得救者闻此噩耗，纷纷来到大树下，给二人穿上新衣，将他俩埋在村后的山坡上。第二年春天，金牛和银妹的坟头上都长出一种植物并开出了金光灿烂、雪白闪亮的香花。人们为了纪念金牛和银妹，便把这种花取名为金银花，以寄托哀思。不久后附近地方又发生了麻疹疫病，人们便采来金银花治病，很快就遏制住了疫病，于是金银花名便流传开来（蔡培印、宫延学，1994）。其他汉语名，如八仙花、王不留行、虞美人、独活、牵牛、扛板归、何首乌、独一味等，也是或源于神话或源于传说故事（徐艳琴等，2014）。

英语中的"narcissus"，则分别源于古希腊神话和社会传说。在古希腊神话中，纳西塞斯（Narcissus）是位美少年，但他只爱自己不爱别人。回声女神厄科（Echo）向他求爱，遭到拒绝以后日渐憔悴，以致最后躯体消失，只留下她的声音在山林中回响。爱神阿佛洛狄特（Aphrodite）为了惩罚纳西塞斯，便让他迷恋上自己在水中的倒影，最后憔悴而死。他死后化为水仙花，"narcissus"也因此成为这种花的花名，并传至整个西欧和中南欧。英语中还有一些植物名源自圣经典故和古罗马神话，如 Helen's flower、laurel、gladiolus、Jacob's ladder、Joseph's coat 等。

其次，植物名与历史人名和称谓有关。汉语名观光树、杜仲、徐长卿、使君子、诸葛菜、刘寄奴、韩信草、葛仙米、刘海节菊等，均源于人名；而毛女儿菜、婆婆枕头、王不留行、罗汉松、寄母、老婆布鞋、九仙子、救命王、山慈菇、红小姐、红孩儿、公孙桔等，则含有各种称谓。英语名 barbara's herb、David's pine、Isaac and Jacob、Prince Albert's yew、St. John's bread、St. Paul's wort、Jacob's ladder、Jacobean lily、Job's tears、Joseph's coat、Venus'fly trap、Benjamin's tree、Wilson poplar 等，均与人名有关；而 prince's pine、princess palm、hooker's hollyfern、bachelor's button、Bishop's head、butcher's broom、herald's trumpet、sentry palm、shepherd's purses、queen lily 等，则与一些称谓有关。

再次，植物名折射出民族物用文化。汉语名绣球藤、珠子参、凉帽缨、荷包山桂花、马褂草、白马鞍、酒药子树、粉条耳菜、灯笼花、水蜡烛、驴驼布袋、铁伞、楼梯草、摇篮草、婆婆枕头、金挖耳、净瓶、碗花草、小银茶匙、水茶臼、剪刀草、赤箭、剑丹、塔松；等等，均含有各种食物用品及建筑物的名称，折射出汉民族古代的物用文化。这类植物名在英语中也非常丰富，如 candle tree、lantern lily、balloon-flower、basket grass、bottlebrush、needle grass、parasol tree、green-threads、umbrella leaf、bedstraw、blanket-flower、carpetweed、cradle orchid、mat-grass、shaving-brush tree、soap bark tree、anchor plant、bonnet bellflower、epaulette tree、helmet flower、saw wort、hat plant、jewel orchid、mask flower、red flag bush、breadfruit、buttercup、cream cup、sausage tree、wine-berry、arrowhead、dagger-pod、sword lily、bar-room plant、house leek、cup and saucer vine、fork-fern、mug bean；等等。

最后，植物名揭示自然生态关系。汉语名水韭、泽芹、沼地蓼、岩委陵菜、山蒜菜、海索面、河柳、川谷、野蔓菁、地榆、海红、水莴苣、雪菜、沙参、湖瓜草、鹿衔草、蜘蛛抱蛋、雨点儿菜、冬虫夏草、地锦苗、迎春花等，不仅描述植物的生境和习性，还从语言上传递出一种植物、动物、环境、季节等相依共生、互为一体的自然生态性。英语名中也有此类描述，如 blazing star、beach grass、earth star、water clove、river rose、wild buckwheat、sand grass、mountain sorrel、snowberry、dayflower、sea onion 等。

民族文化对植物实体的理解和命名体现在多个方面，是多面和多样的。不同民族由于地域环境、认知方式和思维习惯的不同，人们总是按照自己的思维定势和价值尺度来理解和描述事物属性，由此产生的事物名称自然存在一定差异。汉英语言学习者在感知植物形态、习性和生长规律的过程中，就深受各自文化的影响，因而对植物的命名必定带有主观性。这种人的主观性反映在对植物特征的描述上，就是其民族文化的特性。从这一点上说，植物名本身就是文化，或者文化载体之一。植物名作为普通名词中的一类，其词义除了以上归纳的四种个性化文化特征外，其也在语法、语用等方面折射出民族文化性特征。体现在神话、典故、传说以及社会风俗，历史人名和称谓、民族物用、自然生态关系等方面的文化性特征，也反映出植物名在各语言中以万物为植物的"万物关联性"特征。

四、汉英植物名词义的审美特征

美是事物的形式和内容符合人类审美要求的属性（钱冠连，2018：30）。植物是自然的重要组成部分，是人们审美的对象。在人类漫长的生存发展中,充满生机的植物自然景象反复刺激着人们的感官。"人以具有独特情调的心灵烛照自然对象,使之成为情感的象征物,正因情感与对象形式间的相似、对应,主体可即景生情,或借景抒情,遂情景相融,虚实相生。"(朱志荣,2005:58)中国人自古以来对花草树木总是怀有一种特殊的情愫。对于花草树木,我们不只是欣赏,或者追求感官的审美享受,还赋予其独特的品格和气质。在中国的诗画艺术中,花草树木是最经常出现也是具有最丰富寓意的植物景象,或以花木自喻,或寄托情思,或表达志向(凯茨比、胡克,2019:16)。不仅如此,花草树木也让人们学会不断地理解自然与生命,体会"天人合一"的哲理。植物名及其背后所蕴含的民族特色文化,不仅具有科学认知价值,还具有人文价值,如审美观、道德观、世界观等。人们将审美思维移情于物,以独特的情感视角审视植物,植物命名因此蕴含和体现了独特的隐喻意义和审美属性。

审美属性就其内容而言,是社会属性,即一种满足人们审美需要、提高人们审美能力的属性(吴家荣,1987)。植物名作为一种富含民族文化特色的词汇形式,也承载着民族审美观念,体现出其社会审美性。形式的美从属于不同语言下所特有的语音、结构的美,而内容的美既反映文化上的个性,又反映人类审美的共性。在汉英两种语言中,形象化、人格化的植物名可谓比比皆是,反映出命名者独创的灵感和美的表现力。这样的植物名不仅描述了植物的自然属性,而且表达了人们的审美倾向,蕴藏着汉民族和英吉利民族的审美内涵,呈现了科学性与人文性互为表里的风格特点。

笔者查阅了数千个汉英植物名,也考察了千余个汉英植物名的命名理据和其背后的故事,面对繁复纷呈的各种植物,一个个鲜明的文化美感和审美经验呈现在脑海中(凯茨比、胡克,2016:12)。

第一,丰富的感知。植物名呈现了一个丰富的生物世界。在这个世界中,区域的广袤性与环境的多样性、地方性知识与全球性视野完美地融合,深深地吸引着我们,激发灵感和共鸣。胡塞尔所说的现象学丰富的感知,在植物命名及其理据中可以得到完美实现。

第二,鲜活的经验。许多命名者和植物学家在命名时,详细描绘了他们第一次发现新奇种类的生活场景和欣喜若狂的状态,这种状态也成为描述和命名这种新植物的原初经验。他们甚至把自己的名字镌刻在物种命名上。英国植物地理学家胡克曾冒着生命危险深入喜马拉雅山区考察,首次发现并命名了喜马拉雅山区生长的一些杜鹃花,并描述了它们的生长环境、形态特征和亲属植物。

第三,自由的世界。海德格尔认为,美的本质就是自由。德国诗人荷尔德林说:"万物一任自然。"在地球上,从广袤的森林到干涸的荒漠,从寒冷的北极到赤日炎炎的非洲,从常年积雪的喜马拉雅山脉到终年葱郁的亚马逊热带雨林,37万多种植物呈现了自己的本来面目与形象。花卉迎风招展,树木郁郁葱葱,展示了一个自由自在的世界:美是自由的象征。考察植物命名和植物词汇,学习者可以在审美的愉悦中畅游,领会其中丰富的人文精神(凯茨比、胡克,2016:12)。

第四,和谐的意境。科学、技术和工业文明的发展,正在对人的生存形成巨大挤压。德国哲学家海德格尔忧心忡忡地说:"原子弹的爆炸使人类被迫进入了'原子时代',原子时代把人从地球上连根拔起,人无家可归了。"现代人生活在钢筋水泥的森林里,世界上还有其他地方充斥着雾霾、病毒和战争,学习植物名等系列知识能打开一扇门,放无穷的绿意和新鲜的空气进来,让人们憧憬和回忆起人类曾经拥有的和谐的生活,诗意地栖居在大地上(凯茨比、胡克,2016:12)。

经过思考和探究,我们认为植物名的审美特征主要表现在以下四个方面。

第一,团结凝聚之美。汉语名如百合花、锦团团、千层塔、八仙花、天人菊、繁星花、绣球花、金兰、公孙桔、百子莲、当归、九牛草、七叶荆等,英语名如 forget-me-not、wooly sunflower、youth-and-old-age、twin-flower、trinity flower、society garlic、noon and night、cluster bean 等。

第二,力量强大之美。汉语名如大风子、半边风、千日红、千年不烂心、千里及、金刚刺、千斤拨、万年红、无患子、接骨木、透骨钻等,英语名如 flame lily、giant lily、Hercules all heal、winged everlasting、living granite、fire bush 等。

第三,形象愉悦之美。汉语名如鹤望兰、合欢、龟背竹、相思子、莲生桂子花、夜来香、含笑、元宝草、竹叶吉祥草等,英语名如 red flag bush、granny's bonnet、gold-and-silver chrysanthemum、golden seal、hare's ear、golden rain tree、crown daisy、blue-eyed grass、sweet flags、ribbon wood、pink root、pearl fruit、love-in-mist、lucky nut、meadowsweet、merry-bells、lavender cotton、 eyebright 等。

第四，优雅洁净之美。汉语名如虞美人、美人蕉、水仙、凤仙花、王莲、美女樱、孔雀草、凤凰木、文兰树、女贞、玉莲花、晚香玉、佛手兰、玉梅、含羞草、观音竹等，英语名如 Farewell to spring、snow wreath、virgina stock、Venus'looking glass、willow myrtle、swan river daisy、swan orchid、sea holly、snow flake、queen lily、orange jessamine、moonwort、meadow beauty、lady's tresses、jade vine、ice plant、Helen's flower、fairy lily 等。

植物实体是客观自然的，而植物名称是主观人为的。语言学习者在认知了解植物实体表现出来的团结凝聚、力量强大、形象愉悦以及优雅洁净等生物属性特征时，都会附加上自己的情感倾向和审美习惯，从而把植物当成审美对象，并将植物之外的凸显社会性审美价值的人物形象、事物形象映照在植物上，以植物之外的各种名称来命名植物，即使地域不同、植物有异，也总有各自的词语来描述自己的审美观念。尽管汉英语在象征某种相同的审美意义时会有不同的实物选择，表现出两个民族间审美性同、寄托物异的个性，但实际上，从以上例词中可以看出，汉英植物名在透视同一种审美倾向时，源自他物的词语有不少也是相同或者相似的。比如，汉语中的"玉"代表美好高洁的审美思想，英语植物名中也有相同的"jade"一词；汉语中的"万年""千日"代表生命力量久长的审美思想，英语中也有意思接近或相似的如"living""everlasting"等词。汉英植物名折射出的审美特征是汉民族和英吉利民族各自的"审美观念在语言实体上的外化"（钱冠连，2018：270）。是否可以说，无论哪一种语言，其植物名都具有审美特征呢？当然，一旦离开了自然环境的相似性和人类结构的共同性，汉英植物名折射出的审美性就不可能呈现出这种同中有异、异中有同的异民族共文明的现象。

第四章

"他物喻植物"与"植物喻他物"对比

认知语言学强调,人类的初始概念是通过身体在空间与客观世界互动的经验中形成的,在此基础上通过隐喻机制扩展到对其他概念域的认识,逐步提升和丰富了人类的概念系统(王寅,2005)。人们平常思考和行动的概念系统,本质上是隐喻性的。由于语言中的隐喻表达与隐喻概念有着系统的联系,我们可以通过研究隐喻性的语言表达来认识隐喻概念的本质(Lakoff & Johnson,1980:7)。"植物隐喻的本质是外在事物概念和植物概念之间的体验和互动,两者在外在形态上或者内在情感上具有相似性,或者创造性地展现了某方面的相似。"(陈映戎,2015:16)本章结合汉英植物名例词,从理论和实践两个方面进一步厘清"植物喻他物"与"他物喻植物"这两种相互联系而又表现不同的概念隐喻。

第一节　"他物喻植物"和"植物喻他物"两类隐喻的本质

人类最基本的经验之一就是农耕种植,5000多年前的良渚人就已经能够种植稻米,天然植物和农作物为他们提供住所、食物、服饰、药品等方面的原材料。语言产生后,植物隐喻也就从人们的农业经验中应运而生了。或者说,外部事物(如非植物)通过隐喻的方式使我们认识新兴事物(如新发现的植物),并构建起一个个概念,从而对我们的概念认知系统产生源源不断的影响。"植物喻他物"和"他物喻植物"两类隐喻的本质就是两个概念词(通常是两个不同类别的事物)互动的结果,体现在人们无形的隐喻性思维之中。在隐喻性思维的作用下,人们得以认知更多的植物和事物,形成更多的植物隐喻概念。

一、植物概念隐喻的互动体验

莱考夫等学者提出了概念隐喻理论,概念隐喻又称隐喻概念(metaphorical concept),可以在语言层面衍生出许多隐喻性语言表述。就语言表达而言,概念隐喻涉及两个不同的层面:概念层(源域和目标域)和语言层(词形、词义),后者表征前者。隐喻词语往往会突出事物某方面的特点,即"凸显属性"(安志伟,2009)。例如,现代汉语中的"校草""班花""柳叶眉""爱的苦果""思想的种子""生命之花"等,英语中的"apple-polisher""the grass roots""coach potato""bitter fruit of love""the flower of life""the seeds of friendship"等,这些复合名词或者固定短语中的植物概念词原本是用来指称整株植物或者植物器官的,当人们把它们用于植物以外的其他事物,如人(身体部分)、思想、爱情等概念时,就出现了隐喻的表达方式。

语言中大量存在的植物隐喻,就是人类把对自己生活环境中的植物通过观察、接触、了解和使用所形成的概念作为喻体(源域)映射到不熟悉的、抽象的事物(本体或者目标域)上,以完成语言和现实的概念对应,达到认识抽象事物的目的。比如,在中国、英国等国都常见的一种植物"桃",其隐喻概念已经脱离了其字面义所指称的植物概念,人们以熟悉具体的"桃"概念映射较为抽象的有待熟悉的非"桃"概念,这种认知方式属于植物概念隐喻化。汉语中的"人面桃花相映红""桃李不言,下自成蹊""桃李满天下""桃李年""桃花运""桃花妆"等,"桃"与美好的人(事物)相联系,被赋予美好的情感意义;而英语中的"peach fuzz"——喻指十五六岁的小子,嘴角开始长桃子毛,"peach against"——喻指告密、出卖,"peach of a (person)"——喻指非常优秀和令人喜欢的人。像这类由植物概念隐喻非植物概念的语言表达,大量出现在习语、谚语、诗歌、小说等各种语言形式中,语用非常广泛。由植物的概念映射人概念的,就属于植物喻人;由植物的概念映射动物概念的,就属于植物喻动物;由植物的概念映射人造物概念的,就属于植物喻人造物,统称为"植物喻他物"类隐喻概念。而与之相反的是,植物名中也存在着许多由人、动物、人造物等其他非植物概念映射植物概念的隐喻。基于各种相似性,人们利用储存在语言词库中的人、动物、人造物等概念,选择已有词汇来命名各色各样新接触的植物实体。比如,汉语植物名红孩儿、狗尾巴草、剪刀草,英语植物名 naked boys、dog's tail、cupflower 等,其中指称人、动物、人造物概念词的字面义,此时已经脱离了原本概念域,转向指称形状像"红孩儿"(naked boy)、"狗尾巴"(dog's tail)、"剪刀"(cup)一样"的植物实体。由人的概念映射植物概念的,就属于人隐喻;由动物的概念映射植物概念的,就属于动物隐喻;由人造物的概念映射植物概念的,就属于人造物隐喻,这种认知方式属于人/动物/人造物概念隐喻化,统称为"他物喻植物"类隐喻概念。

植物隐喻之所以在语言中表现活跃、涉及广泛,与植物作为源域的特殊地位分不开。不仅因为在人类生存繁衍过程中,植物为人类提供赖以生存的氧气、食物,还因为在人类文明进步的历史长河中,"植物与人之间已经形成了某种默契,存在一种特殊的关联与寄托"(孙毅、张瑜,2018:32)。因此,植物也就成了人类"仰观天文,俯察地理,近取诸身,远取诸物"时经常取喻的对象(胡春雨、徐玉婷,2019:44)。从白居易的"野火烧不尽,春风吹又生",到印度诗人泰戈尔的"生如夏花之绚烂,死似秋夜之静美",再到苏格兰诗人彭斯的"my love is like a red red rose"等,植物成为人类反观自身、提升自我的镜像(胡春雨、徐玉婷,2019:44-49)。植物隐喻的产生基于人们对植物各种特征及其功能的熟悉和体验,其形成过程就是将植物的各方面特征投射到目标域"人"或者"事物"的概念上,使人们得以通过感知某种植物的形态特点或者体验它的用途来认知和理解某一概念(陈映戎,2015)。

人类在认识世界、了解自然的进程中,首先通过认知自身生理构造的方式方法来感知世间万物,也就是说人类几乎将身体的各个部位以各种方式投射于客观物质世界,采用人体隐喻化的认知方式来"体认"世界。在"植物喻他物"的语言表现中,喻体(源域)是植物概念词,本体(目标域)是各种非植物概念词。非植物概念无论整体的人、人体的某部分、整体的动物、动物体的某部分等具体实物,还是人的情感、人的思想、人的成长、社会经济等抽象事物,都通过植物概念词表达。用一个事物概念来表述和理解另一个事物概念的语言现象之所以能够实现,原因是其背后与人的思维关联的文化模式在起作用。这个文化模式就是莱考夫和特纳(Lakoff & Turner,1989:166-169)提出的"存在大连环"。"存在大连环"是指在以人的概念为中心的语言思维框架中,各种存在物及其属性所处层级由宇宙间概念的特征和行为来确定,每一个存在物都与"更高"和"更低"的存在物构成概念联系,世界上所有的存在物都是相互关联的,处在"大连环"之中。根据这个模式,克尔朵斯佐斯基(Krzeszowski,1997:161)在对人(human being)、动物(animal)、植物(plant)及非生物(inorganic things)四个层级的概念进行向上和向下联系延伸后,归纳出六类植物概念隐喻,即人是植物(a human being is a plant)、动物是植物(an amimal is a plant)、事物是植物(a thing is a plant)、植物是事物(a plant is a thing)、植物是动物(a plant is an animal)、植物是人(a plant is a human being)。其中,"人/动物/事物是植物"三类隐喻为植物概念跨域映射人、动物和事物概念。它们还可以在外延上继续向上收拢,归类为更笼统的概念隐喻"(非植物的)他物是植物"(nonplant is a plant),在语言中表现为非植物概念通过各种植物概念词来描述和表达向下延展分类;向下可以延伸扩展,按类分为内容更多、范畴更窄、外延更小的概念隐喻,诸如经济是植物、时间是植物、生活是植物、人造物是植物、人是树、动物是草等,并产生各种词汇化表达,例如草鱼、草猪、花蝴蝶、禾花鸡、松鸦、花叶猴、bean goose、orange-flanked bush robin、wood sandpiper、willow ptarmigan、pine rose finch;等等。

二、植物隐喻概念域的具象性和抽象性

隐喻,被定义为通过一个概念域来理解另一个概念域,是涉及两种不同概念的跨域映射,即概念域 A 是概念域 B。概念隐喻与隐喻性语言表达不同,后者是来自更具体概念领域(即概念域 B)的语言或者术语的单词或者其他语言表达(Kovecses,2002:4)。例如,上文列举的含有"桃"(peach)的各种习语,其所反映的概念隐喻就是"人/事是桃"。"人/事"为目标域,"桃"为源域。而"桃"概念隶属于更笼统的植物概念,因而又可以概括为外延更大、内容更笼统的概念隐喻"人/事是植物"。科威塞斯(Kovecses,2002:4-6)认为,在一个概念隐喻中,其源域概念往往是比目标域概念更具体的实物概念。与植物相比,争论、爱、思想、社会组织与战争、旅行、食物等概念,则显得具

体程度更弱或者更加抽象。科威塞斯(Kovecses,2002:17-23)按概念所指事物有形或者抽象的特征类别,把常见源域分为 13 个小类:人体(the human body)、健康与疾病(health and illness)、动物、植物、建筑与建设(buildings and construction)、机器与工具(machines and tools)、游戏与运动(games and sports)、货币与经济交易(money and economic transactions)、烹饪与食物(cooking and food)、热与冷(heat and cold)、光与暗((light and darkness)、力(forces)、移动与方向(movement and direction),并认为我们那些来源于有形世界的经验是我们理解抽象域的自然的逻辑基础。因此,"正常概念体系的大部分都是根据其他概念来理解的,也就是隐喻结构的"(Lakoff & Johnson 1980:57)。

植物名指人现象的认知原理就在于通过相似性特征把"植物"源域映射到"人"目的域,由此派生出许多隐喻词语。在人的认知经验中,种子是植物生命的开始,是植物后续生长繁育的前提。没有种子,植物的生命周期便无从谈起。种子落地生根,根从土地中汲取植物生长所必需的养料和元素,根的生长意味着植物正式参与完整的生命之旅,为植物的苗壮成长打下坚实的基础。因此,人类经济活动也如同植物的生长过程:种下什么样的种子,就会有相应的收获。比如,汉语句子"中国毛皮生产企业'换种'求生"和英语句子" it could sow the seeds of financial crisis..."都含有"种子(seeds)",属于"经济是植物"概念隐喻。"种子"的植物生长属性概念映射到人类活动属性的经济概念上,"换种"指企业"淘汰、更换低价值的产品","sow the seeds of financial crisis"指"埋下了金融危机的祸源"。类似的固定表达,汉英语中还有"种瓜得瓜,种豆得豆""春种一粒粟,秋收万担粮""sow one's wild oats""sow the seeds of doubt";等等。在经济域中,植物的根也被隐喻地指称为"基础""最开始的状态",例如"本是同根生的南车北车为何要分手?""根植百姓的互联网金融""a firm with roots in cable installation";等等。张喆(2018)认为,植物种子的双重角色,还使其能够用来隐喻表征人的生命种子,例如"养出这样黑心不知道理的下流种子,也不管管""the tiny seed of the Paul family has grown into a young man"等。同时,一棵参天大树往往始于一粒小小种子的质朴认识,使种子可以隐喻表征"开始"的意义,如"the result of this was to plant the seed of Mosley's destruction"。这里,源域"树的种子"映射目标域"人的生命种子、事物的开始"。一粒种子可长出满树硕果,这种强大的繁殖能力使其成为女性象征;在生命科学中,生命体皆因种子而来,这一特征使其成为男性的象征。

在"人是植物"概念隐喻所属的"人是树"概念隐喻中,植物"树"所具有的生根、发芽、泛枝、开花、结果等成长概念投射到人的成长过程。例如在"she was the one who hadn't grown up in their marriage"句中,初始域"树"的成长概念映射到目标域"人"的生理、心理的成长概念上,树的生长是一个渐进过程,而人的成长发育过程也与之相似。由此,表达树木成长的词汇被用来隐喻人的生理、心理的成长。在"he was a beautiful man, in the flower of his finest years, and she hated to see him waste them with a wife like this..."句中,始源域"树"的开花概念映射目标域"人"的青春、事业美好阶段等概念。树木开花最易惹人注意,花的气味、颜色、形状等成为人们联想的基础。世界语言中几乎普遍都把花当作"女性"的代名词,体现出"人是树"的概念隐喻地位。花还常被用来隐喻人的美好样貌、花季年龄,如"黄花女儿""花容月貌""花信年华"等。在"it's time to retire... and live off the fruits of our rather dodgy labors"句中,始源域"树"的结果实概念映射到目标域"人"的成就概念上。结果实是包括树在内的所有植物成长的顶峰。硕果累累的外在形象成为隐喻映射的基础,它通常被用来表征人类社会、经济、政治领域所取得的成就或者思维过程中所形成的思想、计划、理念等。在"your true love is the sunshine warming my life. My life will wither away in the coldness and darkness if I lose your true love"句中,源域"树"的凋萎概念映射到目标域"人"的变老、死亡概念上。树木枯萎预示一个生长周期的结束,因此该特征也常被用来隐喻人生理上的衰老。此外,"树"的枯萎还可表达人际关系、组织结构的枯萎,例如"but, if you start to neglect her, stop thinking about her, and not keeping her in your heart, your relationship will soon wither and evaporate"(张喆,2018)。

可见,各种非植物概念之所以能够经由植物概念隐喻形成并用植物词语来描述,就是由于思维模式中的概念隐喻"他物是植物"在语言中的高度衍生性。在"他物是植物"这个笼统的大概念隐喻的引领下,各种内容更具体、外延更小的概念隐喻在思维中不断涌现,如"人是草""坏事是刺""计划是竹""态度是草"等,产生出诸如"墙头草""多栽花,少栽刺""胸有成竹""草草了事"等语言表达。科威塞斯(Kovecses,2002:24)认为,概念隐喻是单向的(unidirectional),它们往往从具体概念域向抽象概念域映射,多数源域是具体事物,而多数目标域是抽象事物。通过概念隐喻,我们可以更容易理解那些无形的、难以理解的概念。

第二节　汉英"植物喻他物"的语言表现

隐喻是一种普遍的认知方式,也"是身体、大脑、经验和心智的产物"(谢之君,2007:56),各种概念的形成是通过隐喻构建的。身体感知、心理感知和文化感知是隐喻产生的途径。凡是人类,不管出生何地、身居何处,其人体的生理构造、器官组织以及情感反应是相同、相通的。在人的认知进程中,各民族都以自己的身体经验、心理感受和已有知识来理解刚刚认识而又语尚无名称的事物。这种以隐喻方式构建概念的认识路径具有跨越民族的同质性。由于人的身体构造和感觉器官相同,"面对相同的物质世界,具备相同感知和认知能力,能够获得相似的概念结构。具有不同文化背景的人仍有相同的认知机制,会产生文化共识,进而产生相似的隐喻……表现在不同的语言中,即有许多类似的隐喻表达,这就是不同语言文化中隐喻的同质性"(邵斌,2019:198)。

从古至今,人类涉及吃、穿、住等方面的物质需要和涉及视觉、听觉、欣赏等方面的精神需要,都是紧紧依靠植物实现的。植物与我们人类有着千丝万缕的联系,一旦植物消亡,动物和人类恐怕也无法继续生存。植物的重要性和特殊性也在人的认知思维和语言创新中凸显出来。例如,"石榴"自公元前 2 世纪传入中华大地以来,就被视为吉祥物。从外形来看,盛开的石榴花呈火红色,成熟的石榴果外皮鲜红,热烈喜庆,象征着红火兴旺;从果肉来看,密密麻麻的石榴籽紧紧抱在一起,让人联想到"紧密团结,互不分离"和"子孙众多,繁茂昌盛"。倡导民族团结的名句"我们中华儿女 56 个民族要像石榴籽一样紧紧抱在一起",就是隐喻表达,不仅生动形象,而且能够引起共鸣。

那么,汉英语中的"植物喻他物"现象表现在哪些方面? 指称植物实体的植物名各有不同,有的指称植物器官,有的指称植物类属,它们的隐喻性语用在内容、形式以及活跃度方面是否不同?

一、汉语中"植物喻他物"的语言表现

斯瓦迪士(Swadesh)基于植物核心词的习惯搭配,依据植物的个体生命形式以及局部成分对应的各种植物概念,于 1952 年在《百词表》中列出了"树""枝""果""种""叶""根""花""草"等 8 个核心植物词。我们根据植物词在语言中出现频率的高低,从中文十亿词语语料库和英国国家语料库中统计出指称另一个核心植物词"竹",从而获得植物类属名"草、树、竹"和植物器官名"枝、果、种、叶、根、花"等共 9 个。其中,前三个为整株生命形式的植物概念词,后六个为器官生命形式的植物概念词(陈晦,2016:111)。除了调查这 9 个植物词的隐喻词义,我们还将语料扩大到汉语的成语、谚语、惯用语等固定表达(fixed expression),并对其中含有植物词的那部分语言形式进行归类,分析它们的隐喻词义。参考相关文献(Mccarthy,1990;Moon,1998;蔡基刚,2008)我们认为,"固定表达"是指语言中把词作为构成成分,结构固定,形式上相当于词组,功能上相当于词的单位,如"自相矛盾、孤掌难鸣、敲边鼓、中华人民共和国"等。固定语包括了语言交流中除语境义外的所有固定词语,是一个族群的惯用表达,反映出一定的文化特色,往往是较为典型的隐喻性语言。固定语包含比喻词、成语、俗语、名言、冻结的搭配语、不合语法的搭配语、格式化的套语等(Alexander,1978;Carter,1987;Moon,1998)。植物固定语(plant fixed expression)是指词汇中含有至少一个植物名词,且该植物名词除了指该植物外,还有其他涵意(Hsiech & Chiu,2004)。通过调查《现代汉语词典(第 5 版)》中的"草""树""竹"和"枝""果""种""叶""根""花"等词,本书发现这些植物词大多都有隐喻义,反映出"人是植物""物是植物"概念隐喻的思维轨迹和语言呈现。现按照其向下扩展对应的各小类"人/物是草""人/物是树""人/物是竹""人/物是枝"等,分别列举如下。

(一)"人/物是草"概念隐喻,植物"草"隐喻非草概念的"他物"语言表现

草是一种常见植物,其分布广泛、外形细小,能在各种环境中生长,且繁殖力强,一般为一年生,是人类和动物的重要食物来源之一。我国晋代诗人陶渊明的"种豆南山下,草盛豆苗稀。道狭草木长,夕露沾我衣",以及唐代

诗人白居易的"离离原上草,一岁一枯荣"等诗句,就通俗形象地描述了草的生长特性。汉语中,"草"概念可以跨域映射人、人体、人所属的事物以及动物等概念,形成各种草隐喻。例如草根、草民、草野、草贼、草莽、草寇、草头王、落草为寇等,"草"为民间、山野、社会底层;草马、草驴、草鸡、草猪、草狗、草虫等,"草"亦可喻指雌性动物;草稿、草拟、草案、草签、草图、起草等,"草"为初步设计、书写;草菅人命、草草了事、草率从事等,"草"为处事不细致不认真;草鞋、草屋等,"草"为人造物;草泽、草滩等,"草"为自然地域;斩草除根、寸草不留等,"草"为带来后患的人、极微小的事物;兵马未动,粮草先行,"草"为准备工作;拈花惹草、迷花沾草等,"草"为漂亮而又不正经的女性;草台班子,"草"为临时拼凑人员;寸草春晖,"草"为儿女、晚辈;草行露宿,"草"为赶路;风吹草动,"草"为动静、轻微变故;草木皆兵,"草"为误认的敌方士兵。在这些语言形式的表达中,"草"概念不仅可以隐喻各种人、人做的事等静止事物,还可以隐喻人的态度等抽象事物,以及隐喻人的动作行为等动态事物。近些年还流行"校草""班草"之类的说法,其喻义与"校花""班花"对应。植物域的"草"给人的实体形象是形态矮小、视觉凸显度低,这种形象概念也被映射到人域中受注意程度低、具有贬义的人和事物上。除了隐喻人以及与人相关的事物、人造物,草还可隐喻动物、自然物等。我们通过查阅《现代汉语大词典》和汉辞网(http://www.hydcd.com),在"草"字条的 38 个义项中,共有 30 个义项为非草概念的隐喻词义(陈晦,2016:112)。

(二)"人/物是树"概念隐喻,植物"树"隐喻非树概念的"他物"语言表现

树为多年生的乔木或者大型灌木,由主干植株、分枝、树冠等部分组成,成年树的外形一般挺拔高大。树是动物的重要栖息地,也是人类重要的物用来源。树在人的认知经验中,既有泛指所有属类"树"的笼统概念,也有很多不同种类"树"的具体概念。"绿树村边合,青山郭外斜""碧玉妆成一树高,万条垂下绿丝绦""鸟宿池边树,僧敲月下门""最是多情汴堤柳,春来依旧带栖鸦"等诗句中"树"的概念,有的指属类,有的指种类。汉语中,"树"概念可以跨域映射人、人体、人所属的事物以及动物等概念,形成各种树隐喻。例如大树底下好乘凉、树大招风、树大根深、树倒猢狲散等,"树"为人的地位高或名声、权势大;前人栽树,后人乘凉,"树"为人的福祉、基业;一树百获、

十年树木,百年树人,"树"为栽培、培养;树碑立传、树俗立化等,"树"为树立;云树之思、春树暮云,"树"为触发思念之物;玉树临风,"树"为男子潇洒风度、秀美姿容;秦树楚天,"树"为道路远隔;树欲静而风不止,"树"为人的心愿;挟朋树党、分朋树党,"树"是结党营私、拉帮结派;坐树不言,"树"是功高;拔树搜根,"树"为彻底查问;树倒根摧,"树"为人的年迈体衰;铁树开花,"树"为非常罕见或者极难实现之事;火树银花,"树"是灿烂烟火;树葬,"树"是人的埋葬处所;连理之木,"树"为吉祥之兆;树懒、树熊、树鹊、松鼠等,"树"为动物活动场所。这些固定语言表达,除了"松鼠"为植物种类概念"松树"映射动物,其余的都是属类"树"概念映射各种人、人的感情、人做的事以及动物等。植物域的"树"给人的实体形象是形态高大、视觉凸显度高、功用大、价值高,这种形象概念也被映射到人域中受注意程度高、地位高、权势大、利益长远的人和事物上。除了属类概念的"树"隐喻外,汉语中还有许多种类概念的"树"隐喻。例如桃李不言,下自成蹊——"桃树李树"隐喻人的行动感召力;桃李满天下——"桃树李树"隐喻培育的学生;有了梧桐树,引得凤凰来——"梧桐树"隐喻优越的条件;松柏长青——"松树柏树"隐喻人的常青不老;桑梓之地——"桑树梓树"隐喻人的故乡。在《现代汉语大词典》和汉辞网中,"树"字条有 25 个义项,其中 21 个义项为非树概念的隐喻词义。

(三)"人/物是竹"概念隐喻,植物"竹"隐喻非竹概念的"他物"语言表现

竹子原产中国,是一种常绿浅根性草本植物,适应性强、生长快,在热带和亚热带地区分布极广。竹子嫩芽叫笋,可以食用;成年竹子,茎圆形直,中空有节,是建筑和器具制作的原材料。汉字"竹"以竹子下垂的竹叶为象形演变而成。竹子因其生长特性和可供用途,给人留有不同的认知印象。比如,"宁可食无肉,不可居无竹。无肉令人瘦,无竹令人俗""山间竹笋,嘴尖皮厚腹中空""衙斋卧听萧萧竹,疑是民间疾苦声。些小吾曹州县吏,一枝一叶总关情"等诗句,从不同的视角描述了竹子的植物特征。从总体上看,竹子因其外形修长、枝杆挺拔,且具有凌霜傲雨、四季青翠的物理属性,在我们中国人的文化记忆中,有着特殊的情感隐喻。其与梅、松两种植物并称为"岁寒三友",又与梅、兰、菊并称"四君子",象征和引领着民众的价值取向。

汉语中,"竹"概念主要映射人、人的品质、人创作的艺术品和人造物等概念,形成各种竹隐喻表达。例如罄竹难书、竹简、竹器、吹竹、竹枝觞、竹刀、竹篱笆、竹屋、竹簰、竹扁担、竹椅、竹床、竹筒、竹桶、竹编、竹刻、竹黄、竹雕等,"竹"为人造物、工艺品;楚竹燕歌、竹板书、竹枝词等,"竹"为歌曲、曲艺、诗歌;竹匠,"竹"为以竹子编作器具的手艺人;竹姓,"竹"为人的姓氏;种桃花砍竹枝、梅兰竹菊四君子等,"竹"为君子;竹筒倒豆子,"竹"为没心没肺、毫无心计的人;竹帛,"竹"为典籍;势如破竹,"竹"为阻挡;竹林、竹园,"竹"为生活环境;竹马,"竹"为形状、作用像马的表演道具;竹叶青、竹鼠、竹节虫等,"竹"为动物;"竹叶青"也指一种酒。在《现代汉语大词典》和汉辞网中,"竹"字条有 28 个义项,其中 26 个义项为非竹概念的隐喻词义。

(四)"人/物是枝"概念隐喻,植物器官概念"枝"隐喻非植物概念的"他物"语言表现

枝是从树本、禾本等类植物主干中分出来的茎条,属于树、竹、草等整株生长植物的局部成分或者器官。在人的认知经验中,"枝"的形象是植物旁支、非主干之物。一棵树有许多枝丫,枝丫上长有叶子和花。自然,"枝"也附带有量的概念和旁生细末之物的概念。比如,"东风随春归,发我枝上花""花枝拂人来,山鸟向我鸣""墙角数枝梅,凌寒独自开""红豆生南国,春来发几枝"等诗句,就从侧面反映出"枝"的植物特性。汉语中,"枝"概念主要映射各种处于次要地位的事物或者人、人的态度、杆状物的量等,形成隐喻表达。例如节外生枝、横生枝节、枝蔓横生等,"枝"为烦琐纷杂而又不重要的事情、麻烦;一枝一叶总关情,"枝"为有益的小事;枝庶、枝嗣、枝萼等,"枝"为同宗旁支的后人;竹外桃花三两枝,"枝"为量;枝辞、枝词,"枝"为无必要的(话语);枝繁叶茂,"枝"为后代子孙;枝梧其词、莫敢枝梧等,"枝"为抵触或支持;枝姓,"枝"为人的姓氏;枝江,"枝"为地名。在《现代汉语大词典》和汉辞网中,"枝"字条有 10 个义项,其中 7 个义项为非植物枝概念的隐喻词义。

(五)"人/物是果"概念隐喻,植物"果"隐喻非植物果概念的"他物"语言表现

果为成年植物结的果实,属于植物器官概念。其外部一般呈圆球形,内部充实着果肉或者果籽。"果"实物的这种显性概念,在人的认知扩展中也

被联想引申到事情的结果、结局等非植物实体的抽象概念上,衍生出各种果隐喻表达。古诗句"驰骛翔园林,果下皆生摘",生动地描述了人与果的互动关系。汉语中,"果"概念主要映射人、事情的结局、以果实为原料制作的食物、人造物、动物等概念。例如成果、硕果;言必信,行必果,"果"为工作的收获、行动的结果;苦果、恶果、自食其果、前因后果、果如其言、果如所料、果不其然,"果"为事情变化的结局;禁果,"果"为须经允许才能触及的事物;果佥、果盘,"果"为盛放果品的箱盒、盘子;果敢,"果"为勇敢有决断;果腹,"果"为吃饱肚子;果熟蒂落,"果"为时机一旦成熟;果报、因果报应,"果"为事情起因必有后果;果农,"果"为栽培果树、从事果品生产的农民;果酒、果茶、果冻、果酱、果子露等;"果"为饮、食品;果姓,"果"为人的姓氏;未果,"果"为实现、事实;如果,"果"为假若;果子狸、果蝇,"果"为动物。在《现代汉语大词典》和汉辞网中,"果"字条有 22 个义项,其中 16 个义项为非植物果概念的隐喻词义。

（六）"人/物是种"概念隐喻,植物"种"隐喻非植物种概念的"他物"语言表现

种子位于植物果实的核心部分,是能繁殖新植物的植物器官。在人的认知经验中,种子意味着植物生命的开始,是植物后续生长繁育的前提。有了种子,植物的生命周期就可以实现循环。没有种子,植物的生命周期则无从谈起。植物"种"既是植物到达成熟高峰、完成一个生命周期的终点,也是植物孕育新生命、开始下一个生命周期的起点。农业谚语"好种出好苗,好花出好桃""种瓜得瓜,种豆得豆""什么种子什么苗,什么葫芦什么瓢"等,就通俗直白地总结出"种下什么样的种子,就会收获什么样的果实"的客观事理。"种"的这种生命特性在人的思维联想中与人、动物、事物等进行联系,形成各种表达非植物概念的种隐喻。汉语中,"种"概念主要映射人和动物起源、传代、遗传、延续发展起源以及事物类别等概念。例如人种、种族种群、物种、树种、变种、杂种、劣种、良种等,"种"为人或者生物体类别;种牛、种鱼、种畜、种禽等,"种"为配种传代的动物;春种一粒粟,夏收万担粮;播种、耕种、栽种、种花、种草等,"种"为种植、培植;种地、种田等,"种"为从事田间劳动;广种薄收、朝种暮获等,"种"为付出的劳动;(姓氏)种、种姓,"种"为人、人的社会等级;种类,"种"为事物本身的性质;工种、兵种、军种、警种

等,"种"为工作类别、群体内部的类别;语种、剧种等,"种"为语言、艺术的种类;配种,"种"为雌雄动物结合以繁殖后代;有种、孬种,"种"为胆量或者骨气;火种,"种"为引火用的火,延伸指事物延续发展的起源。在《现代汉语大词典》和汉辞网中,"种"字条有 21 个词典义项,其中 13 个义项为非植物种概念的隐喻词义。

(七)"人/物是叶"概念隐喻,植物"叶"隐喻非植物叶概念的"他物"语言表现

叶子是植物体中的营养器官,受环境变化而发生变化。叶子的形状、大小、颜色和质感各有不同,在不同季节给人以不同视觉感受。植物生长旺盛时节,叶子绿色葱郁、聚成一簇;凋残时节,叶子枯萎发黄、遍地散落。"接天莲叶无穷碧,映日荷花别样红""秋风清,秋月明,落叶聚还散,寒鸦栖复惊""金井梧桐秋叶黄,珠帘不卷夜来风"等诗句,从不同的视角描述了叶子的生命状态。人对叶子的这种生物特性的认知经验在思维联系中也被转移引申到对人和事物的认知上。汉语中,"叶"概念映射人或者事物的构成部分、颜色形状以及人的归宿、动物等概念,形成了许多叶隐喻。例如一叶知秋,"叶"为事情的预兆;秋风扫落叶,"叶"为腐朽衰败的事物;一叶孤舟,"叶"为(人或舟的)量;添枝加叶,"叶"为捏造、夸大的言语;粗枝大叶,"叶"为工作粗糙、马虎;一叶障目、两叶掩目等,"叶"为局部或暂时的现象、蒙蔽之物;枝繁叶茂、开枝散叶,"叶"为后代子孙;玉叶金柯、金枝玉叶等,"叶"为出身高贵或娇嫩柔弱的人;叶落归根,"叶"为事物的归宿,多指人作客他乡之后最终回到故乡;莫辨楮叶,"叶"为模仿逼真之物;叶姓、叶公好龙等,"叶"为人的姓氏;百叶窗、百叶箱等,"叶"为形状像叶子的人造物;叶猴、叶鹿等,"叶"为动物的类别。在《现代汉语大词典》和汉辞网中,"叶"字条有 15 个词典义项和固定表达,其中 12 个义项为非植物叶概念的隐喻词义。

(八)"人/物是根"概念隐喻,植物"根"隐喻非植物根概念的"他物"语言表现

根为植物长在土里或者水下的部分,主要功能为吸收养分和固定植物的地上部分,是植物苗壮成长的基础器官。如果根系粗壮发达、深入地下,则其上部植物也会长势旺盛、生机勃勃。"下视禾根土,上看桑树头""咬定青山不放松,立根原在破岩中""梧桐识嘉树,蕙草留芳根"等诗句就是对根

的生长特性的一种描述。植物"根"概念也被映射到人和事物概念上，形成各种根隐喻的表达。汉语中，"根"的隐喻义主要有如下几种：(1)喻指物体或事物的基部，如根底、根基、跟脚、墙根、堤根等；(2)喻指事物的本源、依据，如根源、根由、根据、根本、无根之谈等；(3)喻指做事彻底，如根除、根究、根治、连根拔起等；(4)喻指传宗接代、后代子孙，如根苗、根脉、根嗣、根谱、根祖、孽根祸胎等，根嗣也指长子；(5)喻指事物基础，如根深蒂固、根牢蒂固、根深叶茂、根词等；(6)喻指细长物体的量，如一根竹子、两根筷子等；(7)喻指数学概念，如平方根、立方根、根号等；(8)喻指化学概念，如硫酸根、铵根等；(9)喻指人工物，如根雕；(10)喻指人的出身底细、思想来源等，如知根知底、根正苗红、根子等；(11)喻指球状疾瘤，如根瘤；(12)喻指久治不愈的疾病，如根痼；(13)喻指人的眼前，同"跟"，如根头；(14)喻指事物的关系，如盘根错节；(15)喻指人的身体部分，如齿根、牙根等；(16)喻指人、人的安家落户，如根姓、落地生根；(17)喻指人的欲念，如六根清净、六根不净等；(18)喻指人长期养成的习性，如劣根性；(19)喻指人当地出生，如根生土长。在《现代汉语大词典》和汉辞网中，"根"字条有 25 个词典义项，其中 19 个义项为非植物叶概念的隐喻词义。

(九)"人/物是花"概念隐喻，植物"花"隐喻非植物花概念的"他物"语言表现

花为植物的泛指器官，其色彩众多、外形艳丽，有的还散发出香味。花是植物的精华部分，美好悦目，但花的生命力和生命周期又是柔弱、短暂的。花的这种生命特性自古就给人以感性触动，引发人们情感和思想的联想。"忽如一夜春风来，千树万树梨花开""小楼一夜听春雨，深巷明朝卖杏花""正是江南好风景，落花时节又逢君"等诗句，便优美地抒发了人花之间存在的物质和精神联系。人对花的认知经验也被拓展到花之外的其他事物上，人、动物以及各种具体或者抽象事物都可以用花来比喻，花概念映射非花概念，由此在人的生活和语言中出现了各种"花"隐喻。汉语中，"花"隐喻主要表现在以下几个方面。一是以花喻人。例如校花、交际花等，"花"为年轻漂亮女子；祖国的花朵，"花"为儿童；花旦，"花"为戏曲中的角色；花魁，"花"为文坛领袖、年轻美貌的女子(绝色佳人)；花花公子，"花"为富贵人家不务正业子弟；眼花、昏花等，"花"为人的眼睛模糊；花姓，为姓花的人；挂花，"花"

为人的受伤;花季年华、花甲之年,"花"为人的青春、60 岁年龄;花容月貌,"花"为人的美丽。二是以花喻具体事物。例如花冠、花帽、花鞋、花轿、花篮等,"花"为衣物、器具等;灯花、钢花、火花、雪花、雨花等,"花"为形状像花朵的东西;花木、花盆、花匠、种花等,"花"为可供观赏的植物;花炮、礼花、放花等,"花"为烟火;泪花、油花、葱花等,"花"为某些小的像花的东西;白地蓝花、这被面花儿太密等,"花"为花纹;花花绿绿、花白、花红柳绿等,"花"为颜色、景色。三是以花喻动物,例如蚕花、鱼花、花蛤、花面狸、花猫、花狗、花蝴蝶、花豹等。四是以花喻抽象事物。例如文艺之花、革命之花等,"花"为事业的精华;花花肠子、花言巧语、耍花头等,"花"为心计。五是以花喻疾病,例如天花、花柳病等。六是以花喻花俏不实用的状态、方法,例如花架子、花里胡哨等。七是以花喻支出金钱、用掉时间,例如花费、花销等。八是以花喻美好事物或景象出现不久就消失,例如昙花一现。九是以花喻地名,例如花园、花园口、攀枝花等。在《现代汉语词典(第 5 版)》中,"花"字条共有 17个义项,列举的各类固定语式例词达 170 多条,其中大部分为隐喻性表达,可归纳为 16 种隐喻义(也有学者认为,其中有些隐喻义属于转喻义)。邵斌(2019:195)从《现代汉语词典(第 5 版)》"花"义项中归纳出的"花"的概念隐喻或者转喻义有 16 种(见图 4-1)。

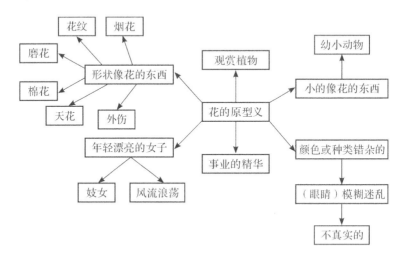

图 4-1 汉语"花"的词义辐射网络

"隐喻是以一个概念域的经验来理解另一个概念域的经验,着眼点是两个概念域的相似之处。"(邵斌,2019:194)隐喻的本质是人的一种认知方式。

"草""树""竹"等植物是人赖以生存的物质生活资料的源泉,在认识世界和改造世界的过程中,人们对植物的认知也在不断扩大、加深。以上所讨论的9个核心植物词词义概念从植物域逐渐延伸到其他范畴,均与汉民族思维认知的迅速发展相关。对于不断涌现的新事物,利用现有的语言词汇来创造新词、满足语用需要,更利于人们表达、理解和记忆,由此成为汉语词汇扩充发展的有效途径(冯英,2010:143)。除了这9个形式为简单词的植物名产生的大量隐喻词义之外,许多复合型植物名也在语用中拓展出非植物范畴的隐喻词义,这也是"他物是植物"概念隐喻的一种语言表现,反映出植物概念跨域映射他物的隐喻特征。例如在"花"类植物中,有兰花指、出水芙蓉、黄花闺女、明日黄花、棉花胎子、石榴裙、并蒂莲、梅花针、金兰之交、兰生幽谷、不以无人而不芳等;在"根"类植物中,有烫手山芋、一个萝卜一个坑、藕断丝连、吃了蒜瓣知道辣、剥洋葱皮等;在"果"类植物中,有杏眼、烂柿子、闷葫芦、瘪柿子、花心萝卜、花生子、矮冬瓜、瓜子脸、胆小如芝麻、小辣椒、芝麻绿豆、目光如豆、阿闷乔枣、莲蓬头、生米煮成熟饭等;在"叶"类植物中,有柳叶眉、白菜心、桂冠等;在"枝"类植物中,有杨柳腰、随风摆柳、蒲柳之姿等;在"树"类植物中,有梨园子、岁寒知松柏、李代桃僵、投桃报李、桂林一枝、杨柳情、桑榆晚景等;在"草"类植物中,有甘蔗没有两头甜、救命稻草等;在"竹"类植物中,有敲竹杠、刀过竹解、竹马之友、品竹弹丝等。这些固定式语言表达中的植物词都是"以植物名行他物概念之实",隐喻非植物范畴的一类人、人的外表、人的性格/品性,人的行为、人的情感、人或者物的形状/状态、抽象事物等概念(陈映戎,2015:182-190)。

二、英语中"植物喻他物"的语言表现

语言表达是概念隐喻的表现形式(Kovecses,2010:7)。虽然汉民族和英吉利民族所处地域环境不同,所接触了解的植物种类也不尽相同,但汉英语言中都有许多类似的植物概念映射非植物概念的隐喻表达。同汉语一样,不少描述"他物"概念的英语习语也是由植物概念隐喻而成的,例如 to put down roots(扎根;安家)、root and branch(完全地;彻底地)、rooted to the ground(呆若木鸡;一动不动)、root out(根除;彻底消灭)、shake like a leaf(紧张得直打哆嗦)、turn over a new leaf(改过自新;重新开始)、gild the lily(画蛇添足;多此一举)、as welcome as the flowers in May(极受欢迎的)、

hear the grass grow(特别机灵;特别敏锐)、the grass is greener on the other side of the hill(山外有山,天外有天)等。在上节中我们总结讨论了汉语中的植物隐喻表现,本节将对英语中的植物隐喻进行归纳总结,以形成对照。

通过调查《朗文当代英语辞典》《牛津英语习语词典》《英汉大词典》中的"grass/weed/herb"(草)、"tree"(树)、"bamboo"(竹)和"branch"(枝)、"fruit"(果)、"seed"(种)、"leaf"(叶)、"root"(根)、"flower/blossom/bloom"(花)等词的义项,本书发现这些植物词也是英吉利民族进行知识扩展和概念构建的重要"源词",其产生的隐喻义反映出"人是植物""物是植物"概念隐喻的思维轨迹和语言呈现。现按照其向下扩展对应的各小类概念隐喻"人/物是草""人/物是树""人/物是竹""人/物是枝"等,分别列举如下。

(一)"人/物是草"概念隐喻,植物"草"隐喻非草概念的"他物"语言表现

汉语中的"草"在英语中对应为 grass、weed 和 herb 三个词,它们的原型义或者基本义都指植物"草",但各有侧重:grass 为禾草,weed 为野草、杂草,herb 为可作药用或者调味的芳草。英语中,"grass"有独立和搭配词义义项 30 个,去除原型义项 14 个,隐喻义项有 16 个,主要指称各类非植物概念的人、事物或者动物。例如 grass-eater(不主动索贿但照样受贿的"素"警官)、grass hand(临时排字工)、grass cutter(割草人)、grass widow(离了婚或者与丈夫分居的女人)、grass roots(基层民众;乡村地区)、grass widower(离了婚或者与妻子分居的男人)等,其中的"grass"隐喻各类人(grass 也可作姓氏、地名);grass carp(草鱼)、grass finch/ grass quit(草雀)、grasser(草地牛)、grass hopper(蚱蜢;蝗虫)、grass snake(游蛇)等,其中的"grass"隐喻各类动物;as green as grass(无生活经验的)、be at grass(被放牧在草场上的;空闲着)、between grass and hay(鸡蛋半生不熟的;在成年时期与童年时期之间的)、cut one's own grass(自食其力的)、bring to grass(把矿砂运出坑外)、grass work(坑外作业;草编工艺品)、cut the grass from under sb.'s feet(使某人失败)、go to grass(去放牧;休息/退休)、hunt grass(一败涂地)、turn out to grass(放牧;使闲居;开除)、While the grass grows the horse starves(远水救不了近火)、keep off the grass(不得无礼侵入)等,其中的"grass"隐喻各类事情、抽象事物;grass box(盛草箱)、grass cloth(草布)、

grass cutter(割草用具)、grass mask(大麻烟罩)等,其中的"grass"隐喻人造物;grass sickness[(马的)牧草病],其中的"grass"隐喻疾病。

英语"weed"一词有独立和搭配词义义项17个,去除原型义项5个,隐喻义项有12个。例如 weed,令人讨厌的东西或者人、瘦高个子、屡弱的人、黑纱、(为逃避检查或者剔除不重要文件等)拣选(文件);the weed,香烟、雪茄烟;the weeds,流浪汉的帐篷;weed from/out of,去除杂草;weed out,清除、剔除;weed down,消减人数;the weeds grow apace,迅速蔓延、恶习易染;weeds,(尤指寡妇所穿的)丧服、衣服;weed oneself,(鳟鱼遭钓捕时)藏入海草。

英语"herb"有独立和搭配词义义项8个,去除原型义项5个,隐喻义项有3个。例如 herb doctor,草药医生;herb tea,草药茶;herb beer,芳草制的饮料;herb rubber,草胶。

(二)"人/物是树"概念隐喻,植物"树"隐喻非树概念的"他物"语言表现

英语中的"tree"一词有独立和搭配词义义项25个,其中隐喻义项有11个。例如 a clothes tree(衣帽架)、tree nail(木钉)、tree milk(树乳)、tree ware(纸质印刷品)、shoe tree(鞋撑;鞋楦)等,其中的"tree"为人造物;tree carol(树状珊瑚)、tree ear(木耳)等,其中的"tree"为自然生长或人工培养物;tree duck(树鸭)、tree frog(雨蛙)、tree-goose(白雁)、tree pie(树鹊)、tree hyrax(树蹄兔属;树蹄兔)、tree snake(大头蛇)等,其中的"tree"为动物;family tree(家族树;家谱)、document tree(文件树)、tree diagram(树形图)等,其中的"tree"为人设计制作的结构图;money tree(摇钱树)、tree of knowledge(智慧树)、tree of liberty(自由之树)、shake the pagoda tree(到远东去发财致富)、tree people(幻想作品中栖居树林的人们)等,其中的"tree"为人的精神想象或者心理期望事物;a tree is known by its fruit(观其行而知其人)、you cannot judge of a tree by its bark(人不可貌相)、a tree must be bent while it is young(育人需趁年轻时)、out of one's tree(傻极了;发疯)、grow on trees(极易得到)、in the dry tree(年老时;在年老林衰时)、in the green tree(年轻时;无忧无虑的环境中)等,其中的"tree"为人的品行或者人的生命阶段;pull up trees(获得巨大成就)、the top of the tree(最高职级)、

up a tree(进退两难)、bark up the wrong tree(精力花在不该花的地方;错怪了人)等,其中的"tree"为人的事业、行为或状态等。此外,tree 也可作人名。

(三)"人/物是竹"概念隐喻,植物"竹"隐喻非竹概念的"他物"语言表现

英语中的"bamboo"有独立和搭配词义义项五个,其中隐喻义项有三个。例如 bamboo curtain,竹幕(西方舆论界过去对中国的诬蔑性用语);bamboo basket,竹篮;a bamboo birdcage,竹鸟笼;bamboo rat,竹鼠。隐喻是基于主观经验的思维反映,语言层面的隐喻性表达义与语言使用者的文化心理、情感倾向息息相关。英语"bamboo"(竹)一词的义项数和竹隐喻表达远比汉语的少,从一个方面证实隐喻受文化心理的影响,折射出民族文化对语言词汇的制约作用。

(四)"人/物是枝"概念隐喻,植物器官概念"枝"隐喻非植物概念的"他物"语言表现

英语中的"branch"有独立和搭配词义义项 18 个,其中隐喻义项有 8 个。例如 a branch of a deer's antlers（鹿角的分枝）、a branch of one's family（家族的一个旁支）、the main branch of a river（大河的主要支流）、branch water(支流河水)等,其中的"branch"为枝状物、支流、支线等;a branch of the bank（银行的分行）、the local branch of the union（工会的地方支部）、foreign branch(国外分馆)、domestic branch(国内分部)等,其中的"branch"为机构的分部、分行、分馆等;a branch of the Germanic family(日耳曼语系的一支)、branch of knowledge(学科)等,其中的"branch"为(语系的)分支、学科等;hold out the olive branch(伸出橄榄枝,准备讲和)、olive branch 橄榄枝(和平的象征)等,其中的"branch"为友好象征物;branch forth（扩展分支机构）、branch out(扩充;横生枝节)、branch off(分叉;成分支)等,其中的"branch"为派生、衍生、扩大规模等;swing the branch to the left(把水龙喷嘴转向左面)、blow-off branch(排汽支管),其中的"branch"为管子的喷嘴、放水/排汽支管等;dart line branch(飞镖线分支)、branch line(分支线)、git branch(查看本地分支等),其中的"branch"喻指(数学上的)曲线支、(计算机)转移指令、分支指令等;(8)Branch county(布兰奇县)、Jones Branch(琼斯·布兰奇)等,其中的"branch"为地名、人名。

（五）"人/物是果"概念隐喻，植物器官概念"果"隐喻非植物概念的"他物"语言表现

英语中的"fruit"有独立和搭配词义义项 21 个，其中隐喻义项有 13 个。例如喻指成果、结果、后果，如 the first fruits（最初的成果）、the fruit of their labor（他们的劳动成果）、fruits of victory（胜利果实）等；喻指（动物的）仔/崽、人的后代，如 she can bear the fruit of the womb.（她能够生育）、the newborn fruits of the cat（猫下的新仔）等；喻指收入、报酬、收益，如 the fruits of industry（勤劳的报酬）、fruits of the production expansion（生产扩大的收益）等；喻指男子同性恋者，如 he is a fruit（他是同性恋）；喻指易上当受骗的人，如 the swindler swindled that fruit out of his money（骗子骗取了那个傻帽的钱）；喻指某种不让得到的东西，如 forbidden fruit is sweet（禁果分外甜；不让得到的东西格外有诱惑力）；喻指结果实（状态），如 a tree in fruit（正结果的树）；喻指事情奏效、有成效，如 bear fruit（有成果、有成效）；喻指动物，如 fruit bat（狐蝠）、fruit pigeon（果鸠）等；喻指高等真菌的产孢构造，如 fruit body（子实体）；喻指做家具的木材，如 fruit wood（果木）；喻指酒中的果味，如 fruit flavors in white wine（白葡萄酒里的果味）；喻指水果标志，如 fruit machine（吃角子老虎——一种以不同水果形状标志得分的赌具）。尽管英语中"fruit"的原型义还有"水果"之意，与汉语的"果"本义不完全对应，但汉英语"果"一词的隐喻表现存在相当部分的重合。可见，隐喻具有超越语言类型（英语是综合型语言，汉语是分析型语言）的普遍性。

（六）"人/物是种"概念隐喻，植物"种"隐喻非植物种概念的"他物"语言表现

英语中的"seed"有独立和搭配词义义项 30 个，其中隐喻义项 13 个。例如喻指家系、子孙、后裔，如 raise up seed（繁殖后代）；喻指萌芽、开端、起因，如 plant the seeds for conflict（埋下冲突的种子）、the seeds of the revolt（暴乱的起因）等；喻指种子选手，如 he is the number one seed in the tennis match（他是这次网球赛中的一号种子选手）；喻指衰老、走下坡路，如 go/run to seed（花谢结籽；变得不修边幅；失去活力）；喻指在结籽（状态），如 in seed[（指农地）播了种的；（草坪）撒了籽的；（植物）正在结子、处于结子期]、seed tree（结种子的树）、seed year（结种年）；喻指精子、精液、虫卵，如 there are some the seeds of the bug on the leaf(叶子上有一些虫卵);喻指信念/思想种子,如 spreading the seeds of our light.(传播我们光明的种子)、sow the seeds of faith(播下信仰的种子)、sow the seeds of doubt(使人逐渐产生怀疑)等;喻指幼小寄生动物,如 seed tick(幼蜱);喻指动物的留种、种苗,如 seed oyster(牡蛎苗、种牡蛎)、seed shrimp(种虾)、seed stock(留种群)等;喻指动物的产卵、怀卵,如 seed fish(产卵期的鱼);喻指带来事情后续扩展的基础事物、启动某事的"种子",如 seed money/capital(启动资金/本金)、seed corn[(为将来赚取利润而预留的)种子资金]、eat the seed corn(用光资本、吃老本)、seed capital(原始资本)等;喻指小颗粒物,如 seed coral(小粒珊瑚);喻指(场所的)温暖、孕育发源,如 seedbed(苗床;温床、发源地)。此外,seed 也为姓氏或者职业名称。

(七)"人/物是叶"概念隐喻,植物"叶"隐喻非植物叶概念的"他物"语言表现

英语中的"leaf"有独立和搭配词义义项 33 个,其中隐喻义项 16 个。例如"leaf"为人,如 all my old buddies were gone,I was the last leaf(我的一些老伙伴都离去了,我是最后健在者);"leaf"为(书刊等的)张、叶、页,翻页,如 turn the leaves of the book(翻动书页)、leaf through(翻阅、浏览);"leaf"为薄金属片,如 gold leaf、copper leaf、silver leaf 等;"leaf"为(桌子的)活动面板,如 I noticed the two extra leaves in the table.(我注意到桌子加了两块活动面板);"leaf"为(门、窗等的)扇,如 a leaf of window(一扇窗户)、double leaf gate(双扇闸门);"leaf"为(片弹簧的)簧片,如 leaf spring(钢板弹簧);"leaf"为薄片、薄层,如 a thin leaf of rock(一片薄岩石)、there was a layer of silver leaf outside the metal(金属外边有一层银薄膜)、leaf filter(叶片式过滤器)等;"leaf"为叶状器官(或者结构),如 the leaf-organ tissues in the human body(人体中的叶状器官组织);"leaf"为叶饰,如 leaf ornaments decorated on the desk(桌子上装饰着叶饰物);"leaf"为(开合桥的)一翼,如 a leaf of the suspension bridge over the river hanging in the air(河上吊桥的一翼悬空着);"leaf"为(步枪的)瞄准尺,如 to adjust the sight leaf of the rifle(调整那支步枪的瞄准尺板);"leaf"为帽边,如 the leaf of the hat is very wide(那顶帽子的帽边很宽);"leaf"为肥皂片,如 a small leaf of toilet soap

(一小片香皂);"leaf"为动物或动物器官,如 leaf fish(叶鲈)、leaf-nosed bat (叶鼻蝠)、leaf miner(潜叶虫)、leaf warbler(柳莺)、leaf hopper(叶蝉)等; "leaf"为植物病,如 leaf cast(落叶病)、leaf curl(卷叶病)、leaf spot(叶斑病) 等;"leaf"为【军】〔英俚〕休假,如 the soldiers are in their leaf period(士兵们 正处于休假期)。英语中还有不少以"leaf"为中心词的习语,也都为隐喻式 表达。此外,leaf 也可作人名。

(八)"人/物是根"概念隐喻,植物"根"隐喻非植物根概念的"他 物"语言表现

英语中的"root"有独立和搭配词义义项 49 个,其中隐喻义项 23 个,主 要指称人、人的器官底部位置或者男性生殖器、人的行为动作、事物、事物状 态、动物等方面的概念。"root"隐喻的主要类别和例词/句为:(1)隐喻人,如 roots of a family(家族的祖先或根苗)、one's roots country(祖先国)等;(2) 隐喻人的器官底部位置或男性生殖器,如 the roots of the tongue(舌根)、the roots of a finger nail(指甲根)、blush to the roots of one's hair(羞得满脸通 红)等;(3)隐喻人的行为动作,如 root for(声援,支持)、root up/out/away (搜寻,挖掘;根除,根绝)、root from〔拔掉(眼中钉等)〕、rooted to the spot (呆若木鸡)、pull up one's roots(迁居,转业,改行)、put down roots(安家,定 居下来)等;(4)隐喻事物,如 war is rooted in economic causes(战争由诸种 经济原因造成)、strike at the roots of(摧毁……的基础)、take/strike root (开始生长;扎根;固定不动)、root rot(根腐病)等;(5)隐喻事物状态,如 at the root(实际上,本质上)、root and branch(全部地,彻底地)等;(6)隐喻动 物及动物行为,如 root worm(根虫)、root about for food(用鼻或者嘴拱土 觅食)等。此外,root 也为姓氏或者职业名称。

(九)"人/物是花"概念隐喻,植物"花"隐喻非植物花概念的"他 物"语言表现

汉语中的"花"在英语中的对应为 flower、blossom、bloom3 个词,这 3 个 词有独立和搭配词义义项共 37 个,其中隐喻义项 16 个。英语中"flower"的 本义为(各种)花、开花植物,其隐喻义主要有以下几种:(1)指称人、人的动 作行为、人的特征状态、人的思想等,如 flower children(配花嬉皮士,"花孩 儿")、flower girl(女花童,卖花女)、she flowered into womanhood(她发育为

成年女子)、flower power(权力归花儿)等;(2)指称精华、最好的部分,如 the flower of a nation's youth(青春年华)、the flower of youth(民族青年的精英)、the flower of one's achievement(最杰出的成就)等;(3)指称兴盛时期,如 in the flower of one's age(在年轻力壮时期)、in full flower(巅峰,发展最好之时)、come into flower(开始盛行)等;(4)指称装饰物、花状物,如 flowers of speech(华丽辞藻)、flowers of sulphur(硫华)、flowers of zinc(锌华)、flower piece(花卉画)、no flowers(by request)[(讣文用语)不收花圈]等;(5)指称摆设花、用花装饰的事物,flower show(花展)、the window is flowered(窗户用花装饰着);(6)指称动物,如 flower pecker(啄花鸟)、flower bug(花蝽)等。英语中"blossom"的本义为开花、(果树的)花,其隐喻义主要有以下几种:(1)指称像花一样的东西,如 a blossom of literature(文学之花);(2)指称茂盛、兴旺,如 from then her career blossomed(从那时起她的事业兴旺起来);(3)指称女人,如 she is really a blossom(她真是一朵奇葩);(4)指称发展、长成,如 her fear blossomed into terror(她的害怕发展成为恐惧)。英语中"bloom"的本义为开花、(供观赏的)花,其隐喻义主要有以下几种:(1)指称青春焕发、茂盛时期,如 in the bloom of youth(在青春焕发时期);(2)指称有细粒的外层,如 a bloom of dust(一层灰尘);(3)指称(面颊的)红润,如 her face lost the past bloom(她的脸失去了往日的红润);(4)指称刺目的闪光,如 the surface of film is bloomed and blurred(胶卷表面闪光刺眼,模糊不清);(5)指称(酒等的)香味,如 he likes to smell the bloom of the 10-year-cellared wine(他喜欢闻 10 年窖藏葡萄酒的香气);(6)指称发亮、发光、(尤指女子)容光焕发,如 the blooming big lamp(发亮的大灯)、bloom with health and beauty(显露出健美神采)。此外,flower、blossom 和 bloom 三个词都可以作人名或者姓氏,隐喻人。

同汉语一样,英语中除了这 9 个表示属类概念的植物名产生的大量隐喻词义之外,许多表示种类概念的植物名也在语用中拓展出非植物范畴的隐喻词义,这也是"他物是植物"概念隐喻的具体语言表现,同样反映出植物概念跨域映射他物的隐喻特征。例如在"花"类植物中,有 daisy(上等货;第一流的人物;漂亮姑娘)、a shrinking violet(害羞的人)、lilies and roses(花容玉貌)、roses in her cheeks(脸颊上泛起的红晕)等;在"根"类植物中,有 a couch potato(整天常坐在沙发上看电视的人)、the ginger to work hard(努力工作的劲头、活力)、hold out a carrot to sb.(利诱某人)、knowing one's onions(精通本行)、off one's onions(神经失常)、the stick and carrot policy(大棒加胡萝卜政策)等;在"果"类植物中,有 lotus-eater(贪图安逸的人)、the apple of one's eye(掌上明珠,心爱的人或物)、a sucked orange(达到使用)、cool as a cucumber(在压力之下镇定沉着)、feel one's oats(自命不凡)、full of beans(精力充沛的)、spill the beans(泄密;坦白交代)、peach(美人儿,漂亮的人)等;在"叶"类植物中,有 cabbage(少女;钱)等;在"枝"类植物中,有 the laurel branch(胜利和荣誉)等;在"树"类植物中,有 bear the palm(获胜、凯旋)、a heart of oak(勇敢坚毅的人)等;在"草"类植物中,有 the wormwood of defeat(失败的痛苦)、lean on a reed(依赖靠不住的人)、as slim as a reed(身材苗条如芦苇)等。这些以各种植物名作为喻体词的固定语式多数都是隐喻人或者与人相关的事物、状态等。英语中未发现包含有"bamboo"名的隐喻性固定语。

三、汉英"植物喻他物"现象对比分析

通过以上分类统计和归纳可以看出,汉语"草""树""竹""枝""果""种""叶""根""花"等 9 个核心和高频植物词及其对应的 13 个英语植物词的隐喻义在数量和类别上存在着相同性和差异性。在整体数量上,汉英植物词的隐喻义项数各为 155 个和 119 个,汉语多于英语。陈映戎(2015:81)根据语料汇总统计出的汉英语植物隐喻分别为 358 条和 214 条,认为与英语相比,汉语植物隐喻在整体数量上占绝对优势。汉英植物词隐喻义项数量(不考虑指称人名、地名的情况下)如表 4-1 所示。

表 4-1 汉英核心植物词隐喻义项数对比

汉英植物词	汉语隐喻义项数	占比	英语隐喻义项数	占比
草(grass/weed/herb)	30	19.3%	16	13.4%
树(tree)	21	13.5%	11	11.9%
竹(bamboo)	26	16.7%	3	1.1%
枝(branch)	7	1.1%	8	1.16%
果(fruit)	16	10.3%	13	10.9%
种(seed)	13	11.8%	13	10.9%

续表

汉英植物词	汉语隐喻义项数	占比	英语隐喻义项数	占比
叶（leaf）	7	1.1%	16	13.4%
根（root）	19	12.2%	23	19.3%
花（flower/blossom/bloom）	16	10.3%	16	13.4%
总计	155	—	119	—

从表 4-1 中可知，在具体隐喻数量上，汉英语相差最大的为"草""竹"两词，"草""竹"的隐喻义项数汉语比英语各多 14 个和 23 个。从各自占比来看，汉语中"草"的隐喻占比最高，为 19.3%，其次为"竹""树""根"的占比；英语中"根"的隐喻占比最高，其次为"草""花""树"的占比。汉语中占比最少的为"枝""叶"隐喻；英语中为"竹""枝"隐喻。汉语的植物隐喻中，"草""竹""树"三种表示整体生命形式植物概念的隐喻数排在前三位，"枝""叶"两种表示局部生命形式概念的植物隐喻数排在后两位，折射出汉族民众在思维联系过程中更具有整体观念、大局观念，比较注重事物全貌，而相对轻视或忽略局部事物或事物局部面貌。在英语的植物隐喻中，"根""花""草"三种植物的隐喻数排在前三位，"根""花"为局部植物生命形式，"草"为整体植物生命形式，"枝""竹"两种植物的隐喻数排在最后，折射出英吉利民族在思维联系过程中更具有个体观、局部观，倾向将整体概念与局部概念同等考虑。同时，"竹"隐喻最少也折射出英吉利民族对该种植物的认识和了解较为有限，反映出英伦三岛不生长竹子的历史现实。不知有汉，无论魏晋。感性经验中本身缺乏竹概念，由竹概念映射引申的竹隐喻自然不会多。

从隐喻义的内容来看，汉英语 9 个核心植物词都可以用来喻指人（人的外表、性格、态度、行为、动作、身体状况、社会关系等）、事物（事物的形状、状态、性质、色彩等）和动物（动物的外形、习性、疾病等），整体表现高度一致。最明显的一致是，9 个核心植物词在汉英语中都有指称人的词义表现。这种共性的背后反映出不同地域的植物实体具有共性，人对植物的认知也具有共性，即中英两国地域都存在相同的植物实体，汉英语言使用者对植物都有深刻的感知。汉民族自古以来就以农业为生，劳动的对象就是各种植物；英国畜牧业历史悠久，近代英国地域管辖范围广、植物种类多，英吉利民族接触、观察、了解植物的机会也比较多。因此，汉民族和英吉利民族对植物的感知经验都比较深刻丰富,能够发现植物的特征,并将其比之于人,聚焦两者的相似之处,然后以植物概念来描述人的生命形态、人的行为、与人关联的事物等。在这种隐喻的认知模式中,"植物"这一始源域下的所有生命特征,即植物的个体形象(树、草、竹)及其组成部分(根、枝、叶、花、果、种)和生长周期(生根、发芽、开花、结果、枯萎)等概念,被跨域映射到了"人"这一目标域中,形成了以植物的生命表现来认知人的生命表现的各种隐喻表达。依此类推,人们又将植物概念用来比喻描述其他包括动物在内的实体事物、抽象事物等。对植物认识了解的经验是我们身体与植物接触、互动的结果,也是我们与其他物质和事物进行联系的"源物"。"源物"中的概念会经过我们大脑的联想映射到其他非植物概念的事物上,形成隐喻表达,实现认知扩展。隐喻是以始源域概念化目标域,概念隐喻的"始源域"和"目标域"之间都存在一个单向映射模式图。比如,在概念隐喻"生命是植物"(life is plant)(Lakoff & Johnson,1980:117)中,两个域之间存在的映射模式如图 4-2 所示。

植物的外形 — — — — → 人的外表
植物的美丽部分 — — — — → 人外表漂亮的器官
整株植物的突出特征 — — — — → 人体的突出特点
植物的生长过程 — — — — → 人的生命进程

图 4-2 "生命是植物"映射模式

如图 4-2 图所示,"植物的外形"与"人的外表"本来是分属两个域的事物,客观上并无关联,但通过人的主观想象,两个事物的相似性被提取出来,形成联系,实现了不同概念的跨域映射,并在语言形式上被巧妙地结合在一起。植物的外形有惹眼和普通之分,外形漂亮的植物往往引人注意、惹人喜爱。人的外表也分一般和特别,汉英语中都有"容貌如花"的各种说法。就这一意义而言,人的外表的确如植物的外形一样。其余几层的映射道理相似,都是将对植物概念域的基本经验组织转移到对人概念域的认识和了解,将始源域"植物的生命形式"与目标域"人的生命形式"这两个感知经验联系在一起,用植物的生命形态特征对应人的生命形态特征,从而构建起"生命是植物"这一概念隐喻。概念隐喻和隐喻性表达属于不同的认知层次,概念隐喻是深层次的,而隐喻性表达则是浅层次的。浅层次的认知往往受深层次的认知支配。隐喻性表达受概念隐喻支配,一个概念隐喻会产生多个隐喻性表达。例如在"ideas are plants"的植物概念隐喻下,就有 seed-thought、to plant the seed of faith in one's heart、the theory has ever branched out、the fruit of wisdom 等固定式隐喻表达。

任何形式的语言都是社会文化的载体。植物隐喻是人们在与植物接触互动的基础上,经由被文化生活浸润的大脑进行思维加工形成的语言表达形式,其既与民族文化密不可分,又受民族文化体系的制约。源于不同文化和不同经济体制的汉英植物概念隐喻虽然有依赖人类认知模式的共性,在很大程度上表现出相似性,但有时也和普通隐喻一样,表现出明显的民族文化特性,即民族性(nationality)(李国南,2001)。

从"植物"隐喻"他物"的语言表现来看,喻体映射的本体概念在汉英语之间也存在一定的偏离。陈映戎(2015:81)认为,汉英植物隐喻本体存在的差异体现在以下几个方面:一是本体词义是人的性格的隐喻大多出现在汉语中,而本体是精神或者心理状况、颜色以及产品的隐喻则在英语中表现得更为突出;二是汉语植物喻人表达的数量显著多于英语植物喻人;三是从单一语言来看,在英语植物隐喻中,本体是人的隐喻不及本体是物的隐喻多;四是汉英植物隐喻具有民族特殊性,本体喻体相互对应的情况较少,但存在隐喻词义重合的情况。科威塞斯(Kovecsec,2007:231)认为,许多喻体相同的隐喻,其本体在不同语言中各不相同,这是因为我们作为人的体验不尽相同,在创造抽象思维时使用的认知倾向和风格也各不相同。

人们在种植和利用植物的过程中,对植物的形态特点、生长习性以及各种功用等越来越了解、越来越熟悉,不知不觉中逐渐累积了关于各种植物的经验知识,植物名称便是记录这些经验知识的语言形式。已知植物有限,语言中的植物名也有限,而人的思维活动无止境,认知扩展亦无止境。在社会活动和人际交流中,原本指称植物外形、颜色、习性的词语也被用来描述人的外表、性格、行为、心理状态等。由此,植物概念参与人的各种日常活动经验构成。如果说命名植物是人对植物的低层级认知,那么用植物名表述植物之外的人及其感情和思想等则是高层级的认知,因为人的感情和思想是抽象的事物。当然,语言本身是普遍性与特殊性相结合的符号系统。不同的民族群体,其地域环境、生活习俗、思维惯性和价值观念等各不相同,植物隐喻也不尽相同。换言之,各民族语言的植物隐喻往往都带有特定的社会文化含义。

汉英植物隐喻具有的相同点反映出人类认知事物的共同性和相通性,不同点则说明汉民族和英吉利民族的文化思维、传统习俗、社会历史以及生活地域的植物种类存在差异。束定芳(2000:30)指出,语言中的隐喻产生于人类的隐喻性思维过程,反映了人类大脑认识世界的方式,而且隐喻是我们探索、描写、理解和解释新情景的一个有力工具。人类大脑认识世界依据的是自身体验和心理感知,而自身体验和心理感知不能孤立于特定的社会文化。在不同的语言文化中,隐喻概念系统也存在一定程度的差异,反映出隐喻具有异质性,属于普遍性中的特殊性(邵斌,2019:198)。"植物隐喻是在民众生活中孕育而生的,是民众生活智慧和文化心理的外化符号。其所承载的丰富文化内涵,不仅体现了民间信仰和文化风俗,而且反映了人们的深层思维方式。"(陈映戎,2015:35)植物隐喻也是语言具有经济性的表现,反映了植物词语具有多义性特征。正是由于植物汉民族和英吉利民族的日常生活生产紧密相关性,植物名词长期、广泛并被高频率地使用,人们往往会从词的基本义出发,不断赋予这些植物名词以新的意义,使词的内涵得到不断的延展,造就了今天汉英基本植物词语在用法和语义等整体上的多义性(王文斌,2005:20)。

第三节 "植物是他物"概念隐喻的衍生机制

与"他物是植物"的概念隐喻相反,"植物是他物"的概念隐喻是指植物概念经由非植物的"他物"概念跨域映射形成的各种隐喻,如人体隐喻、动物隐喻、人造物隐喻等。"他物"隐喻的产生基于人们对各种"他物"外形、器官、功用等特征的熟悉和了解,其形成过程就是将植物的各方面特征投射到目标域"植物"概念上,使人们得以通过感知某种"他物"的形态特点或者体验它的用途来认知和理解某一植物概念。在克尔索斯佐斯基(Krzeszowski,1997:161)归纳的六类"植物"(plant)概念与非植物概念构成关系的概念隐喻中,属于"植物是他物"的三类是植物是事物、植物是动物、植物是人。这三类隐喻可以进一步归纳为更笼统的概念隐喻"植物是(非植物的)他物"(a plant is nonplant),在语言中表现为植物概念借用人、动物、非生物概念词来描述和表达植物概念,从而形成各种隐喻性的植物名,例如腰果、人面竹、羊蹄草、蚂蚁菜、铁线牡丹、金线草、blood berry、lady's finger、goat's beard、frog orchid、horn-bean、fork-fern 等。以上列举的名称根据其中的非植物概念词类别,可以分为以下三种情形。

(一)人是源域,植物是目标域

对于腰果、人面竹、blood berry、lady's finger 等复合名,植物概念由人概念映射形成,虽然两种概念各属不同域,但因这些所指植物的外形或者颜色与人的腰、人的面、人的血、女士的手指具有相似性,人们就无意识地将这些人概念词用来表达植物概念。这些植物名称所反映出的概念隐喻就是植物(果实)是人的腰、浆果(颜色)是人的血、植物(竹子)是人的面(bamboo is human face)、植物(秋葵)是女士的手指(plant is lady's finger)。而果实/浆果、竹子、秋葵这些概念都隶属于其上级概念"植物",人的腰、人的面、人的血、女士的手指等概念则都隶属于其上级概念"人",沿着两域各自相应的概念隐喻向上汇合归类,便形成"植物是人"这个更大的概念隐喻。"人"与"植物",概念范畴不同,事物类别不同,在"存在大连坏"中处于不同的层级,互为"他物"。在人的思维作用下,两者又相互联系,在语言中结为一体,产生形如人概念的意义,指称植物概念的表达,从而形成认知上的"人隐喻"或者"人体隐喻"。人是物质世界的认知主体,所有概念的形成都要通过人与外部事物相互作用的方式来认知获得,人/人体概念不仅跨域映射植物,还在人的认知中被广泛映射到自然环境、人造物、社会生活、人的心理状态等,例如山脚、山腰、齿轮、扳手、火舌、壶嘴、心花、心思、teeth of a comb、foot of a mountain、tongue of a fire、arm of a chair、eye of a needle、head of an arrow等。这些包括植物名在内的语言表达就是人对自身理解以及与人体之外的他物互动联系的结果。人(人体)隐喻"最常见的形式就是将人类不同的身体部位映射到物体的不同部件上""这种映射形式具有一定的跨语言普遍性"(张炜炜,2020:52)。随着人认知范围的扩大、思维能力的提高,人把对自身的理解和已经熟悉的东西作为经验和参照物来描述世界上的其他事物,从而在感官感知的基础上形成心理感知,心理感知是感官感知的发展和延伸,这也是一个从具体感知到抽象感知的过程(刘铁凯、谷化琳,2005;陈晦,2009)。以表达人体和人体构件的词语来指称非人实体的意义构建已成为语言中的一种普遍规律(黄碧蓉,2010:155)。

(二)动物是始源域,植物是目标域

对于羊蹄草、蚂蚁菜、goat's beard、frog orchid 等复合词,植物概念由动物概念映射形成。虽然动物和植物属于不同域的生物体,但由于它们在形状、颜色、气味、功能等方面具有一定的相似性,人们便基于生活经验,在思维上将动物与植物联系起来,以动物名来指称植物。这些植物名称所反映出的概念隐喻就是草是羊蹄、菜是蚂蚁、植物(草)是羊胡子(grass is goat's beard)、兰花是青蛙(orchid is frog)。草、菜、兰花等概念都隶属于其上级概念"植物",羊蹄、蚂蚁、羊胡子、青蛙等概念隶属于其上级概念"动物",沿着两域各自相应的概念隐喻向上汇合归类,便形成"植物是动物"(a plant is an animal)这个更大的概念隐喻。在客观世界中,"植物"与"动物"互为"他物",但在人的主观认知里,两者又相互联系,植物概念可以经由动物概念获得理解和分类,动物词可以用来指称、命名植物。

许多植物的名称来自模糊的相似物,隐喻词义建立在对动物的模糊的相似性上,常常是奇异或者诙谐的,如 cock's comb、cock's foot、dog's tooth、dog's tail;等等(Rastall,1996)。植物概念可以与动物概念联系进行理解,动物词可以用来指称植物,反映出人类的隐喻性思维特征(王寅,2001:229)。动物隐喻是植物命名的一个重要途径。王寅(2001:54-55)认为,语言中一般有四种常见的隐喻:一是拟人化隐喻;二是动物隐喻;三是从具体到抽象;四是通感隐喻。这四种常见的隐喻实际上就是四种认知途径,通过这四种认知途径,人类把已知的概念映射到未知的概念上,再用已有的语言词汇来描述或指称或刚刚认识或开始熟悉的事物。根据莱考夫和约翰逊(Lakoff & Johnson,1980)的概念隐喻理论,动物隐喻属于实体隐喻(ontological metaphor),即用表示动物实体的词语来描述属于其他范畴的事物或者概念。伊万斯(Evans,2009:74)认为,一个词的词汇概念包含两个层面的概要信息:语言内容和概念内容。语言内容表征词的核心信息,概念内容指一个词在认知层面上所激起的语义潜能。据此,某个原本指称动物的普通名词在被用来转指其他非动物范畴的概念时,则表明该词的本义被赋予了隐喻性的意义,其本义与喻义之间的语义联系就是动物隐喻。

我们认识外部世界的每一个事物,都是从陌生到熟悉,获得感性和理性认知,然后又将熟悉物作为经验知识来认识和理解其他陌生物,如此循序渐进,不断扩大认知范围、提高认知水平。人与动植物之间存在不同距离的空间关系,这种关系决定了人会以认知自身的方式来认知自身以外的动植物和其他事物。特纳(Turner,2000:99)认为,"身体既是一个环境(自然的一部分),又是自我的中介(文化的一部分)。以写作、语言和宗教为中介,身体恰好处于人类劳动作用于自然的结合点上,因此身体决定性地处于世界的自然秩序和世界的文化安排结果之间的人类结合点上"。这说明,人和动植物虽然拥有共同的空间,组成共同的环境,但是人类认识世界的生理基础是人的大脑和身体。"近取诸身,远取诸物"(《周易·系辞下》),祖先的思维具有"体认"特征,常把人的身体和经验作为衡量周围世界的标准。这是由人类的认知顺序所决定的(陈家旭,2007:91)。按照人类社会和人类认知能力的发展规律,人类最初认识的事物往往是有形的具体的物体。植物尽管也是人类最早认知的自然生物,但与蚂蚁、羊、青蛙等动物相比,它们是静止的物体,与人的距离更远,因此动物概念可能比植物概念更早进入人的认知视域,获得语言符号标记。"动物名是植物命名的一个核心问题,因为它们先于植物名出现。我们通过动物名识别植物的概率只有通过植物名识别动物的十分之一。这可能与人类早期狩猎族群以狩猎为生活形态中心(ideological centrality)的文化有关。"(Hill,2003:177)在世界各种语言的植物名中都存在相当多的动物词语,可以作为支撑例证。当然,从人的认知进程来看,植物和动物都属于人的外部世界,人对它们的认知和命名也有可能是同步进行、互为参照喻体的。换言之,大部分已知动物的命名早于大部分已知植物,也有小部分植物命名早于动物。否则,像草鱼、榛鸡、鱼苗、猪苗、鱼花、蚕花等动物名称中就不会含有植物词。客观物体的命名反映出人的认知方式,命名先后折射出认知进程中的时间先后,在同一域内的从陌生到熟悉也许具有任意性,不同域之间以熟悉物类比陌生物,一定具有理据性。植物名中的动物隐喻实际上就是把已知的动物概念映射到植物概念上,用已有的动物词汇来命名或刚刚认识或开始熟悉的植物实体。

(三)人造物是始源域,植物是目标域

对于铁线牡丹、金线草、horn-bean、fork-fern 等复合词,植物概念由人造物概念映射形成,在语言中表现为以人造物词来指称植物。这就涉及一个人对人造物和植物两种不同具体物的认知的先后问题。植物是自然生长之物,一直以来人就从植物那里获取果实和制作工具的原料。人与植物接触互动的历史古老久远,对于植物的外形、颜色、结构、生长过程等概念应该早已熟悉了解,而人造物是人借助工具设计制作出来的物体,因此语言中植物名称的大量出现应该远远早于人造物名称的大量出现。然而,这只是人类早期整体上的认知顺序。由于植物种类繁多,生长范围广泛,形态功用各具特色,人类对其的认知和了解也是逐步进行、不断增多的。据科学家估计,直到今天,世界上仍然有近一万个树种未被发现和命名。植物名中含有人造物词,说明该植物名所指植物个体是在相应人造物出现之后被发现和命名的。植物名铁线牡丹、金线草、horn-bean、fork-fern 所反映出的概念隐喻就是牡丹是铁线、草是金线、豆是喇叭(bean is horn)、蕨是餐叉(fern is fork)。"牡丹、草、豆、蕨"等概念都隶属于其上级概念"植物","铁线、金线、喇叭、餐叉"等概念隶属于其上级概念"人造物",沿着两域各自相应的概念隐喻向上汇合归类,便形成概念隐喻"植物是人造物"。在"人造物"之上,还有"物"(thing)概念,因此"植物是人造物"上面又存在有一个更大的概念隐喻"植物是物"。语言词汇中的跨域映射现象反映出人类"以熟悉物类比非熟悉物"(Kovecses,2010)的认知方式和"存在大连环"文化模式的影响。概念隐喻"植物是人造物",也是类比认知上的一种"拟人造物化",主要涵盖各种"人造物"映射"植物"的隐喻植物名。每种语言在命名植物的过程中,都习惯将植物特征(如形态、性味色、功用等)与包含各种民族文化元素表达的人造物信息联系起来,因为人造物"最生动地表达了一个国家特定的世界观,向我们展示了概念与家庭物品之间的关系""可以作为在各国人民心目中确定有关植物不同特性的信息的一种手段"(Mokhiruh,2017)。像汉语中的"剪刀草""金钱花""银条菜",英语中的"blanket-flower""trumpet bush""soapberry"等植物名,都从一个侧面蕴含和展示家庭物品信息,反映社会生活。"考察各种各样的由概念隐喻生成的语言表达所反映出来的'文化特性',已经作为一种方法被成功地用于词汇范畴的研究"(Kraska-Szlenk,2014)。当然,与植物不同,人造物是人类生产生活中创作的产品,属于典型的无生命物。植物与人造物虽然概念层级不同,但都是独立存在的客观实体,都有定型的外形、体积、颜色等显性样式和功用、"年龄"等内在性状。这些客观实体各具特色,在人的大脑中构成了一幅幅视觉图像。基于某种相似性,一种图像可以用来类比另一种图像,形成图像隐喻。用人造物图像类比植物图像,聚焦于植物的某种凸显特征,借助熟悉的人造物概念来获得对不熟悉的植物个体的理解,是一种普遍的认知方式,不分地域和文化。每种语言在命名植物的过程中,都习惯于将植物特征(如形态、性味色、功用等)与包含各种民族文化元素表达的人造物信息联系起来。借用人造物词命名植物的实质就是通过人造物概念来理解和体验植物概念,属于不同概念系统的"跨认知域映射"(李文中,2015;孙毅,2013)。人造物与植物同为"存在大连环"中的有形物体,彼此跨域关联。

以上例举的人、动物和人造物三种非植物事物隐喻植物的语言现象,从一个视角反映出概念隐喻"植物是他物"具有客观普遍性和主观衍生性。莱考夫和约翰逊(Lakoff & Johnson,1980)认为,隐喻是一种认知现象,不仅存在于语言,还存在于思维和行动中,是人类认识外部世界和自身的基本方式。其本质上是认知主体通过一类事物来了解另一类事物,即基于类比两物之间的共性特征,以一领域内的经验理解另一领域内的经验。概念隐喻的构建过程是出于理解的方便和效果,认知主体将存储于大脑中的某个熟悉概念(源域)映射到一个陌生或者刚经过接触而了解的事物(目标域)上,从而形成对这个事物的理解的新概念。莱考夫和特纳(Lakoff & Turner,1989:160-180)提出的"存在大连环"文化模式,对世界上的存在物按照属性和行为区分层级,指出各物相互联系,从而形成互为转换的"大链条"。该理论为概念隐喻的语言共性和文化个性提供了哲学依据。由于在不同的语言文化中语言使用者对人、动物、人造物等实物概念的命名会存在认知方式和语言表现的差异,自然这些差异也会在包含人、动物、人造物概念命名的植物名上体现出来。任何语言使用者对"存在大连环"的基本理解都涉及人与其他低级存在形式的关系(束定芳,2000:216)。植物的分类和命名是作为认知主体的植物学家或者其他命名人与自然环境互动、接触生物实体、产生新概念并用语言符号加以标记的结果,概念隐喻无疑贯穿于整个认知过程(Lakoff,1993;Kovecses,2002;Krzeszowski,1997;王寅,2007)。

第五章

汉英"人喻植物"词语对比

在"他物喻植物"类型的词汇中,有部分"他物"的内容为人、人体器官组织、人的生活物品以及人的心理活动等概念,我们将这一类"他物"概念词统称为"人"词语,这类"他物喻植物"便称为"人喻植物"。在概念隐喻系统中,一个经验域被用于理解另一个经验域。概念隐喻理论(Lakoff & Johnson,1980;Taylor,2002;Kovecses,2010)认为,隐喻本质上是一种概念性的认知手段,其实现途径是语义从一个概念域("始源域")被投射到另一个概念域("目标域"),从而形成新的语义结构。含有隐喻的语言表达揭示了概念隐喻的存在,也反映了人类以一事物来思考和识解另一事物的认知能力。在"植物是人"概念隐喻的认知驱动下,各种"人"概念被用来隐喻植物概念,产生了许多由人名、人体名、人事名等隐喻形成的植物名。

本章按照"人喻植物"类型,穷尽收集上述《植物名实图考校释》《木材出版社植物名词典》等典籍中收录的含"人"概念词语的汉英植物名,在对语料进行归类、统计的基础上,探讨汉英人隐喻植物名的构词方式和喻体本体数量、类型以及内容等方面的异同表现,并对其形成机制进行认知语言学的解析。为保证所收集的语料在拼写和语用上的权威性,本书也参考了《现代汉语词典(第5版)》《英汉大词典(第2版)》等汉英语工具书。

第一节　汉英"人喻植物"词语的数量及结构特征对比

"人喻植物"词语的形成是植物外形及其生理结构通过人的想象联系的结果(Rastall,1996),汉英语中存在着许多通过人概念隐喻形成的植物名。在这类植物名的映射关系中,喻体为"人",本体为"植物"。词语形态为"'人'名 ＋ 植物名(零植物名)",而植物名词义相应的或者包含"人"名,或者就是"人"名。例如手掌花、含羞草、矮脚三郎、kidney vetch(腰子野豌豆——疗伤草)、ribwort(肋骨草——车前草)、mother-in-law's tongue(婆婆的舌头——花叶万年青)等。这些命名折射出"植物是人"概念隐喻的认知作用,反映出人隐喻在植物命名中的普遍性和规律性。

我们从上述词典中统计出"人喻植物"类复合型植物名,汉语有 235 个、英语有 219 个,去除其中喻体词重复出现的,最后分别得到 159 个和 155 个。其构式特征的分类统计如表 5-1 所示。

表 5-1　"人喻植物"词语数量及结构特征

特征　汉/英语	偏正		动宾		主谓		并列		后补		总数
	数量	比例	数量	比例	数量	比例	数量	比例	数量	比例	
汉语	89	56%	46	28.9%	8	5%	11	6.9%	5	3.1%	159
英语	139	89.7%	5	3.2%	5	3.2%	3	1.9%	3	1.9%	155

从表 5-1 中的数据可知,汉英"人喻植物"类复合型植物名在词语的结构形式上存在异同。汉英语"人喻植物"类复合型植物名大多数为偏正式,汉英语分别占 56% 和 89.7%;两相比较,英语占比高出近 34 个百分点。其余 4 种类型结构,汉语的占比均高于英语,其中动宾型结构汉语占比高出近 26 个百分点。相对而言,主谓、并列、后补等三种结构类型的植物名比例都不多,但汉语略高。这种现象反映出以下三个方面的特征。一是在组合构词中,多数喻体词为修饰限制性成分,本体词(包括隐性本体词)为中心成分,表现出喻体对本体的依存性,例如白头婆、诸葛菜、lady's finger、baby rose等,汉英语基本一致。二是动宾型结构植物名,汉语占比大大高于英语,体

现出汉语植物名喻体更具有述谓功能,这也印证了汉语表达中动词的使用频率更高的特点。例如,汉语中有不少诸如扶郎花、消风草、延龄草等动宾式植物名,而英语中即使表示人的行为动作概念,其喻体词也是以动名词形式出现的,在形式上便由动宾型转为偏正型,例如 climbing butcher's broom、floating heart 等,仅有极少数诸如 pick-a-back plant 等,通过添加连字符的语法手段保留了动宾型构式。三是主谓、并列、后补等三种结构类型的植物名,汉英语占比都不高,说明喻体、本体之间比喻性陈述的表达方式较少,本体词、喻体词以"词性相同、地位平等、主次不分"形式进行组合的情况也少见,且含"人"概念植物名的词汇化特征明显,需要喻体概念补充说明的成分不多,短语式表达不常用。汉语的主谓、并列、后补式结构类型占比略高,这是因为"人"喻体概念的来源略广、组成分布略多,也间接反映出汉语人隐喻植物名的数量大于英语。

第二节　汉英"人喻植物"词语的喻体类型及概念内容对比

汉英语中,"人"概念映射植物概念的复合型植物名的词语表现形式有两种:一种是"人概念种名＋植物属类名",另一种是仅用"种名"描述人概念。这两种词语形式的投射路径都是从源域"人"指向靶域植物。分析汉语235 个和英语 219 个"人喻植物"常用植物名,发现两者共享大多数源域"人"概念,除极少数为汉英语各自所特有、表现出相互空缺的现象外,整体上表现出"同异并存"、"同"大于"异"的现象。对汉民族和英吉利民族来说,生活环境中的植物已不再是单纯生物意义上的存在物,而是具有"人"的特征的事物,它具有人的称谓、形貌、器官和组织,拥有亲属或者社会关系、表现出人的特定状态等,反映出人类认知植物过程中的"拟人化"倾向。

一、"人喻植物"10 种喻体类型

现将汉英"人喻植物"词语中 10 种喻体类型及其相应概念内容归类列举如下(省略极少数喻体词完全一致、本体词不同的词语)。

(一)喻体为人的身体部位、器官或组织等概念

汉语中有两头挈、发菜、口蘑、眉豆、耳朵草、人面子、面楮子、指甲花、五

指柑、铁拳头、牙齿草、凹唇姜、舌头菜、舌叶花、矮脚蕉、肺筋草、血藤、肾蕨、一口血、奶花草、老君须、乳浆草、树腰子、乳茄、乳粉果、脐橙、千年不烂心、人心果等植物名,具体的"人"有头、发、面、耳朵、手指、须、指甲、拳头、口、眉、牙齿、唇、脚、舌、腰、肾、血、肺、奶/乳、乳浆(乳粉)、(肚)脐、心等23种概念;英语中有 maiden hair fern(少女发蕨——掌叶铁线蕨)、ear drops(耳坠——吊钟花)、eyebright(眼亮草——小米草)、lady's tresses(女士的长发——授草兰)、mouth-smart(嘴巧——舌唇兰)、lady's finger(女士的手指——秋葵)、blue beard(蓝色胡子——蓝色矢车菊)、blackheart(黑心——心形黑樱桃)、ribwort(肋骨草——长叶车前草)、liverwort(肝脏草——地钱)、floating heart(漂浮的心——金银莲花)、kidney beans(肾豆——四季豆)、blood flower(血花——红花)、chestnut(胸部坚果——板栗)、finger grass(手指草——鸡爪草)、five finger(五指——五叶地锦)、great-headed garlic(大头蒜——大头蒜)、lip fern(唇蕨——川姜黄)、nipplewort(乳头草——稻槎菜)、tongue leaf(舌叶——舌叶花)、tongue orchid(舌兰——舌兰)、toothwort(牙齿草——石芥花)、bladderwort(膀胱草——狸藻)、lungwort(肺草——疗肺草)、nerve-leaf podocarpus(神经叶罗汉松——脉叶罗汉松)等植物名,汉语中具体的"人"有人参、head(头)、hair/tress(发/长发)、ear(耳朵)、eye(眼睛)、finger(手指)、beard(胡须)、mouth(嘴)、lip(唇)、tongue(舌)、tooth(牙齿)、nipple(乳头)、chest(胸)、rib(肋骨)、blood(血)、liver(肝脏)、kidney(肾)、lung(肺)、bladder(膀胱)、heart(心)、nerve(神经)等20种概念。

(二)喻体为抽象的人、人的形貌、性别等概念

汉语中有人参、人苋、女菀、女娄菜、胖竹、秃杉、美人蕉、人字草、油头菜、歪头菜、白头翁、白头婆、光头稗子、大头蒜、黑头草、和尚头花、矮脚三郎、独脚莲、赤脚草、长脚蕉等,具体的"人"有抽象的人、女性、胖、秃、美人、人字形、油头、歪头、白头、光头、大头、黑头、和尚头、矮脚、独角、赤脚、长脚等17种概念;英语中有 baby rose(婴儿蔷薇——野蔷薇)、dwarf pine(矮人松——欧洲山松)、bachelor's button(光棍的纽扣——矢车菊)、Job's tears(约伯的眼泪——薏苡)、beauty bush(美人灌木——猬实)、pigmyweed(矮人草——东爪草)、pigmy sword fern(矮人剑蕨——肾蕨)、great-headed garlic、lady fern（女士蕨——蹄盖蕨）、woman's tongue（妇人之舌——大叶合欢）、lady's mantle（淑女的斗篷——羽衣草）、ladybells（女士铃铛——钓钟人参）、lady slipper（女士拖鞋——带叶兜兰）、man orchid、dame wort（女爵士草——大独叶草）等，具体的"人"有 baby（婴儿）、beggar（乞丐）、dwarf（矮人）、bachelor（光棍）、tears（眼泪）、beauty（美人）、great-headed（大头）、lady（女士）、man（男人）、dame（女爵士）等 10 种概念。

（三）喻体为人名、官名或人的称谓、詈词等概念

汉语中有诸葛菜、徐长卿、防风、黄精、杜衡、张天刚、陆英、刘寄奴、刘海节菊、使君子、何首乌、防己、杜若、商陆、杜仲、何树（何氏之树）、虞美人花、湘妃竹、何氏凤仙、文旦、姑氏凤梨、葛公菜、红孩儿、红小姐、祁婆藤、苹婆、奴柘、伯乐树、都邮、都管、王孙、王瓜、霸王鞭、一品红等，具体的"人"有人名、身份、社会称谓、性别、才华等五种概念；英语中有 St John's wort（圣约翰草——金丝桃）、flower-de-luce（路易斯花——鸢尾花）、Benjamin tree（本杰明树——避邪树）、Armand pine（阿曼德松树——白松）、Henry maple（亨利槭树——三叶槭）、Jimson weed（吉姆森草——曼陀罗草）、Adam's laburnum（亚当毒豆——拉巴豆）、Alexandrian laurel（亚历山大桂树——琼崖海棠树）、Angelica tree（安杰莉卡树——楤木）、Bentinck's palm（本廷克棕榈——山棕）、Barbara's herb（芭芭拉草——山芥）、David maple（大卫槭树——青榨槭）、Franklin tree（富兰克林树——北美红杉）、Helen's flower（海伦之花——堆心菊）、Isaac and Jacob（艾萨克和雅各布——紫花西番莲）、lords and ladies（勋爵与贵妇——斑叶阿诺母）、Joseph's coat（约瑟夫的外套——莲子草）、St Paul's wort（圣保罗草——粘糊菜）、St John's wort（圣约翰草——贯叶连翘）、Wilson willow（威尔逊柳——河柳）、Queen lily（女王百合——绿尖石蒜）、governor's plum（总督李——刺篱木）、king's crown（国王的王冠——珊瑚花）、princess palm（公主棕——飓风棕）、bastard acacia（混蛋金合欢——刺槐）、bastard balm（混蛋香油——香蜂草）、bastard agrimony（混蛋龙牙草——乳浆龙牙草）等，具体的"人"有人名、人的身份、社会称谓、性别、詈词等五种概念。

（四）喻体为人的职业、能力、贡献或者荣誉等概念

汉语中有预知子、千里及、十大功劳、转子莲、益智子、无患子（可除魔杀

鬼)、百子莲、延龄草等,包含预知、路远可达、转子、益智、不用担忧、百子、延缓年龄生长等 7 种具体的"人"或"事物"概念;英语中有 Bishop's mitre(主教的教冠——唢呐草)、butcher's broom(屠夫的扫帚——假叶树)、beggar's ticks(乞丐身上的虱子—鬼针草)、beggarweed(乞丐草——山蚂蝗)、enchanter's nightshade(巫师茄——露珠草)、foll's parsley(信徒的香草——洋茴香)、gallant soldier(英勇战士——牛膝菊)、monk's hood(僧侣的风帽——乌头根)、dusty miller(满身灰尘的碾磨工——雪叶莲)、glory-of-the-snow(雪之光荣——雪光花)、glory bush(光荣灌木——野牡丹)、glory pea(光荣豆——穗花矮树)、hooker's hollyfern(妓女冬青蕨——贯众)、hooker begonia(妓女秋海棠——四季秋海棠)、shepherd's purse(羊倌的钱包——荠菜)、herald's trumpet(传令官的喇叭——清明花)等,具体的"人"有主教、屠夫、乞丐、巫师、信徒、战士、僧侣、碾磨工、荣誉、妓女、羊倌、传令官等 12 种概念。

（五）喻体为人的心态、爱情或者美好愿望等概念

汉语中有远志、及己、甜远志、当归、如意草、吉祥草、望江南、莲生桂子花(连生贵子)、相思子、吉利子树、无忧树、勿忘我、发财树、福寿草、万寿菊、千岁兰等,包含远大志向、自我反思、友谊、祝颂、期盼、思念/相思、精神境界、财富、寿命等 10 种美好愿望及情感思想;英语中有 forget-me-not(勿忘我——星辰花)、touch-me-not(别碰我——凤仙花)、kiss-me-over-the-garden-gate(越过花园大门吻我——红蓼)、love grass(爱草——金须茅)、love-in-a-mist(薄雾中的爱情——黑种草)、luckynut(幸运坚果——黄花夹竹桃)、paradise plant(天堂植物——水杨柳)、tree of heaven(天堂树——臭椿)、love-lies-bleeding(爱在流血——老枪谷)、blessed thistle(圣蓟——藏掖花)、goodluck palm(好运棕榈——袖珍椰子)等,包含相思、抗拒、亲昵要求、爱情、祝颂、愿望等 6 种情感思想。

（六）喻体为人的气质节操、品格魅力等概念

汉语中有女贞、烈节、君子兰等,表达了女子的贞洁、忠烈、德行等三种概念;英语中有 chaste-tree(纯洁树——牡荆树)、fame-flower(声誉花——土人参)、love charm(爱魅力——连理藤)、noble sancherzia(高贵的爵床——黄脉爵床)等,表达了纯洁、声誉、魅力、品格等四种概念。

（七）喻体为人的神情、行为、状态或者态度等概念

汉语中有独活、文冠果、含羞草、含笑、含笑草、喝呼草、合欢、急性子、笑靥花、扶郎花、睡莲、怕痒花、迎春花、光棍树、老来少、无娘藤、王不留行等，包含神态/神志、性格、互助、生活/婚姻状态、迎送行为、"失恃"状况、态度等7种概念；英语中有 busy Lizzie（忙碌的莉齐——凤仙花）、black-eyed Susan（黑眼苏珊——多毛金光菊）、baby's breath（婴儿的呼气——满天星）、baby's tears（婴儿的眼泪——绿珠草）、blush wort（脸红草——口红花）、naked boys（裸身男孩——秋水仙）、widow's tears（寡妇泪花/孀泪花——鸭跖草）、the mournful-widow（悲哀的寡妇——荒漠蒲公英）、crazyweed（疯子草——沙棘豆）、madwort（疯草——糙草、马兜铃草）、merry-bells（快乐铃——垂铃草）、naked ladies（裸体女士——秋水仙）、obedient plant（顺从植物——假龙头花）、panic grass（恐慌草——稗草）、peace lily（和平莲——睡莲）、rapture wort（狂喜草——迷魂草/跳舞草）、sensitive fern（敏感蕨——球子蕨）、sensitive plant（敏感植物——含羞草）、weeping willow（哭柳——垂柳）、sleepy mallow（昏昏欲睡的锦葵——不夜城芦荟）、traveller's tree（旅行者之树——旅人蕉）、tree of sadness（悲伤树——夜花）、dumb cane（哑巴藤——花叶万年青）、farewell-to-spring（告别春天——晚春锦）、mind your own business（管好你自己的事——指甲草）等，包含婴儿的呼吸、婴儿的眼泪、脸色、裸身男孩、寡妇眼泪、情绪变化等6种概念。

（八）喻体为人的生死、年龄、亲属关系、社会关系等概念

汉语中有金兰、知母、贝母、火炭母草、山慈姑、十姊妹、公孙桔、老婆布、婆婆枕头、毛女儿菜、女儿茶、女儿红、慈姑、寄母、杓儿菜、子孙球、姑婆芋、贯众、重阳木、清明花、施州小儿群、家莒荬、九子不离母、落新妇等，包含血缘关系、亲属关系、婚姻关系、社会情怀、节日、投靠等5种概念；英语中有 motherwort（母亲草——益母草）、mother-in-law's tongue（婆婆之舌——千岁兰）、mammee apple（妈咪苹果——马米杏）、granny's bonnet（奶奶的帽子——耧斗菜）、grama grass（姥姥/奶奶草——垂穗草）、masterwort（牧师草——大星芹）、bridewort（新娘草——绣线菊）、darling pea（）宝贝豆——苦马豆）、birthwort（出生草——马兜铃）、death camas（死亡百合——棋盘花）、Christmas bells（圣诞铃——火铃花）、Christmas berry（圣诞莓——柳石

楠)、fiesta flower(节日花——韶光花)、society garlic(社交蒜——紫娇花)、youth-and-old-age(青老年——百日菊)等,包含血缘关系、亲属关系、婚姻关系、工作关系、生死、年龄阶段、节日、社会等8种概念。

(九)喻体为人的祸福、健康或身体医治等概念

汉语中有墓头回、锁阳、合掌消、铁骨散、血见愁、急急救、和血丹、还魂丹、透骨草、活血丹、消风草、筋骨草、见血青、见肿消、临时救、救命王、钻骨草、顺筋藤、内风消、草血竭、骨碎补、还阳草、寻骨风、内风藤、透骨消、解读子、大发汗藤、透骨钻、补骨脂、无漏子、卖子木(买子木)、接骨木、见血封喉草、断肠草等,包含让人起死回生、致人快速死亡、锁住人的阳气、骨头治疗、血液治疗、经络治疗、身体能量补充、孕妇安胎等 8 种概念;英语中有baneberry(祸根浆果)、lyme grass(莱姆病草——赖草)、goutweed(痛风草——羊角芹)、feverwort 等包含引起人的祸事之物、疾病、发烧等 3 种概念。

(十)喻体为幻想或者神话中的"人"概念

汉语中有鬼都邮、鬼见愁、仙茅、四大天王、观音座莲、仙人过桥、二仙草、佛指甲、雷公凿、天蓬(天神名)草、佛甲草、水仙、仙人草、威灵仙、天仙藤、九仙子、佛见笑、八仙花、凤仙花、佛手兰、佛桑、佛肚竹、海仙花、天师栗、佛桃、罗汉松、醉仙翁草、九死还魂草、鬼针草、鬼点灯、鬼箭树、观音竹、老君须、天女木兰、天人菊、仙客来等,包含幻想的鬼、仙、观音、佛、罗汉、天人等六种概念;英语中有 angel's wings(天使的翅膀——花叶芋)、Judas tree(犹大树——紫荆)、Venus' hair fern (维纳斯的头发蕨——铁线蕨)、Venus'looking glass(维纳斯的眼镜——魔镜秋海棠)、Aaron's beard(亚伦的胡须——木槿)、fairy lily(精灵百合——黛玉花)、Solomon's seal(所罗门的印章——玉竹)、Christ's thorn(基督刺——刺枣树)、ghost orchid(鬼兰——裂唇虎舌兰)、Hercules all heal(赫尔克里斯都康复——愈伤草)、Jacob's rod(雅各布之杖——日光兰)、Jesuit's bark (耶稣会树皮——金鸡纳树)、sacred bark(圣树皮——金鸡纳树)、Cupid's dart(爱神丘比特的飞镖——兰箭菊)、ghost weed(鬼草——银边翠)、devil's bitscabious(魔鬼的小块山萝卜——山萝卜)、devil's ivy(魔鬼常春藤——绿萝)、devil's head in a bush(灌木中的魔鬼头——黑种草)等,包含众神、天使、魔鬼、救世主、信

徒、神圣性以及幻想的鬼等 7 种概念。

二、汉英"人"喻体概念的共性表现

下面,我们基于以上 10 种类型探讨汉英"'人'+(植物)"型隐喻植物名人域向植物域投射的共性表现。

(一)喻体是人的外部身体器官

在认知植物的过程中,首先进入眼帘的是其形态、颜色等外部特征,因此,命名者自然将植物的外部特征与人的某些外部特征联系起来,以人的头部形象、外貌形状、手足四肢等映射植物的外部形象,创新形成表达植物概念的名词,例如汉语中的白头翁花、黑头草、赤脚草、人面竹、大头蒜、凹唇姜、独脚莲、合掌草、手掌花、指甲花、发菜、口蘑、眉豆、舌状花、耳朵草等;英语中的 maiden hair fern、ear drops、eyebright、lady's tresses、mouth-smart、five finger、blue beard、toothwort、great-headed garlic、woman's tongue、bearded iris 等。

虽然在概念层面上汉英语都有"人的身体喻植物"这一投射,但在具体的器官的选取范围及对其特征的关注方面,它们之间还是存在一定的差异,表现为汉语植物名选取外部器官词的范围更大,对外部器官特征的关注度、熟悉度更高。汉语既有头、脸(面)、眉、唇、发、口、舌、耳等表达头部形象概念的词,也有面、眉、须、拳头、脚、指甲等表达面部器官以及手、脚形象概念的词,还有表达身体中间部位的腰、肚脐等形象概念的词,取象概念范围几乎包括了所有外部身体器官和组织,而英语仅有头、发、眼、口、耳、齿、舌、指、唇、胡须等表达面部器官以及手指形象概念的词,无脚、腰、肚脐类形象概念的词,外部取象概念范围略小于汉语。在汉英植物名中,都存在器官词前加修饰性形容词的现象,以表达一定的主观态度或感情色彩,如赤(脚草)、独(脚莲)、黑(头草)、凹(唇姜)、大头(蒜)/ great-headed garlic、铁(拳头)、蓝胡须(blue beard)等;但在英语植物名中,还存在器官词后加修饰限定词的现象,如眼明亮的(eyebright)、嘴巧的/嘴聪明的(mouth-smart),以及器官词前冠以"人"所有格,如 lady's(tresses)、woman's(tongue),表现出对器官的性质特征和属性的关注,对喻体概念的认知程度相对更进一层。

（二）喻体是内部身体组织或者器官

基于对植物功用的体验，汉民族和英吉利民族还透过植物的外部特征，进一步把人体内部组织或者器官的各种状态以及伤害和康复体验喻为植物，例如汉语中的散血草、接骨草、透骨草、硬骨草、断肠草、人心果、见血封喉草等；英语中的 blackheart、ribwort、liverwort、bleeding-heart、floating heart、kidney beans、bloodroot、lungwort、bladderword 等。虽然同样是用人体内部组织、器官喻植物，但显然，汉语名凸显植物对人体的药用医治功效，英语名则注重植物的颜色、形状与人体的相似性。这是因为中国自古就是一个以农耕为主的国家，植物的药用历史悠久，日常生活中人们讲究"药食同源"，善于利用植物的药用功效，在语言上与人体伤害以及治疗有关的概念自然更容易映射在植物概念中。而英国是海洋和畜牧大国，人体医治主要依靠西医，植物的药用价值较少受到关注，仅有少量抽象描述发生在人体器官组织中的疾病概念喻体，如发热、痛风等。因此，英语植物名中的"人"概念多表现为组织或者器官的直接描写。

（三）喻体是特殊人群的形貌

在人的世界里，某类特殊人群的形貌或身体器官总是受到较高的社会关注。自然界有些植物的形象特殊，留给人的印象非常深刻，就像社会中的某些特殊人群一样。因此，汉民族和英吉利民族便用显著度较高的外形面貌或者身体器官来喻指植物，例如汉语中的虞美人花、和尚头花、歪头菜、美女樱、美人蕉、矮脚三郎、胖竹、秃杉等；英语中的 baby rose（婴儿蔷薇——野蔷薇）、dwarf pine（矮人松——欧洲山松）、bachelor's button（光棍的钮扣——矢车菊）、beggar's ticks（乞丐身上的虱子——鬼针草）、lady's mantle（女士的斗篷——铺地锦）、baby's breath（婴儿的呼气——满天星）、baby's tears（婴儿的眼泪——绿珠草）、Job's tears（约伯的眼泪——薏苡）等。显然，汉语更关注人的外部特征或者整体形貌，而英语则将关注点放在人体释放的物质或人身上的附着物上，如眼泪、呼气。这一点在汉语中比较少见，在目前掌握的文献中也尚未发现与此点相符的例词。

（四）喻体是人名

人名是人的社会符号，人的性格特点、职业声望、品行名誉以及擅长的某个方面等共同构成了人的社会形象。人名就是"人"本身，中外莫不如此。

因此，汉民族和英吉利民族都将人名隐喻植物，例如汉语中的祁婆藤、湘妃竹、柏乐树、刘海节菊、徐长卿(草)、刘寄奴(草)、何首乌草、杜仲、陆英等；英语中的 St John's wort(圣约翰草——金丝桃)、flower-de-luce(路易斯花——鸢尾花)、Benjamin tree(本杰明树——避邪树)、Benjamin fig(本杰明无花果树——垂叶榕)、Armand pine(阿曼德松树——白松)、Henry maple(亨利槭树——三叶槭)、Jimson weed (吉姆森草——曼陀罗草)等。值得注意的是，表达亲族来源的"姓氏"虽然并不指代人的社会形象，但在汉语植物名中也被当作某一类人投射到植物中，如诸葛草、公孙树等。这可能与中国古代长期的帝王统治有关：在中国传统文化里，一个人的姓氏常常暗示着其社会地位、社会关系，"赐姓"就是古代帝王嘉奖有功臣民的重要方式。

(五)喻体是人的某个特定时刻的状态或者对某一类人的评价

人在某个特定时刻的状态、对某一类人的评价等也是"人"的形象的反映。描述人、评价人的状态自然附有一定的感情色彩，汉民族和英吉利民族也将这种带有感情色彩和主观态度的对人的描述、评价投射到一些植物上，使得所命名的植物形象生动、逼真如人，例如汉语中的含羞草、急性子、独活、笑靥花、文冠果等；英语中的 busy Lizzie(忙碌的莉齐——凤仙花)、black-eyed Susan (黑眼苏珊——多毛金光菊)、blush wort(脸红草——口红花)、dusty miller(满身灰尘的碾磨工——雪叶莲)、naked boys(裸身男孩——秋水仙)、weeping willow(哭柳——垂柳)等。尽管都是对人的评价，但汉语植物名中的"源域"描述更为抽象、模糊，评价的主观性显得更强；而英语植物名中的"源域"描述更为具体、明确，评价的客观性显得更强。

(六)喻体是人际关系、社会关系

人总是生活在各种关系之中，亲属是主要的社会关系。有些植物实体之间的生长就像人际的亲属关系一样。因此，汉民族和英吉利民族都有以家人、亲属称谓或者与此相当的描述喻指植物的现象，例如汉语中的知母、女儿花、寄母、红姑娘果、姑婆芋、慈姑花、子孙球、七姊妹花、九子不离母、落新妇等；英语中的 mother wort(母亲草——益母草)、mother-in-law's tongue(婆婆之舌——花叶万年青)、granny's bonnet(姥姥/奶奶的帽子——楼头菜)等。"人"的动态体现在社会交往之中，而社会交往离不开社会关系称谓，社会关系反映出人与人之间的角色与权势关系，传递出尊敬或者轻视等感情色彩,例如汉语中的文林郎果、文官果、虞美人花、君子兰、越王头、使君子等,英语中的 butcher's broom(屠夫的扫帚——假叶树)、lords and ladies(勋爵与贵妇——斑叶阿诺母)、the mournful-widow(悲哀的寡妇——荒漠蒲公英)、dame's violet(女爵士的紫罗兰——紫花南芥)、dame wort(女爵士草——大独叶草)、bride wort(新娘草——绣线菊)、governor's plum(总督的李子——刺篱木)、king's crown(国王的王冠——皇冠郁金香)、princess palm(公主棕——白网籽棕)等。汉英语名中都有面称词和背称词。但是,中国传统文化注重社会等级,讲究人际的礼貌、尊敬,汉语的社会关系称谓比英语的复杂得多,用于喻指植物的词语也要丰富得多。

(七)喻体是神话或者想象中的"人"

中西方文化都有自己的神话故事和民间传说,其中的神话人物实际上是人的化身,在具有超凡力量的同时,也具有人的性格和特征。因此,汉民族和英吉利民族都将神话故事和民间传说中的人物隐喻投射到植物上,例如汉语中的观音莲,罗汉竹、醉仙翁草、凤仙花、八仙花、玉皇李、仙客来花等;英语中的 angel's wing、Judas tree、Venus's hair、Venus's cup、Aaron's blood、Aaron's beard、fairy lily、Solomon's seal 等。居于"存在大连环"五大层级之首的是神话或者幻想中的"人",然后是人,而神话或者幻想中的"人"实际上又是以真实世界中的各类人为原型的,是人的化身。因此,汉英语都有以"神""仙"人物概念喻指植物概念的表现。此外,植物名鬼针草、鬼点灯、鬼箭树、ghost tree、ghost weed、ghost orchid 中的"鬼",在汉语的民俗文化中也属于"人"概念,其隐喻映射可以归入此类。

(八)喻体是寄寓美好愿望的"人"

人们对幸福具有共同的追求心理,中西方文化都希望亲人后代健康无忧、爱情温馨甜蜜、友谊天长地久,这种人类共有的心理也反映在对植物的认知命名中,即将所寄寓美好愿望的对象喻作植物,例如汉语中的吉祥草、无忧树、福寿菊、相思树、无患子、勿忘我等;英语中的 forget-me-not、paradise plant、kiss-me-over-the-garden-gate、love charm、love grass、love-in-a-mist、goodluck palm 等。略有不同的是,汉语侧重家人后代的平安幸福,英语侧重个人的生活好运。

三、汉英语"人"喻体概念的个性表现

基于人类共同的感知觉器官，汉民族和英吉利民族在命名植物时虽然遵循相同的"拟人化"认知路径，创设出诸多相同的隐喻投射，但由于民族文化背景、生态观念、地域面貌以及植物种类的差异，"植物是人"的复合型植物名所表现的隐喻投射在汉英语之间也存在诸多差异。

（一）汉语特有的"人"概念隐喻投射

第一，源域是不外露的外部身体器官。对于人的外部身体，除了日常裸露在外的器官外，还有一部分属于身体隐私，一般在社会生活中是不外露的。西方文化一贯注重保护隐私，忌讳提及个人不外露的身体部位，而中国传统文化似乎没有"隐私权"这一概念，人们在日常交往中比较无视自己或者他人的隐私（杜学增，1999：205-206）。因此，汉民族也将不外露的外部人体器官或者组织用来喻指植物，如腰果、乳茄、奶树、粉乳果、脐橙等，英语中则相当少见。

第二，源域是人的表情、行为。"人"的情感通过各种各样的行为动作表达出来，人的性格特点反映在表情和举止中。基于对"人"的这一特性的认知，人们便用人的表情、行为、性格来喻植物，如扶郎花、合欢树、买子果、含羞草、含笑草、睡莲、怕痒花、急性子等。英语中此类隐喻植物名较为罕见，"植物与人类性格的映射关系，汉语较英语多见"（陈映戎，2015：41）。

第三，源域是医治人体的概念。汉语植物名，如大发汗藤、救命王、散血草、接骨草、还阳草、急急救、九死还魂草等，"源域"是治疗人体器官或者组织的概念，这是汉语中医文化传统在植物命名中的具体反映，也是古代中国人认识植物、使用草药祛除病痛的语言记录。西方国家广泛信奉和使用西医，直接表达治疗人体功效的隐喻植物名在英语中较为少见。

（二）英语特有的"人"概念隐喻投射

第一，源域是"魔鬼"的概念。有些植物的形状、颜色、性态、滋味等外部属性较为奇特，难以在"人"的真实形象和现实生活中找到与之匹配的对应概念。因此，英吉利民族便用较为模糊的"人"形象——现实中不存在、仅在幻想中存在的"魔鬼"形象来映射此类不易准确把握其外部属性的植物，如devil's bit、devil's milk、devil's tongue、devil's club、devil wood、devil's ivy、 devil's head in a bush 等。汉语中与此类映射较为接近的植物名是鬼针草、鬼点灯,但在词义上,汉语的"鬼"相当于英语的"ghost",而不是"devil",因此源域是"魔鬼"的概念是英语植物名中的特有现象。

第二,源域是"职业"的概念。英语还将表达社会分工的一些职业概念跨域映射植物概念,体现出中世纪以及近代社会以来英国先进、多样的行业分工和职业称谓,例如 bishop(主教)、butcher(屠夫)、beggar(乞丐)、enchanter(巫师)、soldier(战士)、miller(碾磨工)、shepherd(羊倌)、herald(传令官)等。汉语中仅有表示官职概念和远离世俗生活的僧侣类概念词,如都管、和尚,这两类喻体概念在英语中也存在。

第三,源域是"骂人"的概念/詈词。英语还将人在生气、发怒状态下说的骂人概念内容映射到植物概念上,体现出其隐喻表达的直接性,如 bastard(混蛋)。

基于目前已有的语料,尚未在汉英复合型植物名中发现更多相互空缺的"人"概念隐喻投射。

第三节 汉英"人喻植物"词语本体类型及分布对比

"人喻植物"词语的喻体概念是"人",本体概念是植物,这类植物名由源域概念向靶域概念的跨域隐喻映射形成,其构词形式有两种:一种是表人概念名与表植物概念名同存;另一种是仅表人概念名出现,且人概念名本身就是复合型的词语,表达式为人的概念名/喻体名 +(零)植物的概念名/本体名。对上文汉语 235 个和英语 219 个"人喻植物"类复合型植物名进行归类统计,从植物本体表现来看,在属类概念上大致相同,在种类概念上存在一定差异(见表 5-2)。

表 5-2　汉语本体概念名及数量分布(从多到少排序)

本体名	草	树/木	菜	莲	花	藤	菊	竹	兰	果	蕉	瓜	合计
数量	29	11	9	8	7	6	5	4	4	3	2	2	90

　　此外,数量为 1 的本体名有 20 个,它们是豆、蕨、槠子、柑、橙、桔、芋、苣荬、茅、水仙、栗、桃、松、蒜、姜、稗子、凤梨、文旦、杉、苋等。剩下的 125 个均属于"零本体"式复合型植物名,由表"人"概念词直接描述植物概念,生成隐喻性植物名。暂未发现直接使用根、枝、叶属类名的本体概念词,只出现根、叶属类名的下义本体概念词。

　　我们再看英语 219 个"人喻植物"类复合型植物名的本体分布情况。根据各个不同本体概念的数量,我们将它们分成 3 种类型并以列表或文字形式来分析和表达:一是对于数量为 3 或 3 以上的本体概念名(合计有 72 个),进行列表析出;二是对于数量为 1 或 2 的本体概念名(合计有 15 个),以文字列举表述;三是数量为 0 的"零本体"复合型植物名(合计有 132 个)(见表 5-3),不加以赘述。

表 5-3　英语本体概念名及数量分布(从多到少排序)

本体名	树/木(tree/wood)	草grass/weed/wort	花flower	浆果berry	百合lily	豆bean/pea	蕨fern	兰orchid	棕榈palm	松pine	灌木bush	坚果nut	合计
数量	17	10	8	7	6	5	5	4	3	3	3	3	72

　　此外,数量为 1 或 2 的本体名有 15 个,它们是根(root)、藤(vine)、叶(leaf)、莲(lotus)、茄子(eggplant)、蒜(garlic,2)、蓟(thistle)、植物(plant,2)、紫罗兰(violet)、李(plum)、芹(cress/parsley,2)、秋海棠(begonia)、常春藤(ivy)、茴香(parsley)、苹果(apple)等。剩下的 132 个均属于"零本体"式复合型植物名。

　　将表 5-2 和表 5-3 中的数据进行分析对比,可以得出以下几个方面的结论。

　　第一,排在前两位的都是表示植物属类概念的名词"草"和"树"。这说明汉民族和英吉利民族对各自地域中生长的草、树类植物最熟悉,其认知经验中"草"和"树"的形态特征和意象概念最丰富,从一个侧面折射出中、英两国草和树两种科属或者生命形态的植物最多。

　　第二,排在第三位的本体词,汉语为"菜",英语为"花",但在人隐喻的植物名中,英语未见"菜"概念词。这说明与"花"相比,"菜"类植物概念在汉民族的认知经验中具有更高凸显度,折射出在汉民族的日常生活中"菜"的形态及其实物参与度高于"花",即可以有"花",但也不会没有"菜";而英吉利民族则对"花"类植物概念具有更高的认知经验,其日常生活中"花"的形态及其实物参与度远远高于"菜",即也许无"菜",但不会没有"花"。

第三,排在第四、第五位的本体词,汉语为"莲""花",英语为"浆果""百合"。这说明"莲"和"花"也是汉民族认知经验和日常生活中较为常见、熟悉的植物形态和实体概念,其特征凸显度仅次于草、树、菜;而"浆果""百合"则是英吉利民族日常生活中较为常见、熟悉的植物形态和实体概念,其特征凸显度仅次于草、树、花,且"百合"为"花"的种类之一,折射出英吉利民族对"百合花"的接触了解和生活需求(诸如采摘、种植、装饰、赠送或贸易等)高于其他类花。

第四,本体名"兰"的数量在汉英语中都为"4",说明兰花在汉民族和英吉利民族的生活和认知中都具有较高频率的接触和使用,折射出两个民族对兰花的形态、习性、香味、寓意等特征具有一致的关注度和审美倾向。

第五,除了草、树、花、兰之外,汉英语相当或者相同的本体名有蕨、豆、莲、蒜、松、藤、果、栗、橡子等8种,其中,汉语中的"果""栗""橡子""豆"在英语中的对应为"坚果""浆果""豆""豌豆"。这说明这8种植物的形态、功用等特征及其实体概念在汉民族和英吉利民族的生活经验和认知理解中具有相同性。

第六,汉语有、英语无的本体名包括菜、蕉、竹、瓜、菊、橡子、柑、橙、桔、芋、苣荬、茅、水仙、桃、姜、稗子、凤梨、文旦、杉、苋等20种。其中,芋、姜为"根"的下属概念词,菜、苋为"叶"的下属概念词,橡子为"坚果"的下属概念词,芋、姜、菜、苋、橡子的概念表现更为具体化。

第七,英语有、汉语无的本体名包括灌木、植物、棕榈、百合、根、叶、茄子、蓟、紫罗兰、李、茴香、苹果等12种。百合、紫罗兰为"花"的下属概念词,茄子、茴香为"菜""果"的下属概念名。

以上所有的本体概念词统一属于"植物"概念词。这说明汉英语中人喻体投射的植物本体概念既存在高度共性,又相互交叉、各有千秋,折射出中、英两国所生长的植物具有较高程度的一致性,从侧面反映出汉民族和英吉利民族在生活经验积累和植物认知与理解上具有相当的同一性和细微差别。总体来看,在人喻体映射的植物本体范围及其植物概念精细度上,汉语大于和高于英语,一些仅在汉语中出现的种类和变种类本体植物概念折射出汉语命名者的农耕文化背景、植物特色和食物特色。例如,"稗子"是一种伴生于水稻田间的常见杂草,农民为了使水稻更好的生长,一般都会将其拔除,故稗子概念也在人喻体的映射目标域中;"竹"是中国地域原产的植物形态,英国及欧洲其他国家的多数地方并无该种植物生长,故英语人喻体的目标域中无竹概念出现;"苣荬"为中国食用历史悠久的一种野菜,也是一味中草药;生长于山间荒野的"茅",则是一种全身可用来造纸的原料,其根茎可做药材,等等。与汉语本体概念略有不同,英语的植物本体概念表现出相当具体而又极端笼统的两种情形,本体名词的词义存在模糊性与精确性共存的现象,其人喻体映射的目标域涵盖了该地域民间植物类别的两个端点概念,折射出当地命名者在植物概念细化及对个别具有"人"特征的植物实体的描述上不如汉语命名者细微。例如,植物(plant)、灌木(bush)等表示最顶端或者次顶端植物概念名,词义相当笼统,但均多次成为人喻体的目标概念,汉语中则无这两种本体名。

第四节　汉英"人喻植物"词语的认知机制分析

人类对世界万物的认知、命名是通过范畴化实现的。范畴化(Jackendoff,1985；Ungerer & Schmid,1996；钱冠连,2001；王寅,2007)是人类运用语言符号对周围世界进行分类,让客观实体和抽象存在物具有词汇意义(能指)的概念认知活动。具体在植物范畴化中就是植物实体和植物名通过认知概念连结为一体,即植物命名遵循"植物实体—概念—植物名"这样一个认知程序。《王阳明集·答季明德》曰:"人者,天地万物之心也。"离开了人,世界存在就缺少了认知主体,万物也就毫无概念可言。人是范畴化的实施者,基于"人"概念认知的植物范畴化表现为"植物实体—'人'—(复合)植物名"的方式,"人"是中间概念。

以上汉英语例词中的隐喻投射都源于"植物是人"这一概念隐喻,其共同点就是感知于植物与人在外部形态上存在的许多相似点,将植物实体的某个特征与"人"的特征联系起来,借用描述人的概念来命名植物。认知机制是将以"人"为核心的各种朴素认识用来建构植物实体纷繁复杂的概念域,例如上文列举的关于"人"外部形貌及其特征的观察、关于人体内部器官及其组织的定义、关于人及其社会关系的描述、关于人体医治的总结、关于人的特定形态及表情的记录、关于人所寄寓感情愿望的对象、关于人的化身的想象和思考等。植物早于人类而存在,但人类感知植物、形成植物概念是在采摘野果、攀爬树木、种收苗籽等原始的身体经验中获取的。在建立概念系统的过程中,人类以自我为中心,把源于身体的各种范畴投射到植物范畴上,把自己的体验引申到植物身上(Lakoff,1993)。通过整体审视"人"在汉英植物名中的隐喻投射可知,"人"作为源域主要投射到不同实体表现的植物域上,也就是从人的身体、情感、社会等各种感觉域(即"身")投向人的外部感觉经验域(即"植物")。人与植物互相关联,属于非植物范畴的概念(人的形貌、人体器官等)——"源域",与属于植物范畴的概念(花、草、根等)——"靶域",结合在一起组成新的植物概念,从而产生一个新的认知结果——复合型植物名。

但是,在概念化的过程中,"概念内容既是认知主体在感官驱动下对外部环境的反映,也包括人与环境长期互动而形成的多方面的主观经验反映"(Evans,2009)。汉民族和英吉利民族在地理环境和社会文化背景方面的差异决定了他们对植物实体的认知反映也会存在差异。"人"概念映射植物概念在汉英语中的差异,是汉民族和英吉利民族看待世界、认知植物、理解人与植物关系的社会文化心理不同所致。植物名经由"人"名隐喻形成,既展现出思维的创新、形式的生动,又让语言使用者在交际中对所指植物的形、色特征产生深刻的印象。由此来看,语言中的植物词之所以广为流传、经久不废,充满了极强的语用生命力,是因为隐喻性命名不仅切合民间植物认知分类的规律,而且在概念结构上具有"义—象"共存,在文化理据上具有"实至名归"的特征。

本章通过系统的对比分析,揭示了"植物是人"概念隐喻在汉英复合型植物名中的投射表现。研究结果表明,汉英"人喻植物"词语的喻体概念在人的形貌、器官、神态、亲属关系、身体医治以及幻想中的"人"等10个方面均有相同或者相似的映射表现,但具体"人"概念内容存在细微性的差别,且存在相互空缺、各显个性的喻体概念。植物"拟人化"是人类"以身喻物"认知方式的典型体现,含"人"概念的复合型植物名既是跨域映射的产物,又是"存在大连环"文化模式影响的结果。汉英语名中"人"的概念差异反映出汉民族和英吉利民族在地域环境和社会文化心理方面具有各自的特性。本章的研究内容也为莱考夫和特纳关于"植物是人"的概念隐喻在汉英复合型植物名中的映射表现提供了佐证。当然,由于汉英植物名数量繁多,且不乏生僻名,可能在非复合型植物名和未获选取的极个别复合型植物名中还存在个别"人"概念映射植物的隐喻现象。我们在后续研究中,除了关注那些个别尚未探讨的人映射植物现象之外,还将重点关注植物名中那些表达性别、年龄等不同人类范畴的词汇是否与植物实体概念存在某种对应关系,并从历时性角度探究汉英人喻植物认知发展的演进路径,以期为厘清更宏观的人体隐喻各类"他物"词汇的拓展路径提供拙陋参考。

第六章

汉英"动物喻植物"词语对比

　　动物与人类共享大自然，它们在外形、体态、活动习性和用途等方面的特征，都给人留下了深刻的印记，是人的经验知识和文化基因的一部分。在人们了解世界的认知扩展过程中，动物概念也是跨域映射其他事物的重要源域概念，语言中有各种各样的动物隐喻性表达。同拟人化隐喻一样，动物隐喻也是语言中的常见隐喻（束定芳，2000:54-55）。概括来说，汉英语动物隐喻大致可以分为三类：一是"动物喻人"词语，例如狐朋狗友、千里马、笑面虎、scapegoat（替罪羊）、pluck a pigeon（诈骗轻信者的钱财）、parrot fashion（鹦鹉学舌）、one swallow doesn't make a summer（一燕不成夏）等；二是"动物喻植物"词语，例如马齿苋、鹤草、狼毒花、狗尾巴草、dove orchid（鸽子兰——丰花月季）、cow tree（奶牛树——乳树）、dog's tooth violet（狗牙齿紫罗兰——山慈菇）、buffalo berry（水牛莓——水牛果）；三是"动物喻他物（除动植物外）"词语，例如羊角钉、老虎钳、鹰嘴锄、鸵鸟政策、dog-clutch（犬牙式离合器）、horse power（马力）、fox-sleep（假睡）、sheep hook（牧羊杖）等。这几类表达形成的方式是以动物隐喻非动物概念的其他物，在认知语言学上属于概念隐喻"动物是他物"（an animal is a non-animal）。

　　由于动物和非动物的他物彼此关联、相互共生于同一个"存在大连环"（Lakoff & Turner，1989:166）文化模式，借用动物词命名其他概念物的实质就是通过动物概念来理解和体验其他概念,从而满足人们扩充知识、创设词语的认知需要。通过对"存在大连环"模式的扩展,可以获得动物与人、植物及其他物等存在物发生明显关联的五个主要概念隐喻,它们分别是:人是动物(a human being is an animal)——以动物喻人,植物是动物(a plant is an animal)——以动物喻植物,动物是植物(an animal is a plant)——以植物喻动物、动物是物(an animal is a thing)——以(非动植物的)他物喻动物以及物是动物(a thing is an animal)——(非动植物的)物是动物。这五个上下关联性的概念隐喻又统归于以动物概念为联系支点的概念隐喻"动物是(非动物的)他物(an animal is a nonanimal thing)"。"动物是他物"概念隐喻涵盖各类以动物概念词为喻体映射动物之外概念的语言表达。参照"拟人化"隐喻的理解,含有动物喻体词的表达都可视作"拟动物化"隐喻。我们之所以能像借用人体概念一样,也将动物概念与非动物概念联系起来描述和命名事物,除了人类与生俱来的"近取诸身,远取诸物"的认识方式以外,还因为"存在大连环"文化模式的作用。因此,"拟动物化"隐喻表达实质上就是"存在大连环"文化模式下"动物是他物"跨域映射的结果。

各类含有动物概念词的隐喻表达实际上是概念隐喻认知作用于人的语言系统以及词汇创新机制的一种反映(Srinivasan & Rabagliati,2014)。在以动物概念为联系支点的概念隐喻中,"人是动物"和"植物是动物"两类隐喻表现最为常见,生成的词语最丰富,是探究动物隐喻词义特征、语际异同以及认知规律的代表性对象。迄今为止,学界关于动物隐喻的研究几乎都集中在概念隐喻"人是动物"的语言现象上(Rastall,1996;Hermanson & Plessis,1997;廖光蓉,2000;Goatly,2006;格特力,2007;苏筱玲,2008;项成东、王茂,2009),而对于动物隐喻植物——以动物词命名植物的问题,尤其是基于汉英植物名语料的概念隐喻"植物是动物"投射对比研究,目前罕见著述。实际上,汉民族和英吉利民族在命名植物的过程中,都习惯"将植物名与各种有名的动物名联系起来"(Skeat,1896;Ucar,2013),如孔雀草、鸡冠花、蝴蝶兰、龟背竹、rabbit-ear iris(兔耳朵鸢尾花——燕子花)、spiderwort(蜘蛛草——紫露草)、foxglove(狐狸手套——毛地黄)、goatweed(山羊草——羊角芹)等。"通过调查和考察各种各样的由概念隐喻生成的语言表达所反映出来的'文化模式',已经作为一种方法被成功地用于词汇范畴的研究"(Kraska-Szlenk,2014)。本章对汉英语中"动物喻植物"类复合型植物名作定量统计、语料考察和对比分析,并借助认知语言学、文化人类学的相关观点对"植物是动物"隐喻的认知机制进行归纳阐释。

第一节　汉英"动物喻植物"词语数量及喻体类型对比

我们从《植物名实图考校释》《木材出版社植物名词典》等词典中统计出汉英"动物喻植物"类复合型植物名,再去除极少数本体、喻体完全相同的重复植物名后得到汉英复合型植物名各 224 个。在此基础上,依据动物的自然类别并参照《汉英分类词典》对动物词的分类,将汉英语各 224 个植物名的动物喻体词分成家畜类、家禽类、野兽类、虫蛇类、鸟禽类、鱼和节肢类动物以及神话或者传说中的动物等 7 种类型,并分汉英语各自计算其所含动物概念的数量和比例,再对"动物喻植物"喻体概念的具体投射情况进行对比分析和阐释(见表 6-1)。为了更好地呈现英语植物名与所对应汉语名的称名异同,增强阅读的兴趣性,我们在 7 种类型的英语植物名中各选取 6～12 个,加以翻译,并列出其对应汉语植物名。

（一）含家畜类动物隐喻的植物名

汉语中有牛尾菜、牛尾草、牛尾蒿、牛金子、牤牛儿苗、九牛草、牛黄散、金牛草、黑牛筋、牛耳草、牛毛松、独牛、牛皮冻、牛皮消、牵牛子、牛鞭草、牛扁、牛奶子、牛角花、小黑牛、白牛槭、伏牛花、猪尾巴苗、猪腰子、猪苓、猪尾草,苦马豆、马齿苋、马芹、马甲子、马蓼、马鞭花、马鞭草、马蹄草、马勃、土马鬃、马尿花、马尿藤、马兜铃、马接脚、白马骨、铁马鞭、马兰、马樱丹、马银花、马藤、马椒、马棘、马尾松,淫羊藿、蜀羊泉、羊蹄草、羊矢果、羊奶子、羊桃、羊踯躅、羊耳蒜、九子羊、狗蹄儿、狗舌草、狗掉尾苗、狗椒、闹狗子、狗筋蔓、狗脊、狗肝菜,等等;英语中有 beefwood(菜牛木——木麻黄)、bristle grass(猪鬃草——猪毛草)、buffalo grass(野牛草——水牛草)、buffalo berry、buffalo nut、bullwort、cow tree(奶牛树——白蜡木)、cow wheat、cowbane、cowherb、cowslip、ox eye(公牛眼——茼蒿菊)、ox tongue(公牛舌——刚毛牛舌菊)、oxeye(公牛眼——蒂立灸)、oxeye daisy、oxtongue、hog peanut、hog plum、hog's fennel、hogweed、pignut、pigweed、sowbread、sow thistle、colt's foot(小马脚——款冬)、coltsfoot、mare's tail(母马尾巴——杉叶藻)、horse balm(马香油——马香草)、horse chestnut(马栗树——七叶树)、horse gentian、horse radish、horseradish tree、horseshoe vetch、horsetail、goat grass(山羊草——山羊草)、goat nut、goat's beard、goatweed、goat willow、goat's rue、lamb's succory、sheep laurel、sheep's bit、dog fennel、dog rose、dog grass、dog's tail、dog's tooth violet、dogbane、dogwood、golden dog's tail、hound's tongue、cat mint、cat's ears、cat's tail、pussy-toes、rabbitbush;等等。

(二)含家禽类动物隐喻的植物名

汉语中有鸡肠草、鸡肠菜、金鸡尾、鸡脚草、鸡儿头苗、鸡儿肠、鸡眼草、鸡矢藤、鸡血藤、伏鸡子根、鸡翁藤、金鸡腿、锦鸡儿、小鸡藤、鸡矢果、鸡骨常山、鸡冠花、鸡冠草、鸡项草、抱鸡母、鸡公柴、野鸡草、锦鸡尾、鸡爪槭、鸭舌草、鸭跖草、鸭蛋子、鸭子花、鸭头兰花草、野鸭椿、鹅抱蜓、鹅抱、鹅掌草、鹅莓,等等;英语中有 chick pea(小鸡碗豆——鹰嘴豆)、chickweed、cock's foot(公鸡脚——鸭茅)、cockscomb、cockspur、dove orchid(鸽子兰——鸽子兰)、dove tree、duckweed(鸭子草——浮萍)、gooseberry(鹅浆草——矮醋栗)、goosefoot、henbane(母鸡困扰——天仙子)、henbit(母鸡点——宝盖草)、rooster comb(公鸡冠——野堇菜);等等。

(三)含野兽类动物隐喻的植物名

汉语中有鹿藿、鹿蹄草、鹿角菜、鹿茸草、鹿衔草、鹿角草、鹿葱、象鼻草、象鼻藤、象头花、象牙参、象牙树、猕猴桃、猴面花、猴尾木、虎杖、虎尾草、老虎刺、搜山虎、老虎刺寄生、虎刺树、虎掌花、虎耳草、虎头兰、熊耳草、狼头草、狼尾草、狼把草、狼毒花、狼牙草、金钱豹草、狮子头、蝙蝠豆、狐尾木、兔蹄蕨、驴蹄草、鼠尾草、猬实、猴头菇,等等;英语中有 buckeye tree(雄鹿眼树——七叶树)、buck's beard、buckthorn、buckwheat、deer grass、deer-grass、donkey's tail(驴尾巴——串珠草)、elk grass(麋鹿草——小熊尾草)、elk-horn fern、hart-wort(雄鹿草——刺果芹)、musk-berry(麝香浆果——韭南果)、musk orchid、muskroot、musk-weed、elephant bush(大象灌木——马齿觅树)、elephant ears、elephant's apple、elephant's ear、elephant's-ear plant、elephant-wood、fox nuts、foxglove、foxglove tree、foxtail grass、foxtail lily、foxtail orchid、baboon flower、kiwi fruit、monkey nut、monkey puzzle、 monkey-bread tree、monkeyflower、hare's ear、hare's ear mustard、hare's foot fern、hare's tail、mouse ear、mouse tail、mousetail plant、rat's-tail cactus、rabbit foot、rabbit-ear iris，bear grass、bear's breeches、bearberry、leopard lily、leopard plant、leopard's bane、tiger flower、tiger grass、tiger jaws、hedgehog broom、hedgehog cactus、bat flower、camel thorn、lion's ear、swine cress、skunk cabbage；等等。

（四）含虫蛇类动物隐喻的植物名

汉语中有珊瑚枝，蛇舍、蛇附子、蛇莓、蛇床子、蛇包五披风、辟虺雷、南蛇藤、蛇果、蛇鞭菊、蜘蛛抱蛋、蜘蛛花，双蝴蝶、蝴蝶草、金蝴蝶、玉蝶梅、白蝶花、彩蝶、蝴蝶树、蚵皎菜、癞蛤蟆草，冬虫夏草、虫草、小虫儿卧草，捕蝇草，地蜈蚣草、水蜈蚣、蜈蚣草，蚊子树、蚊榔树，等等；英语中有 bee orchid（蜜蜂兰——对叶兰）、coral flower（珊瑚花——珊瑚花）、coral bell（珊瑚铃——珊瑚钟）、coral drops（珊瑚滴——罗伞葱）、coral necklace、coral pea、coral plant、coral tree、coral vine、coral wood、coralroot orchid、adder's - tongue（蝰蛇舌——瓶尔小草）、cobra lily（眼镜蛇百合——黄苞南星）、snake gourd、snake plant、snake wood、snake's head iris、snakeweed、viper's grass、catchfly（捕蝇——捕蝇草）、spider flower、spider ivy（蜘蛛常春藤——宽叶吊兰）、spider lily、spider plant、spiderwort、butterfly bush、butterfly flower、butterfly orchid、buterfly pea、frog orchid（蛙兰——凹舌兰）、frog's lettuce、frogbit、frogfruit、toad lily、toadflax、bugbane、bugloss、bugseed、caterpillar fern（毛虫蕨——阴石蕨）、caterpillar plant、worm grass、wormwood、fleabane、fleawort、lizard orchid、lizard's tail；等等。

（五）含鸟禽类动物隐喻的植物名

汉语中有雀麦、翠雀花、金雀花、小雀花，鸦葱、老鸦蒜、老鸦瓣、鸦鹊翻、飞来鹤、鹤顶红、鹤草、老鹤筋、落雁木、雁来红、燕儿菜、燕子花、孔雀草、孔雀木、杜鹃花，鸳鸯茉莉、鸢尾草，等等；英语中有 beak sedge（鸟喙莎草——星光草）、bird of paradise flower（天堂鸟花——鹤望兰）、bird's eye maple、bird's eye bush、bird's foot、bird-foot trefoil、bird's nest plant、bird's nest orchid、bird's-nest bromeliad、crane's bill（老鹤嘴——老鹤草）、hawk's beard（老鹰胡须——还阳参）、heron's bill 、partridge's berry（鹧鸪浆果——双果草）、

peacock's flower、peacock plant、peacock cactus ,swan orchid(天鹅兰——鹅颈兰)、swan river daisy、swan river pea、crowberry(乌鸦浆果——岩高兰)、crowfoot,swallowwort(燕子草——白前)、larkspur、canary grass, wake robin(知更鸟——延龄草)、robin fern、red bird、eaglewood(沉香树);等等。

（六）含鱼类、节肢（或爬行）动物隐喻的植物名

汉语中有鱼腥草、鱼公草、鲇鱼须、鲢鱼须,鲫鱼鳞、黄鳝藤、鱼鳞松、金鱼草、金鱼花、小虾花、蟹爪兰,等等;英语中有 barbel palm(鲃鱼棕——倒刺棕)、fishtail palm、fishwort、eel grass（鳗鱼草——苦草）、eelgrass（鳗鱼草——大叶藻）、cranberry、sildweed（小鲱鱼草）、fish scale bamboo（鱼鳞竹——水竹）、crab tree（螃蟹树——山楂子树）、oyster mushroom（牡蛎蘑菇——平菇）、turtle bone、turtle head、starfish plant、fish geranium;等等。

（七）含神话或者传说中的动物隐喻的植物名

汉语中有龙爪豆、龙牙菜、龙葵、盘龙参、过山龙、石龙参、穿山龙、白龙腾、石龙芮、青龙木、龙头草、龙舌兰、龙血树、龙柏,龙胆草、五爪金龙、穿山龙、石龙尾、白龙须、黄龙藤、龙眼,麒麟草、麒麟吐花,等等;英语中有 dragon arum(龙芋——龙蒿)、dragon flower(龙花——剑龙角)、dragon tree(龙树——龙血树)、dragon's blood palm(龙血棕——麒麟竭)、dragon's head(龙头——香青兰)、dragon's mouth(龙嘴——白星海芋)、dragon's teeth(龙牙齿——四棱豆)、phoenix tree(凤凰树——梧桐树);等等。

表 6-1 汉英"动物喻植物"词语喻体类型、数量及比例

动物类型	汉语植物名数量	比例/%	含源域动物种数	英语植物名数量	比例/%	含源域动物种数
家畜类	66	29.5	5	57	25.4	7
家禽类	34	15.2	3	13	5.8	4
野兽类	39	17.4	13	58	25.9	19
虫蛇类	30	13.4	14	46	20.5	16
鸟禽类	21	9.4	11	28	12.5	13
鱼和节肢类	11	5.0	7	14	6.3	9
神话或者传说中的动物	23	10.2	2	8	3.6	2
总计	224	100	55	224	100	69

第二节　汉英"动物喻植物"词语喻体概念投射的异同

"语言中很多词汇的不同指称意义都以相似的方式互相关联,使用者可以通过类比比喻形成种种生成规则,这些规则能让语言使用者遵循同样的模式创造和理解新的词义。"(Srinivasan & Rabagliati,2014)因此,在命名植物的过程中,人们很容易将植物的形态、性状、颜色等特征与平时生活中熟悉的动物的各种特征进行类比,选用早已储存在认知背景中的动物词汇来表达植物概念,形成新的植物名称。表 6-1 告诉我们,汉英语各 224 个取自动物概念的植物名涵盖的源域动物种数分别为 55 种和 69 种,其中汉语所独有的为 22 种,英语所独有的为 31 种。两者共享了超过半数的源域动物,在整体上表现出"同异并存"、"同"略大于"异"的现象。下面分七大类对汉英"动物喻植物"的源域构成情况进行对比。

一、源域是家畜类动物

中国以农耕文化为主,英国以农牧文化为主(李福印,2006:118)。农耕文化中的"猪、鹅、鸭、鸡等禽畜是与谷物种植分不开的"(张公瑾,2002)。汉民族和英吉利民族都用一些家畜类动物作为源域来凸显植物的某种属性特点,例如 sheep laurel、buffalo berry、pignut、dogbane、horse chestnut、cat's tail、牛尾菜、猪腰子、马齿苋、羊桃、羊蹄草、狗舌草等。家畜类动物在汉英植物名中都有丰富的投射。个体家畜的外形和颜色特征及其身体部位或者某个器官都可以用来隐喻植物,充当源域概念,例如汉语中的牛耳草、牛鞭草、牛奶子、马鞭花、马鞭草、马蹄草、羊奶子、狗蹄儿、狗脊;英语中的 colt's foot、horse gentian、horsetail、goat's beard、dog's tooth violet、hound's tongue、cat's ears、cat's tail;等等。可见,汉民族和英吉利民族都习惯于取象家畜类动物命名植物。但是,在源域的选取范围及对其典型特征的关注方面,两种语言存在一定的差异。一是汉语在取象范围上大于英语,多采用家畜的身体部位或者器官概念,如牛耳草、猪腰子、马齿苋、羊蹄草、狗舌草、狗筋蔓等,出现了独有的"牛耳、猪腰、马齿、羊蹄、狗舌、狗筋",对器官特征的关注度、熟悉度高于英语；而英语多采用动物的个体概念，如 horse radish、hog peanut、horse balm、goat grass、dog grass、cat mint 等，其选取家畜身体部位或者器官概念的范围小于汉语。二是在类属及公母的差别上，汉语区分度较粗、标注较模糊，如牛尾蒿、牛毛松、猪尾巴苗、马芹、马尿花、羊蹄躅、狗掉尾苗、闹狗子等；而英语区分度较细、标注较清晰，如 mare's tail、sowbread、hog peanut、bullwort、cow tree、goatweed、lamb's succory、sheep laurel 等。

二、源域是家禽类动物

出于生产需要和生活目的（甚至玩赏的动机），人类自古就豢养鸟类动物。由于长期的近距离接触和了解，人类对家禽类动物的形态特征也非常熟悉。此外，与家畜类动物相比，家禽类动物体型更小、数量更多、性情更温和，人类对其个体形貌和身体器官更熟悉。因此，除了家畜，汉英植物名中的源域动物还取象于各种家禽，例如汉语中的鸡肠草、鸡项草、鸡脚草、鸡眼草、鸡矢果、鸡冠花、鸭舌草、鸭跖草、鸭头兰花草、鸭蛋子、鹅抱蜓等；英语中的 chick pea、chickweed、cock's foot、cockscomb、cockspur、gooseberry、goosefoot、dove orchid、dove tree、duckweed 等。"家禽类"源域汉英语共享了"鸡、鸭、鹅"等 3 种，两者之间的差异表现为：一是在数量上，汉语有 34 个，占 15%，而英语仅有 13 个，只占 6%，前者远多于后者；二是在"鸡、鸭、鹅"投射频率上，汉语高于英语，但英语多了"鸽子"（dove）这一源域，鸽子是英吉利民族日常饲养和食用的主要家禽，故其对鸽子的熟悉程度高于汉民族；三是汉语比较注重家禽的身体部位和内部器官等特征，而英语比较注重家禽的个体概念、雌雄、年龄等特征。

三、源域是野兽类动物

除了家畜类和家禽类动物，自然环境中还生存着各种野生动物。在与之接触、周旋和对抗的历史进程中，人类对各种野兽的外形、习性及实用特征等都较为熟悉，形成了较为固定的印记。最终，这些印记变成一种认知概念，逐渐融入各民族的文化思维中，代代相传，例如汉语中的蝙蝠豆、鹿茸草、鹿衔草、獐牙菜、獾耳菜、老鹳筋、老虎刺、虎头兰、狼毒花、鹤草、象鼻草等；英语中的 bat flower、bearberry、elk grass、camel thorn、elephant ears、fox nuts、hare's ear、hedgehog cactus、monkey nut、leopard lily、lion's ear 等。在汉英植物名中，"野兽类动物"的来源都较为广泛。一是鹿、象、猴、鼠、兔、虎、豹、骆驼、蝙蝠、狮子等 10 种具体动物，它们之间的细微差异表现为：具体源域概念的范围和数量各不相同。汉语有 13 种，投射靶域数为 39 种/次，只独有狼、獾、獐等 3 种。英语则有 19 种，投射靶域数为 58 种/次，并独有 skunk(臭鼬)、kangaroo(袋鼠)、unicorn(独角兽)、weasel(黄鼠狼)、swine(野猪)、flix(海狸)、fox(狐狸)、bear(熊)等 8 种。二是英语既有陆上野兽，也有海洋野兽，如 flixweed(海狸绒草)；而汉语仅有陆上野兽。英吉利民族对自身生活环境以外地域的探知和扩展程度远高于汉民族。三是汉语注重"源域"的形貌特征，尤其是头部，如虎头兰、象头花、象鼻藤、狮子头等；而英语则注重用途特征，以描述植物与野兽的相互关系，如 foxglove tree、elephant's apple、leopard's bane、monkey puzzle 等。

四、源域是虫蛇类动物

虫蛇类动物无处不在。一方面，它们奇特的外形和运动方式让人感到害怕和恐惧，且其捕食方式威胁着人的健康和生存，这使得人类自古就有驱赶和避让虫蛇的传统；另一方面，虫蛇类动物是部分有害昆虫和野兽的天敌，可以维护自然界的生态平衡，可作食用、物用及药用等。在汉民族和英吉利民族的既有概念库里，存在着许多常见的蛇、虫、蝴蝶、蟾蜍、蜘蛛等实有动物，例如蝎子花菜、蛇莓、小虫儿卧草、螺厴草、蜈蚣草、蚂蚁草、蝴蝶草、癞蛤蟆草、蚊子树、coralroot orchid、fleawort、frog orchid、lizard orchid、silkworm thorn、snake gourd、spider flower、toad lily 等。源域属于虫蛇类动物概念的汉英植物名各为 30 种和 46 种，共享了珊瑚(虫)、蛇、虫、蜘蛛、蝴蝶、蟾蜍等喻体。虽然在概念层面上都有"虫蛇动物喻植物"这一投射，且均有 15 种左右的源域，但具体到源域投射范围、投射次数、独有概念和表达形式等方面，汉英语存在较大差异，具体表现在以下几个方面。一是在汉语中，"虫蛇"投射的数量为 30 种/次，独有蝎子、蚂蝗、蚂蚁、蜈蚣、蚊子、螺等 6 种；在英语中，"虫蛇"投射的数量为 46 种/次，独有 bee(蜜蜂)、silkworm(蚕)、跳蚤(flea)、蜥蜴(lizard)、viper(眼镜蛇)等 5 种。二是投射次数最多的，英语中是海洋特有的虫纲动物"珊瑚"，汉语中是爬行动物"蛇"。三是汉语中以"虫蛇"动物映射的名词往往语言形式较复杂、描述较主观，且往往在

"动物名＋(植物名)"的组合形式上添加表达其他特征的词语,如山马蝗、小虫儿卧草、百脚蜈蚣草、南蛇藤、双蝴蝶、金蝴蝶、玉蝶梅、白蝶花、彩蝶、蛇包五披风等;而在英语中则较单一、描述较客观,大多由"动物名＋植物名"直接构成, 如 fleawort、frog orchid、frog's lettuce、toad lily、toadflax、worm grass、wormwood 等。

五、源域是鸟禽类动物

鸟禽的踪迹遍布世界各地。许多鸟类不仅是传播花粉、撒种植物的能手,而且通过捕食农林害虫给人类带来了巨大的益处。由于鸟类无处不在,汉民族和英吉利民族对于各种鸟的姿态、特性及其作用都印象深刻、无比熟悉。这种知识背景和经验储存也充分表现在命名植物的认知过程中,例如雀麦、鸦葱、燕儿菜、鸩鸟威、鸦鹊翻、画眉草、鹤草、鸢尾草、翠雀花、鹭鸶兰、bird of paradise、bird's eye、bird's foot、crane's bill、crowfoot、dove orchid、larkspur、swallowwort、swan orchid、swan river daisy、swan river pea 等。在汉英植物名中,"鸟禽"的源域数量基本接近,分别为 21 种和 28 种,并且共享了燕、鸦、鹤、鹊等 4 种。但两者在源域范围及其具体概念上存在明显差别,主要表现在以下几个方面。一是源域投射靶域次数最多的"鸟"种类不一致。汉语中是特指的概念"雀"和"鸦",英语中则是泛指的概念"bird"(鸟)。汉民族对普通又常见的"雀""鸦"的关注度和区分度高于英吉利民族。二是各自独有的"鸟"概念差别较大。汉语中有雁、画眉、鹊、鹭鸶、鸠、野鸭等,英语中有 swan(天鹅)、hawk(鹰)、lark(云雀)、canary(金丝雀)、pheasant(野鸡)、robin(知更鸟)等,各为六种,互不相同。三是英语还将对"鸟"的栖息之所和"鸟"的有益之处的主观性描述投射到植物上,使得所命名的植物形象生动、逼真如"鸟",如 bird's nest、bird's nest orchid、bird's-nest bromeliad、wake robin 等;汉语虽然也显露出一定的主观态度,但更侧重"鸟"的外表颜色和老幼情况,描述时添加一些修饰性形容词,如雁来红、老鸦瓣、老鸦蒜、金雀花、小雀花、鹤顶红等。

六、源域是鱼类和节肢类(或者爬行)动物

湖泊、河流和海洋中栖居着大量体态多姿、色彩绮丽的鱼类和节肢类动物。由于鱼类等生存于环境危险的水体之中,人们对其深入观察、与其亲密

接触的机会和概率受到了限制。因此,与其他动物相比,鱼类和节肢类动物被用作类比来源的数量均为最低(汉英语分别为 5％和 6％),只有几种生活在较浅水域的鱼类或者节肢类动物作为源域概念,例如鱼公草、虾须草、鱼囊草、黄鳝藤、鲫鱼鳞、鲇鱼须、鲢鱼须、crab wood、eel grass、eelgrass、sildweed、fishtail palm、fishwort、cranberry、snapdragon、oyster plant、pickerel weed 等。在汉英两种语言中,该类动物喻体虽然总数占比不高,但有泛称的"鱼"和特称的"鳝鱼、虾、蟹、金鱼"等五种源域为汉英语所共享。汉英语之间在源域范围及其具体概念名称上还存在着细微差异,具体表现在以下几个方面。一是各自独有的"鱼"数量不一致。汉语是鲫鱼、鳖、鲢鱼、鲇鱼等四种,英语是 cran /sild(鲱鱼)、cockle(海扇)、starfish(海星)、oyster(牡蛎)、pickerel(梭鱼)等五种。二是汉语比较注重"鱼"的组成部分,英语则比较注意观察"鱼"的整体形状及年幼状况。有趣的是,尽管英国是岛国,拥有丰富的鱼类资源,但"鱼"的概念并未成为重要媒介被用作跨域命名植物的活跃喻体。

七、源域是神话或者传说中的动物

自古以来,神话与传说都是各民族文化生活中的一个重要组成部分。神话中的动物、传说中的野兽,总是带有超乎自然的力量,充满神秘色彩,往往折射出人类的希望和向往。神话和传说中的动物形象既反映现实世界中某些动物的特征,又是人类根据自己所熟悉的动物产生的综合意象,拥有实施善恶行为的巨大威力,表现出情感、道德上的是非价值,一直吸引着人们。神话动物遍布于各民族的民间故事、口头传说、寓言典故和艺术作品,已经成为各民族文化基因的一部分,代代相传。比如,在汉民族的神话和传说中,总有强大的龙和翔翔的凤凰等概念内容。因此,在汉民族和英吉利民族的既有概念库里,不仅存在常见的家畜、家禽、野兽、虫蛇、鸟禽和鱼虾等各类实有动物,而且还储存有想象或者传说中的龙、凤、麒麟等虚有动物,它们的概念也是汉英语言中隐喻命名植物的一大源域来源,例如龙胆草、凤尾草、龙柏、麒麟草、dragon flower、dragon tree、dragon's blood palm 等。汉英语中"神话和传说动物"源域总数占比都不高,共享了"龙、凤"两种喻体概念,且都有"龙血"(dragon's blood)这一意象,说明汉民族和英吉利民族对动物"龙"的认识和了解都较为深刻。神话或传说中的动物在汉语中的喻体投射次数为 23 次,远远多于英语中的喻体投射次数 8 次,"麒麟"概念为汉语所独有。隐喻表达折射出社会文化。在中国文化背景下,传说动物"龙""凤""麒麟"都是古代神话中的一种瑞兽,都具有特殊的象征意义。龙为阳性,代表着权威、尊贵和力量;凤凰(一为雄,阳性,另一为雌,阴性),代表着吉祥、美好和幸福。两者结合,则寓意阴阳的统一和人事的美好,预示着生活和事业美满兴旺、辉煌腾达。"麒麟"则具有抵御邪恶、护佑家业的力量,寓意着平安吉祥、后代兴旺,可以带来财运和幸福。而在英语文化背景下,虽然有"龙""凤"等神话动物,但并无"麒麟"的概念。在英语中,"龙"是一种强大而邪恶的生物,其外形像长着翅膀的巨蛇,一般象征着罪恶;动物"凤"的概念源自希腊语,其外形像一只巨鹰,羽毛呈鲜红和金黄色,是一种"不死鸟",寓意着重生。两种文化中的神话动物带给人们的心理体验不同,故其概念在汉英语中隐喻植物时也会有不同的表现。

第三节　"动物喻植物"植物名理据的分析

语言中隐含的根隐喻是概念化隐喻的轴心,反映了人类对自然和世界的早期认识(束定芳,2000:55)。尽管基于感知能力,不同的认知主体可以形成同一根隐喻,但受心理和文化上固有差异的影响,会产生同一根隐喻下的形式各异的派生隐喻。植物名看似静态的语言现象背后蕴含着人类概念与感觉之间的联系,其形成过程折射出意义的动态构建过程。"概念隐喻暗示着用另一个概念来理解一个概念,让人形成感知,尤其能用来为周围地域环境上的各种事物创设出新的名字。"(Dragoescu & Dragoescu,2012)因为概念内容"既包括认知主体对外部环境的直接感知,也包括人与环境长期互动而形成的主观经验"(Evans,2009a),所以任何反映概念内容的语言现象实质上都是民族文化的隐性展示。

一、人与自然互动的语言表征

物竞天择,自然造化。动植物生存都要受地域气候和自然条件的限制。以上汉英语例词中的隐喻投射都是根隐喻"植物是动物"下的派生隐喻,其共同点就是对动植物外形等相似点的感知,将植物实体的某个特征与"动物"的特征联系起来,把动物的特征投射到植物上,借用描述动物的概念来命名植物,将大脑中对"动物"的各种经验知识用来建构植物实体纷繁复杂的概念域。认知主体所依附的地理环境和社会文化背景不同,其对动物源域种类的划分和基于源域概念形成的各种主观认识就会存在差异。在动物概念向植物概念投射的过程中,人们经验储存中的源域形象及其对靶域实体的观察理解也会有所不同。例如,虫蛇类和鸟类动物生长受自然环境的影响最为明显,在具体类别上也存在很大差异,致使英汉植物名中的"虫蛇"喻体和"鸟"喻体的差异都较大。

二、不同思维习惯影响的表现

除了反映民族自然环境的因素之外,源域理据还折射出不同民族对待动物的思维差异。希道西(Hidasi,2008)认为,含有动物隐喻的植物名还从文化上告诉我们一个民族对动物的态度、观察角度、历史民俗、生活方式等。例如,英吉利民族将家畜视作平等的个体生命形式,更多考虑的是家畜的生产用途,注重它们作为"活体、完整"存在的概念,弱化它们作为"肉块、不完整"存在的概念;汉民族将家畜视作"人"的附属生物,更多考虑的是其食用、耕作的用途,表现出对家畜"从外至内"物尽其用的认知倾向。再如,野兽类和虫蛇类动物概念背后折射出汉民族和英吉利民族文化行为的差异。英国是一个海洋岛国,英吉利民族对生长在其岸边水域的珊瑚这一美丽生物具有较高的熟悉度,珊瑚的概念是他们百科知识中储存的重要内容,故植物名中含有较多的"珊瑚"喻体;而传说动物"龙"不仅是汉民族所敬奉的图腾,在传统文化中是吉祥雄伟的象征,而且还是语言中的一种常见隐喻,象征着各种美德和优秀的品质,故汉语植物名中含有较多的"龙"喻体。这说明,英吉利民族比较倾向客观和理性的思维,而汉民族较倾向主观和感性的思维(陈晦,2016:80)。

三、不同饮食习惯影响的结果

民以食为天,饮食是人类生存的必要前提。基于地理环境,受风俗习惯和审美意识等因素的影响,各民族的饮食和饮食习惯并不相同。汉英植物名中动物概念的差异也折射出汉民族和英吉利民族在饮食习惯上的差异。如英吉利民族历来不吃家禽类动物的内脏,故其对该类动物内部器官的认知程度低;汉民族一直有食用动物内脏的传统,故其对家禽类动物内部器官的认知程度高。又如,"鲱鱼"在英国极为常见,而且数量繁多、价格便宜,一直是劳动人民的餐桌之食,其形状特性广为人知,自然在英语中成为"鱼"概念的代表,被用来跨域描述植物概念。可见,汉英植物概念词中动物喻体的选用涉及两个民族的饮食习惯,且与两个民族动物性食物的来源成分呈现出一定的对应关系。

四、民族心理特性多样化的呈现

民族心理特性是一个民族在长期的历史文化积淀中内在形成的对外部客观存在和相互关系的心理反应和行为特点。"原住民使用多种不同的策略来命名本地动植物,这些名称散发着语言学和认知上的吸引力"(Zariquiey,2014),这种"吸引力"就散发出民族心理特性。同时,由于汉民族和英吉利民族在社会发展进程中探索自然的历史、了解世界的范围有长短和多寡之别,其各自的民族心理特性相应也会存在差异。透过鱼类动物概念,可以窥见汉民族和英吉利民族持有的不同的心理特征。例如,金鱼原产地在中国,但由于身姿奇异、外色金黄,且易于饲养,早已成为英国民众喜爱养殖的观赏鱼。久而久之,其形状、色彩等特征也进入人们的百科知识,被作为喻体投射到本体"植物"中。此外,由于存在社会阶层的差异,同一民族不同社会群体之间的心理特性也存在层级差异,这种差异也反映在植物命名中。植物名是普通百姓认知植物的语言符号,其隐喻形成的基础是大众熟知的各种概念。"动物喻植物"词语中动物喻体的选用自然与普通大众的心理特性相一致。例如,汉民族常常将乌龟视为长寿动物,一般对其表现出钟爱,汉语中"乌龟"的概念便没有成为植物命名的认知媒介。

总之,"植物是动物"概念隐喻的汉英喻体虽十分相似,但用于概念投射的具体的动物形象并不完全相同。其差异源自汉民族和英吉利民族看待世界、认知植物、理解动物与植物关系的社会文化心理的不同。植物名经由"动物"隐喻形成,既展现出思维的创新、形式的生动,也让语言使用者对所指植物的形、色、性等特征产生深刻的印象。可见,语言中的植物词之所以广为流传、历时不绝,充满了极强的语用生命力,是因为隐喻性命名不仅切合民间植物认知分类的规律,而且在概念结构上具有"义—象"共存,在文化理据上具有"实至名归"的特征(陈晦,2014b)。在我们的语言中,一旦"缺失这些词汇,就会附带出现缺失包含相应文化和环境知识的内容"(Hill,2003)。

一个词的词汇概念包含两个层面的概要信息:语言内容和概念内容。语言内容表征词的核心信息,概念内容指一个词在认知层面上所激起的语义潜能(Evans,2009b:74)。汉英语言中的植物名称具有相似而又不完全相同的词汇特征,既反映出汉民族和英吉利民族的认知方式、认知能力和经验总结具有相同性,也反映出地域环境和社会文化心理上的不同特性。本章通过对植物名中所含动物概念的系统考察,对比分析了概念隐喻"植物是动物"在汉英植物命名中的投射表现。研究结果表明,植物命名的"拟动物化"是典型的以动物概念理解和构建植物概念的认知方式,语言中含有"动物"的植物名既是跨域映射的产物,又是"存在大连环"文化模式影响的结果。本章也为莱考夫和特纳(Lakoff & Turner,1989)关于"植物是动物"的概念隐喻在汉英植物名中的映射表现提供了佐证。从整体上审视植物名中的动物隐喻情况,可以发现汉民族和英吉利民族在动植物种类、"动物喻植物"思维和词汇层面上的异同。当然,本章仅以源域为主线进行分类描述和阐释,在动物隐喻特征和意义的动态构建方面还有待深入探讨。

第七章

汉英"人造物喻植物"词语对比

人造物是人类劳动分工和创作活动的产物。制作人造物不仅是人类适应自然、改造自然的成果,还是人类本身生理、结构、思维协同发展与提高的一种进程,更是生产力水平的体现,反映了人类的生活方式和文明程度,同时又促进生产力的不断提高。无论在制作石器、陶器的原始社会,还是在生产高科技产品的现代社会,人造物的生产和使用是人与自然关系、人与社会关系的适应改变和融合协调,体现出一个民族或者地域的环境特色、生活方式、审美倾向和人文精神等。综合而又简练地记录不同人造物成色、质地和功用特点形成的林林总总的人造物名称,叫作人造物词语。随着时代的进步和社会的发展,许多古代的物用产品已被更方便高级的新造物品所替代,日常生活中已难见其踪迹,只能在语言中看到指称这些物品的名词。人造物词语也是一个民族物用历史和文化沉淀的标记。

语言中用指称人造物的词语来指称植物是一种隐喻现象。汉英语中都有许多喻体是人造物、本体是植物的词汇。这类通过取象人造物形成植物概念的词汇在形式上一般表现为两种:一种是人造物名称与某个种类的植物名称组合形成一个新的具体的植物名称,用公式表示为喻体(人造物名)+ 本体(植物类名)= 隐喻名词(新植物名),如剪刀草、金钱花、银条菜、arrow-grass、blanket-flower、trumpet bush 等;另一种是人造物名称即为新的植物名称,用公式表示为喻体(人造物名)＋零本体(零植物类名)＝隐喻名词(新植物名),如铁扫帚、白马鞍、金腰带、bottlebrush、drum sticks、cream cup 等。其词义理据是基于"喻体的部分特征向本体转移"(束定芳,2000:43),人造物本义仅是具象隐喻的类比义,真正所指的概念是植物。根据认知语义学,此类植物名属于隐喻方式形成的词汇,其词义借助事物之间的类比产生,其隐喻表达的形象模式叫作"取象"。语言学界已有学者从认知隐喻的视角对隐喻取象的生成及其原理进行了有益的探索(马清华,2000;Esenova,2013;彭雪华,2008;李润桃,2008;谭宏娇,2010),但他们均只较宽泛地对有限的例子进行大致的解析,缺乏基于某一类词汇的系统考察和个案分析。鉴于此,本章以取象于人造物的汉英植物名为语料,对其中的人造物取象类型、词义理据等进行对比分析,探讨人造物概念与植物认知的关联性,归纳名称背后的社会物用知识,阐释和比较汉民族和英吉利民族传统物质文化之异同。本章中的"人造物"指器具和食物或者药物,包含两个方面的概念:一是指人工制造的具有各种用途的器具、物品;二是指通过人工加工后形成的各种食物或者药物。

第一节　汉英植物名中人造物取象异同对比

本章的语料也主要来源于前述《植物名实图考校释》《植物名称研究专集》《汉英拉动植物名称》和《木材出版社植物名词曲》等四本典籍所收录的汉英复合型植物名。为保证语料在拼写和语用上的权威性,还参考了《英汉大词典(第 2 版)》《现代汉语词典(第 5 版)》以及汉英语料库等。我们先从所收集的汉英植物名称中分别统计出含有人造物名称的植物名各 130 个和121 个,然后去掉重复词(凡是同一人造物词在多个不同植物名中重复出现的,都只计数 1 次,而不考虑重复出现的情况),最后得到汉英植物名各 98 个和 90 个,每个名称仅含有 1 个代表 1 种人造物的概念。现按汉语和英语将它们分别列举如下:一是汉语植物名,水壶卢、银条菜、匙头菜、粉条儿、金刚尖、赤箭、白马鞍、朱砂根、铁线草、锁阳、风车子、风车草、风铃草、楼梯、铁拳头、铁灯树、紫喇叭花、剪刀草、铁伞、车前、水蓑衣、米布袋、水棘针、铁扫帚、刀尖儿苗、马鞭花、喇叭草、灯心草、鏊菜、攀倒甑、密州剪刀草、金挖耳、七篱笆、水麻刀、钓鱼杆、铁马鞭、石斛、剑丹、飞刀剑、铁角凤尾草、紫背金盘、千重塔、千层塔、瓶尔小草、石盆草、一把伞、砖子苗、金线草、秤钩风、石盘龙、铁扫帚、凉帽缨、金线吊乌龟、缫丝花、刀疮药、滇白药子、铜锤玉带草、绣球藤、铁马鞭、鞭打绣球、碗花草、染铜皮、透骨钻、珠子参、大戟、泽漆、金腰带、钩吻、爵床、锦带、珍珠绣球、野绣球、铁线海棠、金灯、净瓶、铁钱莲、金钱花、荷包山桂花、灯笼花、华盖花、水蜡烛、铁树、水茶臼、锥粟、詹糖香、回回醋、老婆布鞋、驴驼布袋、婆婆枕头、盐麸子、南烛、乌药、醋林子、皮袋香、千张纸、滇山茶叶、酒药子树、宝碗花、倒挂金钩、倒挂金钟、火把花、小银茶匙、银杏树、白蜡树、灯台树、金钱松、蜡烛果、铁刀木、胭脂树、胭脂菜、灯笼花、金弹子、铁筷子、铁秤砣、宝塔花、蓝瓶花、龙船花、令箭荷花、炮仗红、馒头果、琉璃草、翡翠珠、流苏花、珍珠梅、拖鞋兰、铜钱草、老枪谷、僧冠帽、橡胶树、橡皮树;二是英语植物名,如 altar lily, anchor plant, angel's trumpet, arrowgrass, arrowhead, artillery plant, awl-wort, balloon flower, bar-room plant, basket grass, beadplant, bedstraw, bellflower, blanket-flower, blow-balls, bonnet bellflower, bottlebrush, bowstring hemp, breadfruit, buttercup, button cactus, bower plant, crown daisy, candle tree, carpetweed, hat plant, lantern lily, copperleaf, cord-grass, cradle orchid, cream cup, cup and saucer vine, cupflower, daggerpod, drum sticks, epaulette tree, fiddleneck, forkfern, foxglove, greenthreads, glasswort, gold fern, gold-and-silver chrysanthemum, golden seal, helmetflower, hornbeam, house leek, irontree, iron weed, jade vine, jewel orchid, key palm, leadwort, leatherleaf, lanterntree, mask-flower, mat grass, moneywort, mug bean, needle grass, pagoda tree, paper daisy, parasol tree, pennywort, pillwort, pipewort, pitch plant, pokeweed, porcelaine flower, pitcher plant, pearl fruit, pearl bush, paper mulberry, pyramid orchid, rasp-fern, raspberry, rattlebox, red flag bush, ring bellflower, ribbon fern, rice flower, rice-paper plant, rocket salad, rubber tree, salt tree, salt cedar, sandbox tree, sausage tree, saw wort, screw pine, shaving-brush tree, silver saw palm, silver grass, silk vine, silver fern, spear grass, slipper wort, slipper orchid, skullcap, shield fern, soap bark tree, soap wort, spangle grass, stitch wort, sword lily, tassel tree, torch lily，torchwood，trumpet bush，trumpet creeper，tuba root，Turk's cap cactus，umbrella leaf，umbrella wort，wall flower，wax flower，wheel tree，window palm，wineberry，whorl grass。

参照《汉英分类词典》中的名词分类标准，我们将表达取象的 98 个汉语人造物名称和 90 个人英语造物名称分别从植物名中提取出来，划分成饮食、服饰、炊餐具、实用物件、起居用物、工具、兵器、乐器、卫生化妆用具、货币、建筑物以及材料等 12 种物象类别，并按汉英语对照，将这 12 种物象类别的人造物词及其所属植物名合并融入 3 个数据表（表 7-1、表 7-2 和表 7-3）之中，在每个数据表之后，用文字进行讨论表述。我们先来看表 7-1。

表 7-1　汉英饮食服饰类喻体词及其所属植物名称

类别	汉语人造物词（数量）	所属植物名	英语人造物词（数量）	所属植物名
饮食	粉条、米、糖、醋、盐、酒、药、馒头（8）	粉条儿、米布袋、詹糖香、醋林子、盐麸子、酒药子树、乌药、馒头果	bread、butter、cream、sausage、wine、pill、rice、salt（8）	breadfruit、buttercup、cream cup、pillwort、sausage tree、wineberry rice flower、salt tree
服饰	腰带、玉带、锦带、绣球、珠子、珍珠、帽缨、荷包、翡翠、流苏、拖鞋（11）	金腰带、铜锤玉带草、锦带花、绣球藤、珠子参、珍珠梅、凉帽缨、荷包山桂花、翡翠珠、流苏花、拖鞋兰	bead、bonnet、button、cap、crown、epaulette、glove、helmet、hat、jewel、mask、pearl、red flag、tassel、slipper、skullcap（16）	beadplant，bonnet bellflower，button cactus，crown daisy，epaulette tree，foxglove，helmetflower，hat plant，jewel orchid，maskflower，pearl fruit，red flag bush，tassel tree，Turk's cap cactus，slipper wort，skullcap

根据表 7-1 对比分析可知，汉英饮食类喻体词数量相当，但存在一定差异。例如，在表达主食概念方面，汉语为"米""馒头"，英语为"rice"（米/米饭）、"bread"（面包），汉英语共有"米"喻体概念，但英语中的"rice"也有可能指实物"米饭"，概念范围大于汉语的"米"；同是用小麦面粉制作而成的食物实体，汉英喻体概念也不同，汉语为"馒头"，英语为"bread"。在表达餐饮酒水概念方面，汉语为"酒"，英语为"wine"（葡萄酒），其属于不同原料制成，"酒"一般为谷物酿造而成，葡萄酒则为葡萄酿造而成。在表达治病药物概念方面，汉语为"药"，英语为"pill"（药丸），汉语的喻体概念笼统、开放，英语的喻体概念具体、固定。在表达佐餐食物概念方面，汉语为"糖""醋"，英语为"butter"（黄油）、"cream"（奶酪），互不相同，且原料来源毫无交叉，汉语的

喻体实物由植物原料制成,英语的喻体实物由动物原料制成。此外,汉语中的"粉条""糖""醋"等喻体在英语中空缺,而英语中的"bread""butter""cream""sausage"等喻体在汉语中空缺。可见,在汉英植物名中,饮食类喻体概念在整体上表现出"同异并存"、"异"大于"同"的现象。这些隐藏在植物名中的人造物概念及其称谓恰如一扇小窗,不仅折射出不同民族在事物认知和经济生活上的共性,而且透露出地域特色、食物品种、饮食习惯、社会风貌等民族文化上的个性。

第一,反映社会经济的商品流通面貌。作为生活必需品的"盐",在中国古代属于官府专卖物质,价格不菲,民众非常珍视,自小就对盐味较为敏感,理解盐之重要,故其概念容易被用于指称有咸味的植物;同样,在英国,"盐"也是民众生活中不可或缺的食物,作为海洋岛国,盐的生产相对简单,日晒海水即可获得,民众虽不受无盐之困,但也需要通过购买获得,"盐"的认知也是生活经验的组成部分,不但在其植物命名中有"盐"喻体,而且还将"盐"看作地球上最好的东西,并以此来形容"人的优秀",如英语习语"salt of the earth",意为"优秀的人"。第二,反映植物生长的地域特色。例如"粉条",自古就是汉族民众喜欢的食物,其原料为大米,为东方饮食系统中蒸煮文化的一种表现形式;而对于欧洲而言,稻米不是其原产作物,而从东方输入的大米数量有限,多为药用,直到中世纪时期上流社会才普遍吃到大米,且"粉条"的做法在西方饮食系统的烧烤文化中难以产生,英伦岛国民众虽然熟知稻米,但从生活中获得"粉条"的认知经验已是现代社会,因而该喻体概念在英语中空缺。第三,反映日常需求的喜好程度与食用方式。"sausage"(香肠)是欧洲人生活中离不开的肉制品,英吉利民族习惯将其夹在面包中吃。对于"糖"而言,汉民族通常直接将其放入烹饪好的食物中,而英吉利民族通常将其融入加工制作的面包或者果酱中。

服饰类喻体词的数量汉语和英语较为接近,主要来源于其下属概念的饰品搭配物,共有"珠子"(bead)、"pearl"(珍珠)、"流苏"(tassel)、"拖鞋"(slipper)四种概念。在穿戴类服饰物中,汉语中有"腰带""玉带""锦带""帽缨""绣球""拖鞋"等6种概念,英语中有"button"(纽扣)、"crown"(王冠)、"hat/cap"(帽子)、"skullcap"(防护帽)、"helmet"(头盔)、"mask"(面具)、"bonnet"(童帽)、"glove"(手套)、"slipper"(拖鞋)等9种概念。由此可见,汉民族和英吉利民族都注重服饰装饰美观、等级地位的象征作用,英吉利民族更倾向保暖、防护等实际功能。作为生活必需品的服饰不仅是隐喻不可或缺的载体,而且透过隐喻的加工和构建,服饰语言的趣味性能被更好地理解和择用(孙毅、张盼莉,2016:46)。汉英植物名中服饰的取象标记也反映出两个民族在服饰风格、审美观念和文化思维方面具有的共性与个性。两者的服饰取象都选择随身装饰物和穿脱方便的拖鞋等概念来指称植物,而不是外形、颜色等更为显著的"上衣""裤子"等,这暗示了各自地域中可能都没有与"上衣""裤子"的外形、颜色相似的植物。汉民族古服没有口袋,随身物品必须放在佩于腰间的小"荷包"里。不仅如此,未婚少女还习惯将自己亲手绣制的荷包作为定情物赠送给心爱之人。"荷包"与美好的感情相联,深入人心。英国是世界上实行军衔制最早的国家,"epaulette"(肩章)、"red flag"(红徽章)是军服上的识别标志,代表军阶和荣誉;"jewel"(宝石),尤其是蓝宝石,在英国人眼中,则是高贵的象征,深受王室和民间的喜爱;"crown"(王冠),象征着权力和地位,该物在英国历史悠久,最早可以追溯到公元9世纪,但凡新君主上台,都要举行王冠"加冕"仪式,以告天下。可以说,植物名中的服饰词呈现了民族语言的趣味性和文化性。我们再来看表7-2。

表7-2 汉英家居用具、乐器、卫生/化妆用具及货币类喻体词及其所属植物名称

类别	汉语人造物词(数量)	所属植物名	英语人造物词(数量)	所属植物名
炊餐具	甑、匙、碗、茶匙、石盘、茶臼、筷子(7)	攀倒甑、匙头菜、碗花草、小银茶匙、石盘龙、水茶臼、铁筷子	cup、cup and saucer、fork、pitcher(4)	cupflower、cup and saucer vine、fork-fern、pitcher plant
实用物件	灯、灯心、金灯、灯笼、蜡烛、锁、针、火把、风铃、金线、金钟、布袋、皮袋、伞、华盖、瓶、灯台、琉璃、火把(19)	铁灯树、灯心草、金灯、灯笼花、水蜡烛、火把草、风铃草、锁阳、水棘针、金线草、倒挂金钟、驴驼布袋、皮袋香、铁伞、华盖花、瓶尔小草、灯台树、琉璃草、火把花	candle、lantern、torch、bell、balloon、basket、bottle、key、needle、parasol、poke、porcelaine、ribbon、threads、umbrella、stitch(16)	candle tree、lantern lily、torch lily、bellflower、balloon-flower、basket grass、bottlebrush、key palm、needle grass、parasol tree、pokeweed、porcelaine flower、green-threads、ribbon fern、umbrella leaf、stitch wort
起居用具	楼梯、床、枕头、摇篮(4)	楼梯草、爵床、婆婆枕头、摇篮草	bed、blanket、carpet、cradle、mat、red flag(6)	bedstraw、blanket-flower、carpetweed、cradle orchid、mat-grass、red flag bush

类别	汉语人造物词（数量）	所属植物名	英语人造物词（数量）	所属植物名
乐器	喇叭（1）	喇叭草	drum、fiddle、horn、tuba（4）	drum sticks、fiddleneck、horn-bean、tuba root
卫生、化妆用具	挖耳勺、净瓶、石盆、肥皂、胭脂（5）	金挖耳、净瓶、石盆草、肥皂草、胭脂树	shaving-brush、soap（2）	shaving-brush tree、soap bark tree
货币	金钱、铜钱（2）	金钱花、铜钱草	money、penny（2）	moneywort、pennywort

根据表 7-2 对比分析可知，在炊餐具类取象物中，炊具类喻体词在英语植物名中存在空缺。炊具类喻体词在汉语中为"甑"，指古代蒸饭的用具，通常为瓦器或者陶器。米饭是以种植水稻为主业的汉民族南方人的日常主食，吃米饭离不开"甑"，生活中的这种炊具也自然而然被投射到植物上，其名称被用来喻指植物。而英吉利民族的主食为面包，面包通常烤制而成，其炊具不需要特别的形状和工艺，在较长的时间里烤制面包的工具没有形成固定、统一的特别模式，其形象和概念也没有成为植物名的人造物取象。餐具类喻体词在汉语中有"匙""碗""石盘""茶臼""茶匙""筷子"等六种概念，在英语中有"cup and saucer"（杯碟）、"cup"（杯子）、"fork"（餐叉）、"pitcher"（壶）等四种概念。这与汉民族和英吉利民族餐饮习惯密切相关，汉民族和英吉利民族制作和使用不同的餐茶具，互不相同的餐茶具图像和概念储备在传统知识中，投射形成的喻体词也就存在差异。

在实用物件类喻体词中，汉英语各有 18 种和 16 种人造物概念，数量基本相当，共有"蜡烛"、"袋子"、"伞"（华盖、太阳伞）、"针"、"线"、"瓶"、"火把"、"灯笼"、"风铃（铃）"等 9 种人造物概念，取象不约而同。但汉语用"金线"，标明了植物的颜色似"金"，在布袋和皮袋的材料上作了区分，比英语植物名更加具体、清晰。在汉语植物名"锁阳"中，锁概念意为"锁住"，为动词用法，但喻体词"锁"也是人造物，故列入计算。"锁阳"名称的来历还有一说，该植物具有补肾阳、益精血的功效，最初在一个名叫锁阳的地方发现，故命名为"锁阳"。以植物生长之地的名字来指称植物，词义是转喻形成的，也可归于隐喻。汉语中的"灯""灯心""金灯"等喻体概念在英语植物名中暂未发现，英语中的喻体概念"balloon"（气球）、"basket"（篮子）、"key"（钥匙）、

"procelaine"(瓷器)、"ribbon"(丝带)、"stitch"(线圈)等,在汉语中暂未发现。在指称照明物的喻体词中,"蜡烛""灯笼""火把"等三种概念完全一致,这说明汉民族和英吉利民族共有使用"蜡烛""灯笼""火把"三种手工物的经验知识。因此,这三种手工物的图像及其概念在汉英语中都被用来喻指植物,反映出汉民族和英吉利民族在将"照明用具"类人造物概念投射到植物概念时,其关注点和类比点存在一致性。此外,汉英语在实用物件类喻体概念上的异同现象也体现出以下两个方面。一是汉民族和英吉利民族的居住地域虽然相距遥远,但生活中的很多常用物件基本相同。这些物件的发明和制作受驱于人类日常生活的需要,即使族群不同,但同为人类,生活中的物用需求总是基本相同的。无论什么族群,人类其实源自同一个种族。这一点已从研究人类基因密码的科学家那里获得答案。最早宣布破译人类基因密码的美国学者万特博士认为,基因图谱并未显示"种族"之间有何差异,人类只有一个种族,地球上的人都是 10 万年前从非洲的少数原始部落迁移和进化而来的,因生活地区不同而产生的基因差别只占 10%(吴苡婷,2023)。二是植物名中的喻体概念仅相对反映其语言对应族群历史上的小部分社会物用情况,而不可能绝对涵盖所有实际人造物概念词。比如,英语植物名中含有"瓷器"一词,但在上述典籍收录的汉语植物名中未见有该词。而瓷器是中国发明制造的,只是从唐代开始,中国瓷器才作为商品进入欧洲,并且刚开始中国瓷器被视为珍玩,普通百姓无缘见识,只有在一些大国的宫廷里才能见到。直到 17 世纪,中国瓷器才在欧洲占有广大的市场,进入寻常百姓家。实际上,"瓷器"完全是中国古代民众普遍熟悉、常用的人造物,但其概念未必就是汉语植物名隐喻取象的"始源"成分。同理,在英语植物名中出现、汉语植物名中未出现的"篮子""丝带""钥匙"等喻体词所对应的人造物,对于中国古代民众而言,也属于生活中的实用物件。可见,"瓷玫瑰"并非中国原产植物,该名称也许未被广大民众接受和使用,故《植物名实图考校释》《植物名称研究专集》《植物古汉名图考》和《植物古汉名图考续编》等四本汉语植物名词典均未收录。

在起居用具类喻体词中,汉英语共有卧具"床""摇篮"等两种人造物概念,这说明两个民族制作和使用"床""摇篮"两物的经验一致、认知概念一致,传统知识中都储存有"床""摇篮"的概念,都在语言中将"床""摇篮"这一每日供大人和婴儿就寝的家具用来喻指植物。特别是在英吉利民族的传统中，自打孩子出生起，父母就让其睡在摇篮里，且成长过程中，孩子一般不与父母睡在同一张床上，故"摇篮"伴随着孩子的成长，不仅是每个家庭的必备物，而且在孩子的认知记忆中留下了永久的印象，英语习语"from the cradle to the grave"（从生到死）就含有该词。汉英语各自独有"楼梯""carpet"（地毯）、"blanket"（毯子）、mat（垫子）等喻体词。喻体词"楼梯"被用来指称外部形状类似楼梯的植物，反映其制作和使用在汉民族传统上非常普遍、频繁；而"carpet""blanket"等喻体概念则反映出因其具有丰富的羊毛资源，英国皇室和普通民众自古就喜欢在家居中使用地毯、毛毯等织物这一社会现实。因此，其概念词更易被用来指称外部形状或者典型习性类似"carpet""blanket"的植物。

在乐器类喻体词中，"喇叭"是汉民族古代婚礼和葬礼上普遍使用的乐器。英吉利民族除了源自远古时代的"horn"（号角）和"tuba"（大喇叭）之外，还有代表西洋乐器的"drum"（鼓）和"fiddle"（小提琴）等两种。这一现象反映出，中国虽然自公元前1000多年的周朝起就有"六艺"（礼、乐、射、御、书、数）的教育内容，但能够接受教育的群体主要是贵族子弟，普通民众很少有获得正规学习的机会，因此高雅乐器的使用在民间并不常见，只有通俗的"喇叭"成为喻指植物的取象物。而英国音乐历史虽然比中国短，但高雅乐器的普及性高。

在卫生、化妆用具等喻体词中，"肥皂"（soap）为汉英植物名共有，反映出两个民族在古代都有使用"肥皂"等洗涤去污的经验知识。喻体词背后是民众的物用现实。中国早在宋代时就出现了人工合成的洗涤剂，人们将天然皂荚（也叫皂角）捣碎细研，添加香料等物，制成桔子大小的球状，专供洗面浴身之用，俗称"肥皂团"。关于"肥皂团"的制作，明代医学家李时珍在《本草纲目》中有如下记录："肥皂荚生高山中，树高大，叶如檀及皂荚叶，五六月开花，结荚三四寸，肥厚多肉，内有黑子数颗，大如指头，不正圆，中有白仁，可食。十月采荚，煮熟捣烂，和白面及诸香作丸，澡身面，去垢而腻润，胜于皂荚也。"在西方，公元2世纪时也出现了最早的肥皂。1662年，英国化学家仲恩等对当时欧洲制作的肥皂进行改良，使其清洁效果大大提升，从而产生了现代肥皂。之后，世界上生产现代肥皂的工厂最先在英国建成。汉英语名中的喻体词"肥皂"（soap）正是一种关于当时现实生活中常见清洁洗涤用品的记录，可谓"不约而同"。汉语中的"挖耳勺"在英语中空缺，反映了黄、白人种不同的生理特质,也说明东西方近代在物质文明进程上有先有后。"挖耳勺"的发明与应用与中国人的干性耳垢有关。据考证,它的出现最迟不会晚于商朝。中国古代还出现过以挖耳朵为招牌的服务业。在今天的社会里,有的理发店也提供挖耳朵的服务。汉语中"胭脂"喻体词在英语中也空缺,折射出汉民族对"胭脂"更为熟悉了解。大约从汉代开始,中国人就已经开始制作和使用胭脂了。英语中的"shaving brush"(剃须刷)在汉语中空缺,反映出该物在英吉利民族的日常生活中使用频率更高,人们对其更为熟悉了解。剃须刷是传统剃须的组成部分,最早由法国人发明使用,后逐渐在世界各地传开。

"金钱"的概念与人的经济活动和财富创造相关联,钱币的制造、使用和流通反映出社会的经济生活和工艺水平。汉民族和英吉利民族虽然都有悠久的钱币制作和使用的历史,但"金钱"类物质名词在汉英植物名中都较少出现。汉语中仅有"金钱""铜钱"两个喻体词,既指抽象、无形的"钱",也指笼统、有形的"钱",还可指金银制作的钱币;英语中有两个词"money"(钱)和"penny"(便士)。"money"与"金钱"的词义部分重合,但不包含"金银制作的钱币"这一意义。"penny"则是英国最小面额的货币单位,是一种硬币。这个差异说明,汉民族传统上对钱币的知识范畴,如划分、携带、使用、流通等,不如英吉利民族丰富。最后我们来看表 7-3。

表 7-3　汉英工具、建筑物、材料及兵器类喻体词及其所属植物名称

类别	汉语人造物词（数量）	所属植物名	英语人造物词（数量）	所属植物名
各种工具	刀、麻刀、剪刀、錾、钻、锥、钓鱼杆、斛、车、布毡、马鞍、马鞭、蓑衣、扫帚、铁线、铁角、金盘、铜锤、钩、秤钩、金钩、轮船、令箭、炮仗、秤砣(25)	刀尖儿苗、水麻刀、剪刀草、錾菜、透骨钻、锥栗、钓鱼杆、石斛、车前草、老婆布毡、白马鞍、马鞭花、水蓑衣、铁扫帚、铁线草、铁角凤尾草、紫背金盘、铜锤草、钩吻、秤钩风、倒挂金钩、龙船花、令箭荷花、炮仗红、铁秤砣	anchor、 awl、cord、pipe、rasp、saw、 sandbox、screw、 rattle、rocket、 whorl(11)	anchorplant、 awl-wort、cord-grass、pipe-wort、rasp-fern、saw wort、sandbox tree、screw pine、rattlebox、rocket salad、whorl grass

续表

类别	汉语人造物词（数量）	所属植物名	英语人造物词（数量）	所属植物名
建筑物	塔（宝塔）、篱笆（2）	千层塔、宝塔、七篱笆	altar、bar-room、house、pagoda、window、wall（6）	altar lily、bar-room plant、house leek、pagoda tree、window palm、wall flower
各种材料	纸、漆、砖、蜡、橡胶、铜、铁、金（8）	千张纸、泽漆、砖子苗、白蜡树、橡胶树、染铜皮、铁伞、金线草	copper、gold、silver、leather、paper、glass、iron、lead、rubber、wax（10）	copperleaf、gold fern、gold-and-silver chrysanthemum、leatherleaf、paper daisy、glasswort、iron-tree、leadwort、rubber tree、wax-flower
兵器	箭、剑、飞刀、铜锤、戟、老枪（6）	赤箭、剑丹、飞刀剑、铜锤草、大戟、老枪谷	arrow、artillery、dagger、sword、spear、shield（6）	arrowhead、artillery plant、dagger-pod、sword lily、spear grass、shield fern

根据表 7-3 对比可知，汉民族和英吉利民族工具类喻体概念大部分都不相互共有，从一个侧面折射出农耕社会与农牧社会的不同物质痕迹。取象于工具类概念的喻体词的数量互不一致，涉及的物品种类异多同少。需要说明的是，汉语植物名"车前草"，其词义理据为"马车前面长的草"，属于通过对植物生长地的描述而得名，非隐喻形成，但"车"的概念词在该种植物被发现之前就已经存在，因此这里也将"车"算作人造物喻体概念。

基于表 7-3 的数据，本书归纳出如下三个方面的内容。

第一，反映了两个民族基于地域环境特性的人造物制作和物用偏好各具特点。汉民族就地取材、改造和利用自然资源的程度较高，用来切割和凿钻木（石）等物质的技术较高，制作刀具的工艺较高。汉语中有"麻刀""錾""刀""剪刀""钻""锥"等六种，种类各异、用途不同的刀具在汉民族的生活中更常见，其形象和概念也作为媒介进入植物域；英语中仅有"awl"（钻）"saw"（锯）两种，且"saw"（锯）的使用更为频繁和广泛，故其概念被用来指称外部形状类似锯齿的植物。叶子形如锯齿的植物在中英两国都较为常见，对于工具"锯子"的使用，中国远早于英国，但汉英植物名中只有英语择用"saw"（锯）一词，暗示着英国传统上"锯"的使用更为频繁和普遍，"锯"的概念广为人知。在材料类喻体词中，汉语中有"纸""漆""砖""蜡""橡胶""铜""铁""金"等 8 种，英语有"copper"（铜）、"gold"（金子）、"silver"（银）、"iron"（铁）、

"lead"（铅）、"leather"（皮革）、"paper"（纸）、"glass"（玻璃）、"rubber"（橡胶）、"wax"（蜡）等 10 种，从侧面反映出汉民族和英吉利民族取象人造物命名植物的关注点不尽相同，汉民族注重从事物的功能性来把握整体特征，而英吉利民族注重从事物的物质构成关系来把握整体特征（佘正荣，2011）。汉英植物名中都有"纸"喻体概念词，反映出中国最早发明制造的纸，在 14 世纪传入欧洲后成为其社会生活中重要的物品。汉英植物名中工具、建筑材料以及兵器类喻体词之间的差异也说明，汉民族在传统上对家具涂刷、保护较为重视，对"漆"概念普遍熟知；近代英吉利民族因为使用较多，其对"玻璃"和"橡胶"的概念更为了解。在兵器类喻体词中，汉英植物名共有"箭""剑""飞刀/匕首"等三种取象物，涵盖远程杀伤和近身杀伤两类兵器概念，还分别有"老枪"、"artillery"（火炮）等热兵器概念。英语中的"匕首"与"剑"同类，实为"短剑"，"弓弦"与"箭"为同一种武器的两个部分，同属一类。汉语中的"飞刀""铜锤""戟""老枪"等在英语中空缺，英语中的"artillery"（火炮）、"shield"（盾）等在汉语中空缺。英语中的喻体词"spear"（茅）、"artillery"（火炮），其具象与功用，与汉语中的"戟""老枪"相当，两者分别对应的两种概念基本相同。相互类似或者空缺的武器喻体词折射出古代两国的武器种类、民众关于武器的认知范畴和水平略有不同。如"火炮"虽然最早在中国发明，但只用于军事，且数量极少，普通民众很难见到，传入欧洲后，火炮的制造和使用技术得到了快速发展，其概念被普通民众所熟知，因此也成为植物的取象。"盾"喻体词则间接反映了英国骑士比武时用盾牌来防身护体的历史现象。"骑士比武"是中世纪时在欧洲大陆和英国流行的一种军事训练活动，比武时，骑士们都穿戴盔甲，手拿长矛和盾牌。"飞刀"是辅助武器，需要高超的使用技巧，须经过刻苦训练才能运用自如，折射出中国古人注重精武强能、高艺致胜的武术文化。"刀""剑""锤""戟"等皆为十八般武艺之一，属于中华武艺的象征。

第二，反映了乡村聚落与城镇聚落的不同物态。在建筑物类喻体词中，汉语中是具有乡村特色和田园气息的"塔（宝塔）""篱笆"，英语中则是具有宗教色彩的"altar"（祭坛）和社交休闲气息的"bar-room"（酒吧间）。啤酒的制作工艺从 16 世纪初传入英国，英国的大麦主要用作啤酒原料，几乎百分百商品化，当时英国的商品经济已经相当发达，酒吧也应运而生，其"bar culture"（酒吧文化）流行至今。建筑物是人居住生活的重要物态，表达基本建筑物形态的"house"（房子）、"window"（窗户）、"wall"（墙）等概念词也在英语中用于指称植物，体现出其民众对这些建筑物形态的关注和了解。此外，汉英植物名中的"建筑物"都具有民间性特点，故其概念不会在历史风云的变幻中受到影响，也不会因时尚文化而完全消失。

第三，反映了农耕文化与农文化的历史传承性特点。中国以农耕社会为主，英国以农牧社会为主（李福印，2006:118）。比如，"蓑衣"是中国古代农事不可或缺的一种雨具；"扫帚"早在夏朝就被发明出来，用于打扫地面、收集晾晒的谷物，在中华大地上一直沿用至今。现代地毯的制作和使用则是畜牧业和纺织业发展进步的结果，英国历史上是这两种行业最发达的国家，而且英吉利民族习惯将"毯子"铺在地上来保持整洁和卫生，并延续至今。"sandbox"（沙盒）是一种文具，西方在现代钢笔发明之前，人们将树上未成熟的种子囊锯成两半，制成装饰性的钢笔沙盒〔（也称为"细粉壶" pounce pots）〕，晒干了的种子颗粒既可以用来干燥墨水，又可以撒在粗糙的平面上，使其足够光滑，利于书写，该植物因此得名"沙盒树"（"沙盒"本身也是一种隐喻用法，"沙"指一种形状像沙粒的植物种子，而非指沙石之"沙"）。

综上，汉英植物名中的人造物取象有同有异，从侧面反映了农耕社会与农牧社会、自给自足经济与商品自由流通经济社会的共性与个性。

当然，汉英植物名中存在相同喻体词的语言现象，也映照出中西文化交流融合的历史现实。如在建筑物类人造物中，汉英植物名中都有"宝塔/pagoda"喻体词，透露出"中塔西传"的融合结果，体现了中国建筑文化在欧洲的理解与接受。宝塔是中国古代屹立于城乡高处、具有代表性以及佛教色彩的建筑物，16世纪随着传教士和旅行家的记载而进入欧洲视野，其充满东方风情而又高耸夺目的建筑形象迅速获得人们的青睐并逐渐受到追捧。从18世纪中期开始，中国塔形象便作为装饰元素风靡欧洲。语言记录现实，指称"宝塔"的"pagoda"概念词也在16世纪初经由葡萄牙语在欧洲各语言中传播使用。在此之前，指称高耸建筑的西方自有词汇为"tower"。"tower"一词出现于公元900年之前，源自拉丁语"turris"，特指高耸的建筑，强调的是建筑形制，并无宗教意涵。由于建筑功能本身的世俗化运用和匮乏的佛教知识，在欧洲指称中国文化色彩的建筑物"pagoda"，经过一段时间的理解和语用后，其意涵已经超越了原先的建筑范畴，被扩大到一种对"中国"的直接指称，其形象也获得了更大的适用范围，中国宝塔的审美和装饰性获得强化,佛教的宗教意涵不断弱化乃至消失(陈妤姝,2023)。就人造物本身而言,也许英国的"pagoda"非中国的宝塔,但其语言符号"宝塔"客观地记录着所指概念的历史渊源与词义演进。

第二节　人造物隐喻植物喻体取象的文化属性

植物是自然界的生物实体,语言是人类所特有的指物符号,汉民族和英吉利民族利用各自语言中的既有词语来指称植物,既是人类认知具有共性和语言本身具有经济性的表现,也是各民族传统物质概念作用于语言的表现。利用日常的经验知识来表征其他初获体验的概念,具有"跨文化的一致性"(吴思娜、刘梦晨、李莹丽,2019:406)。在人类的认知过程中,许多客观存在物早于那些有待认识和熟悉的植物,各民族将"人造物"概念作为取象源来类比植物的某种特征,暗示各民族在其认知范畴中已经拥有这些概念。这些概念在植物命名中的类型、名称、数量、范围等则是民族社会生活的现实反映。

亚历山大等(Alexander et al.,2007)认为,植物名称不只是一种简单而又具有魅力的指称植物的方式,"更重要的是,它们常常拥有不可忽视的历史、地理或与其他事物相联系的含义"。植物名不仅富含民族传统文化知识,折射出一个民族历史上的生存状态和生活面貌,而且还被认为与其生态文化观紧密相关,是现代社会中唤醒美好"乡土"记忆的语言符号(陈晦,2014:1)。希尔(Hill,2003:161)认为,民族植物名"是一种可以调节人在世界上的生存方式的力量或者作用",一旦一个族群失去这些词汇,就会附带引起这个族群相应文化和环境知识内容的缺失。有些学者(Berkes,et al.,2000;Berkes & Dudgeon,2003;付广华,2012)把包含民间各种生活生产经验和事物名称的知识称作"乡土知识"(indigenous knowledge)或者"地方性知识"(local knowledge)。乡土知识不仅能为语言中的隐喻取象提供来源,而且能为族群成员传承和解释既有民族文化提供路径。随着科学技术的进步和城市化的推进与发展,许多有形的民族传统物质渐渐远离人们的生活和视线,不断消失,只有富含乡土知识的语言才是人类最后的"家园"(钱冠连,2005)。无论哪个民族,其先民命名时最突出的认知规律是通过联想类比来循于旧名以作新名(刘兴均,2013)。植物生长于大地,乡土知识自然也成为植物命名者用以联想类比的源泉,如马鞭草、金钱花、铁树、copperleaf、needle grass、epaulette tree 等汉英植物名称就包含着马鞭、金钱、铁、copper、needle、epaulette 等物质概念,其对应的人造物实体是特定地域空间中的族群在长期生产生活实践中呈现、维系和保存其共同形成的"归属感、认同感和文化价值观的重要载体"(鲁可荣,2021)之一。含人造物词语的植物名称无疑传递着一个民族传统的物用信息和物态文化知识,具有特色鲜明的文化属性。

第一,人造物词成为植物命名隐喻取象的必然性。植物的某些自然属性与现实生活中物用器具的某些特征相符,各地的命名者总是将两者进行类比联想,触发灵感,创设新名称。埃文斯(Evans,2009)认为,认知、概念和词义是叠加而成的。命名是一种认识存在物、形成概念、确定词汇(表达形式)的综合认知方式。这种综合认知方式使得人造物成为认识植物的有效途径与载体,是人们对自己所处时代生活生产的感知和体验。根据认知语言学的研究,人类在认知自然、命名各种现象和事物的过程中,一般遵循的顺序是"人体—动物—植物"(陈晦,2016:36)。相对于人的认知能力和认知速度而言,在身体之外存在的各种自然物和人造物浩瀚无穷、新出不尽。因此,人类的认知进程是循序渐进的,且采用"以已知喻新知、以旧词指新物"的策略。在各种语言中,都存在自然物名和人造物名重叠交错的语言现象,有的语言研究者将这种现象归纳为"一词多义"(王文斌,2005:20)。在各民族的语言中,人造物都是植物命名的三大主要来源隐喻之一(Mokhiruh,2017)。当然,就汉英语而言,植物名中所含的人造物词的数量少于其人体词和动物词的数量,从汉英语各 2000 个植物名称中获取的人体词分别超150 个、动物词分别超 200 个(陈晦,2016:123,135)。在命名植物时,人们倾向于将一种植物与某种人造物或者动物/人体等进行类比联系,而人造物往往是反映族群活动的物质文化元素。

第二,人造物词喻体在类型上的差异比较明显,展现了由人所构建的文化世界的不同图景。汉语中基本上以具体的人造物形状、大小、颜色等特征为喻,涉及人造物的多个方面,而英语中仅以人造物成品的形式为喻。这种"异同并存,异大于同"的语言现象,集中体现了人与外部环境相互作用下的感官感知的相似性和基于生活经验的文化感知的特异性(陈晦,2016:37)。

人造物取象的选择明显受限于本民族传统文化知识储备。植物概念取象于人造物,必须满足两个条件:一是客观环境中存在外形或者功能奇特的植物,二是主观知识经验中存在与植物的奇特外形或者某种功用相似的概念物。表达概念的基本语言形式是词汇。新的植物概念通过类比已在大脑中储存的既有概念来获得,并借助描述既有概念的词语来指称,且与汉民族和英吉利民族传统上的人造物种类、制造技术、制作工艺和社会物用水平密切关联,从侧面呈现出两个民族用于生产生活和社会活动的物质产品的风貌和类型。

第三,与社会物质文化的发展进程相关,反映社会生产力的发展水平。大脑中既有事物概念的形成依赖于自然环境中存在的各种物象和社会生活中已有的各种人造物。汉民族和英吉利民族的物质文明具有悠久的历史,很多人造物概念的形成、人造物名称的出现早于未曾发现、有待认识的植物。因此,这些人造物的概念和名称便被提取出来作类比和命名植物。现有的植物名称基本上都是瑞典生物学家林奈在 1753 年运用拉丁文建立双名法之前就已约定俗成、流传推广,代表现代工业文明的"汽车""飞机"等工具物的名称并没有出现在其中。这说明,人类在认知植物的过程中,以自己熟知的概念作为媒介、以大脑中储存的已有的知识经验作为基础,不可避免地借用称谓人造物的词汇来描述植物。汉英植物名中都有一定数量的人造物词汇,就是很好的例证。

第四,植物名是一个民族传承传统物态文化和乡土知识的窗口,反映人与自然的关系。传统农牧业物态文化产生于乡土乡村,它与农牧民和土地山林紧密相连,与平民百姓共生共存。随着工业化和城镇化的快速发展,人类赖以生存和发展的水土资源、环境、空气等都正在遭受大量侵蚀和污染,乡村的传统活力在日渐衰退,乡土建筑在快速消失,乡土文化和精神价值正在被抛弃。学习植物名,了解其中蕴含的文化义,可以获得文化教化与精神陶冶。一些千百年来哺育各民族繁衍生息的民间用具、民俗用品、传统工具、传统技艺,以及由此延伸的农牧业优良传统和理念,从植物名中可以得到传承。如何在时代演进中,在发展现代农牧业中,注意借鉴和汲取各自传统文化的理念,弘扬和保护鲜明的地域文化,传承和发扬优良的传统人文精神,维系生产生活生态的和谐发展是汉民族和英吉利民族共同的时代课题。

隐喻是人类的基本认知方式,在对世界加以概念化的进程中,隐喻发挥着不可或缺的主要作用(Lakoff,1993)。不同民族的社会物质生活和物质文化存在特异性,从这一视角考察汉英植物命名中人造物取象的差异性,再次映证了人造物传承着某种历史记忆、生产生活的智慧和民族地域特色,各民族的语言和文化不可分割。尽管不同的民族会选择不同的人造物概念来描述植物,但总是逃不出以已知联系未知进而形成新知的认知框架。对比人造物取象这一隐喻现象,无疑可以窥知汉民族和英吉利民族传统上"衣食住行"的物用痕迹,直接感知社会物质文化标记之异同,无形中感受文化多元的表达形态。

第三节　汉英人造物隐喻植物的认知机制

隐喻在语言中无处不在(Lakoff,1993)。概念隐喻理论认为,隐喻是一种认知现象,是人类认识外部世界和自身的基本方式,其本质是认知主体通过一类事物来了解另一类事物(Lakoff & Johnson,1980)。换言之,在语言和思维的实践中,认知主体可以基于两物之间共性特征的类比,将储存于大脑中的某个熟悉概念(源域)映射到一个陌生或者新接触的事物(靶域)上,从而以快捷的方式和最佳的效果获得理解这个新事物的新概念(命名或者定义)。源域"人造物"映射靶域"植物"这种类型的隐喻词汇在汉英语言中表现出共同的特征,其认知机制可归纳如下。

(一)概念隐喻下的"拟人造物化"

在整个认知系统中,人是核心,植物、人造物皆为其他低级存在物。对语言中各种隐喻概念依存转换的理解也都涉及人与其他低级存在物的关系(束定芳,2000:216)。克尔采斯佐斯基(Krzeszowski,1997:161)认为,植物概念与非植物概念互相依存转换的隐喻有"植物是他物(人、动物、无生命物等)""他物(人、动物、无生命物等)是植物"等。其中涉及"植物"与"无生命物"存在关系的隐喻有两个,即"无生命物是植物"和"植物是无生命物"。概念隐喻"无生命物是植物",即"拟植物化",涵盖各种"植物"映射"无生命物"的隐喻表达,如花裤子、草帽、藤椅、apple of discord(不和的根源)、stick and carrot(胡萝卜加大棒)、great oaks from little acorns grow(合抱之树,生于毫末)等。概念隐喻"植物是无生命物"派生的隐喻"植物是人造物",属于"拟人造物化"认知,主要涵盖"人造物"映射"植物"的隐喻植物名,如铁扫帚、白马鞍、金腰带、bottlebrush,drum sticks,cream cup 等。

人类的认知体验"来源于我们以人类为中心来看待世界并与世界互动的经验"(张炜炜,2020:88)。人造物作为人类日常生活中不可或缺的物品,经常被人类接触、使用、观察和感知,属于经验中的"凸显"物体,容易成为最熟悉的源域概念。植物名是植物学家或者相关命名者与自然环境互动、接触生物实体、产生概念并用语言符号加以标记的结果,概念隐喻无疑贯穿于整个认知过程。"拟人造物化",即把植物比作人造物,突出其与人造物类似的形象、形态或者功用,实质上是无生命物概念跨域映射植物概念的一种具体表现。同"拟人化""拟动物化"一样,"拟人造物化"也是我们人类进行思维扩展和语言创新的重要认知途径(陈晦,2016:42)。

(二)基于相似的视觉图像进行的异物类比

植物与人造物虽然物质形式不同,但都是独立存在的客观实体,都有定型的外形、体积、颜色、气味、功用和"年龄"等。这些客观实体各具特色,在人的大脑中构成了一幅幅视觉图像,或者是人对客观物体的一种主观经验印象。基于某种相似性,一种图像可以用来类比另一种图像,形成图像隐喻。不同于结构隐喻的特征,图像隐喻是将一个传统的心理图像映射到另一图像上(Esenova,2013)。其中,聚焦于植物的某种"凸显"特征,用人造物图像类比植物图像,将人造物作为源域图像映射到靶域植物上,借助熟悉的人造物特性的理解经验而获得某种理解植物特征的大脑图像,是一种普遍的认知方式,不分地域和文化。"凸显"意为"人在认知某一事物时从这一事物的多点或者多方面中有意突出某一点或者某一面,使之醒目并引人注意"(王文斌、熊学亮,2008)。将人造物某个方面既有的心理图像向植物的某个方面映射,达到对植物快捷、简明和通俗的理解,是隐喻凸显的典型反映。通过这种图像映射,两种概念的认知结构便构成了一个完整的隐喻。

在"植物是人造物"的隐喻作用下,受认知的类比性和语言的经济性所驱动,表征"衣""食""住""行""用"领域的外形、颜色、体积、气味和功用等凸显特征的语言用词便纷纷被用于表征植物域的外形、颜色、体积、气味和功用等特征,衔接形成了"植物是衣""植物是食""植物是住""植物是行""植物是用"的认知链条,贯通了人类视为无生命的人造物与有生命的植物同源共存的思维联系。

（三）族群物质文化决定跨域映射的内容

人造物与植物作为不同概念的有形物体,彼此跨域关联。借用人造物词命名植物的实质就是通过人造物概念来理解和体验植物概念,属于不同概念系统的"跨认知域映射"（孙毅,2013;李文中,2015）。由于跨域关联建立在人对客观物体的主观经验印象之上,不同界域之间的物体如何关联、以什么形式关联,会因认知主体的文化背景不同而出现差异,具有浓厚的文化特性。各民族的语言在命名植物的过程中,都习惯将植物的某些特征与包含民族文化元素的人造物信息联系起来。这些人造物是在现实世界中被成熟制作、生产并长久使用的物品,其概念也已广为熟知,成为族群物质文化的一种元素或者记忆,而非引进不久的外来物或者刚发明、使用不久的新物件。

汉英植物名中的人造物用品,有的呈现现实生活情景和传统民俗习惯,反映民间性;有的透露上层社会显示地位、区分等级的物用痕迹,折射出一定的皇室、贵族色彩,这些都是手工业时代制造水平（如都没有"汽车""飞机"等现代人造物喻体）和社会文明的物质体现。

含有"人造物"的植物名以"人造物"的语言内容表植物概念之实,隐性记录着族群的经济、社会生活以及文化元素,蕴含丰富的"乡土"知识,折射出民族传统物用的记忆,反映了不同的文化传统和社会特色,这是民族志的语言呈现。本书基于汉英语各 98 个和 90 个含有人造物概念内容的植物名,系统考察它们的词汇化表现,归纳提出含有"人造物"的植物名实质上是一种"拟人造物化"的隐喻。其认知方式是以人造物概念理解和构建植物概念,具有"植物是人造物"概念隐喻的典型特征。通过揭示"人造物"隐喻植物的认知理据,既可以补充和提升隐喻研究的内容与实际价值也可以为人造物之外他物隐喻植物和植物隐喻他物的语言研究提供新的理论视角。

民族语言与民族文化联结互动、密不可分,人造物隐喻植物时,汉英语在结构上没有明显的不同,内容上则受当时各自社会物质文化内容的制约,存在相同类别之下具体概念不对等、不一致的差别。汉英植物名具有相似而又不完全相同的词汇特征,既反映了汉民族和英吉利民族的认知方式、认知能力和经验总结具有相同性，也反映了地域环境、社会文化以及思维方式上的不同特性。对比分析这一现象背后的民族文化、心理思维以及生产生活方式之异同，揭示植物概念的语言共性和民族个性，清晰呈现其中"人造物"名具有的词汇扩展、特定文化元素传递的语言价值，有助于增强读者在语言学习和使用中认知文化、辨析文化和传承文化的意识。

第八章

总结与展望

第一节　总　结

　　隐喻是两个概念域之间的映合,是人们在思维中将不同事物特征联系起来的机制。作为人的一种认知机制,隐喻的产生离不开人们长期的文化生活体验,隐喻表达包含着深层的文化价值和文化心理。正因为隐喻所具有的思维认知性和文化独特性,隐喻的理解过程必然需要透过语言表象进行思维分析和文化阐释。植物名中的隐喻映射具有较大的弹性,不同地域、不同文化,取象类比的对象和内容均存在差别,且受限于人自身的审美倾向与类比推理心理,不可能"整齐划一"式地从一个角度描述同一植物的同一特征,遑论各不相同的植物种类。对其的微观整体研究难以全面揭示深邃的命名现象和规律,只能反映其本质的认知路径和关联维度,从而体现为一种渐进式的由此及彼的本质性追问过程,而不是"一锤定音"的结果。植物命名属于人在从"取象"到"类比"的思维路径上不断重复、不断深化的心智加工过程,其内涵义和可考性始终都是民间分类和文化约定俗成的反映。

　　本书在认知语言学、认知隐喻理论和词汇语义学的指导下,层层递进式地展开汉英植物名所含隐喻现象的研究。从植物名的语言特征入手,以汉英语各 500 个植物名为语料,阐释比较了"他物喻植物"与"植物喻他物"两类隐喻的语言表现和衍生机理,主要分析对比汉英"人喻植物""动物喻植物"和"人造物喻植物"3 类词语的结构特征、认知理据和文化意义,各部分研究既互相联系又相对独立,全部章节由粗到细、由外向内,论述分析逐渐推进,从而保持逻辑上的衔接连贯。

汉英"他物喻植物"词汇的梳理和对比,将植物隐喻的始源域锁定为"人""动物""人造物"所在的概念域,在"植物是人"和"植物是物"两个根隐喻的框架下,运用隐喻映射,在植物、人、动物、人造物诸象间寻求类比,实现词义拓展与引申。通过语料的分类以及各种映射关系的对比分析,我们发现汉英"他物喻植物"类词语在认知上共性和差异并存、同大于异。其共性特征在于:一是植物名的喻体取象均涵盖了非植物概念的形态域、色彩域、状态域、情感域、特性域、关系域等,折射出汉民族和英吉利民族的经济发展和文化生活;二是两个民族在认知思维和生活经验上具有一致性,都存在以人(人体)、动物和人造物三种概念隐喻植物的现象,且喻体概念完全对应性强;三是隐喻映射不是随意的,始源域的认知布局与目标域保持一致,汉英植物名在词语形式、语法特征和本体范围上具有较多的相同或者相似之处;各喻体词的总数占比与分类占比基本接近,都有实体隐喻缺失现象。而其不同之处主要表现为:一是同一大类下的具体取象喻体不尽相同,存在细微差别,且同一喻体投射的具体本体概念也存在差别,如与动物性别、饮食品种、服饰类型等相关的喻体词语差异明显;二是在外在形式和内含简单词的数量上存在差别,英语植物名中短语型植物名数量较多,汉语植物名中数字概念种类更多和投射频率更高。共性和差异性反映的是认知主体对植物域等特定目标域的认知取向,取决于施喻者的体验认知程度,而后者则受制于感官差异、生活经验、文化因素等多元性认知理据。

本书研究的语料主要来自 4 本植物词典,其包含的植物名多达 5000个,数量较大。在分类对比的同时,本书对概念隐喻的成因和文化渊源进行了剖析与阐释,深度挖掘了隐喻思维在植物命名中的经验思维、取象思维、直觉与灵感思维中的具体表现。本书的研究从认知隐喻角度总结了植物的命名理据,并以此为基础展开隐喻映射分析,以期从已知推知未知,从简单推知复杂,从现象推知文化,从自然推知机理。本书的研究加强了隐喻思维的跨文化比较深度、广度和效度,对于汉英对比研究而言是一项有益的补充,对汉英其他类别词汇隐喻形成的对比研究也具有借鉴意义。

明末清初思想家顾炎武说:"有一日未死之身,则有一日未闻之道。"人的认知跟大自然永远是不可能画等号的,我们知道的只是一部分,未知则是无限的。鉴于当前的理论修为、思维深度、认知广度、严谨程度等方面的局限,本书的研究存在许多不足之处,出于对学术的敬畏,期待后续研究能够围绕以下不足,开展更加深入而全面的探讨。

第一,拓展语料覆盖面,展开植物名隐喻形成的历时研究。随着社会和文化的发展,部分植物名将会出现意义扩大、缩小,甚至消亡的情况,在广泛收集现有植物词语的基础上,进一步从库存的孤本典籍中收集语料,穷尽已有植物名,探究植物名词义演进的历时路径,从而完善和发展前期研究的观点与成果。

第二,在英语语言教学实践中增强对植物类词汇形式内容的理解。如何将汉英植物名隐喻词义理解模式运用到跨文化理解能力的培养上:一种隐喻信息是如何经过学习者大脑的解码和编码,加工组织成输出信息,体现在表达之中,从而运用于实际情景的? 这也是未来研究的一个拓展方向。

第三,探究在国际中文教育教学中如何有效融入汉语植物名教学内容,从而提高汉英语言词汇对比研究的实践价值和文化交流作用。

第二节 德育价值思考

文化是一个国家和民族的灵魂,必须坚定历史自信、文化自信,不断提升国家文化软实力和中华文化影响力。汉语植物名隐性记录了中国地域动植物物种、历史人名、物用种类等信息,体现出"民胞物与""万物各得其和以生,各得其养以成"等尊重自然、顺应自然以及保护自然的思想理念,折射出天人合一、和谐共生的生态观,积淀着一定的历史文化。但同时,其又是中华文明和非物质文化内容组成部分中容易被忽略的一个部分。新时代,高校师生承担着"讲好中国故事、传播好中国声音"的重要使命,以植物名文化词义学习探究以及汉英植物名词义对比阐释为切入点,将会在厚实英语和国际中文教育教学内容、推动中国语言文化走向世界的进程中发挥"增砖添瓦"的作用。

一、英语植物名中的中国元素辨识

在查找、考察汉英植物名的过程中,本书发现无论在汉语植物名还是在英语植物名中,都嵌有对方文化元素的词语。例如,汉语中的"英国梧桐",拉丁名为 Platanus acerifolia,对应英语名为 London planetree(伦敦梧桐);英语中的 China fir(中国冷杉),拉丁名为 Cunninghamia lanceolata,对应汉语名为"元杉/杉木"。这种语言现象透露出中英两国植物物种的相互引进、融合与人文交流的渊源。据《发现瑰丽的植物》(*A Trip in Nature:The Most Beautiful Palnts*)(凯茨比、胡克,2016:16)的介绍,大约从 17 世纪开始,欧洲的一些植物采集者就前往中国采集植物标本。这可以说是从中英植物学引进交流史的专业角度解释了为何英语植物名中存在许多中国文化元素的现象问题。

2017 年至 2023 年,笔者在塞尔维亚诺维萨德大学孔子学院工作,基于欧洲地区各国家语言之间存在天然便利的交流融合的现实,笔者曾多次以"植物名的文化理据""汉英植物名理据比较"为题,向贝尔格莱德和诺维萨德等地的大中学师生讲解植物名词义中蕴含的丰富的历史知识和人文思想等内容,受到师生们的真诚欢迎,引起了广泛共鸣。其中,一位名叫达莎·赛凯露丝(Dasha Sekerus)的汉语成人学习者就与笔者分享了塞尔维亚 3 个植物名的词义理据。第一个植物名"HajduČka"。最初,这种植物由一位名叫哈耶杜克(Hajduk)的塞尔维亚士兵偶然发现,把它涂在伤口上可以使伤口迅速愈合,就像变魔术一样,该植物随发现者的名字被命名为"HajduČka"。时至今日,塞尔维亚人在受伤出血时都会喝下由"HajduČka"叶子煮的"HajduČka trava"(音意译为"哈雅杜科茶")。第二个是"Rtanjski Čaj"。"Rtanj"是位于塞尔维亚东部的一座山,该山呈金字塔形,围绕"Rtanj"山有许多神秘的传说,其中之一就是"Rtanjski Čaj"。这种草药在这座山以外的其他地方都不能生长,极其稀有,因此受到塞尔维亚法律的保护。将"Rtanjski Čaj"制成茶后,可以治疗呼吸道疾病。第三个植物名是"MajČina dušica"。据说由该植物制成的草药茶,可以治疗感冒、打喷嚏、咳嗽和儿童易感染的其他疾病。正是这个原因,其名称的含义是"母亲的保护"。可见,植物名中包含的民间文化资源何其丰富!中塞两国虽相隔万里,但在植物命名上两个民族的思维与经验又何其相似!受此鼓励和启发,笔者萌发了进一步聚焦植物名这一语言现象，深入拓宽和挖掘其中的历史文化知识，助力英语和国际中文教育教学的内涵提升与发展。

从英语原版词典《木材出版社植物名词典》收录的 2030 个英语植物名中搜寻查找，笔者发现不少含有中国元素的植物名，根据其词义内容可分为以下 5 种情形。

第一，嵌有"中国（的）"英文单词，透露出该植物从中国引进或者原产于于中国的信息，如 China aster（中国紫菊——翠菊，拉丁名为 *Callistephus chinensis*）、China berry（中国梅——楝树，拉丁名为 *Melia azedarach*）、China fir（中国冷杉——杉木，拉丁名为 *Cunninghamia lanceolata*）、Chinese arborvitae（中国侧柏——扁柏，拉丁名为 *Platycladus orientalis*）、Chinese bell-flower（中国风铃花——桔梗花，拉丁名为 *Platycodon grandiflorus*）、Chinese foxglove（中国的狐狸手套——毛地黄，拉丁名为 *Rehmannia glutinosa*）、Chinese ground orchid（中国地兰——白芨，拉丁名为 *Bletilla striata*）、Chinese hat plant（中国帽子植物——阳伞花，拉丁名为 *Holmskioldia sanguinea*）、Chinese lantern lily（中国灯笼百合——灯笼花，拉丁名为 *Agapetes lacei Craib*）、Chinese olive（中国橄榄——青果，拉丁名为 *Fructus Canarii Canarium album*）、Chinese quince（中国榲桲——木瓜，拉丁名为 *Chaenomeles sinensis*）、Chinese ragwort（中国破布草——刘寄奴，拉丁名为 *Herba Artemisiae Anomalae*）、Chinese swamp cypress（中国湿柏——水杉，拉丁名为 *Glyptostrobus pensilis*）、Chinese windmill palm（中国风车磨房棕榈——糖棕，拉丁名为 *Trachycarpus fortunei*）、Chinese wolf-berry（中国狼莓——枸杞，拉丁名为 *Lycium chinense*）等。

第二，含有中国地域名称，反映出其对应植物原产于中国境内，如 Himalayan cypress（喜马拉雅柏——西藏柏，拉丁名为 *Cupressus torulosa*）、Himalayan pine（喜马拉雅松——蓝松，拉丁名为 *Pinus griffithii*）等。

第三，组成的词语中含有"bamboo"（竹），透露出英国以及欧洲大陆地区对于原产于中国的植物竹子实体和概念的认识与本土化了解，如 bamboo fern、bamboo grass 等。

第四，从汉语植物名音译而成，无实质意义，如 longan fruit（龙眼果，拉丁名为 *Euphoria longana*）、ginger（姜，拉丁名为 *Zingiber officinale*）、ginseng（人参，拉丁名为 *Panax ginseng C. A.*）、mango（芒果，拉丁名为

Mangifera indica）、tungoil tree（"桐油树"，音译加意译，拉丁名为 *Vernicia fordii*）等。

第五，同时使用某一取象源域，但概念内涵不完全相同，如 dragon's blood palm（龙血棕榈——龙血木，拉丁名为 *Dracaena draco*）、dragon spruce（龙云杉——云杉，拉丁名为 *Picea asperata*）等。"龙"是较有代表性的中国元素符号，英语中的"龙"是一种邪恶、威猛的动物，存在参考汉语命名或者该植物从中国引进的可能性。

综上，无论英国地域上的植物种类还是英语语言中的词汇组成，都留有"中国"的身影，说明中国物种与英国等西方国家的物种交流融合的事实，反映出中国文化和中华文明对世界文明所作出的贡献。同时，这也提醒我们，近代西方国家对中国植物的科学研究远远早于中国。尽管这已经是百年前的旧事，但是我们也不能忘记，我们仍应该激励植物学家和青年学习者更深入地研究祖国的植物宝藏。

二、语言教学中融入植物词汇的思政启发

改革开放以来，中国的经济实力迅速提升，已成为世界第二大经济体和第一大贸易出口国。随着我国综合国力和国际影响力的极大提升，提炼展示中华文明的精神标志和文化精髓，加快构建中国话语和中国叙事体系刻不容缓。而语言教学兼具工具性和人文性，在人文交流和科技创新方面将具有越来越重要的作用。得益于本书的研究，就汉英植物词汇的特色内容和德育价值而言，笔者获得以下几点启发。

要进一步增强文化自信和民族自豪感。从世界文化史的宏观角度来看，中国传统文化和国人的文化自信还处在从近代以来所遭遇的严重危机中复苏的阶段。语言教学中要预防形成西方文化优于中华文化的思想，在不同的文化感知和对比思考中坚定文化自信。植物词汇就是一个很好的切入点。有时候，看似外国语言文化中的物象符号、人类文明表征，其实是古时候西方吸收借鉴中华文明的结果。树立文化自信，有助于提高大学生的文化辨别能力，使他们对外来文化采取辩证的态度，而不是遗忘自身的文化根源，对植物命名文化的可贵精神失去价值认同。

要进一步解读好利用好植物词汇中的思政元素。英语课程教学中如何合理合情地融入思政元素，一直是英语教师面临和努力思考的现实问题。

仅依靠纯理论的说教，难免言之无物，缺乏信度。在英语专业本科生《英语词汇学》《跨文化交际》以及研究生大学英语教材中融入植物词汇，可以丰富英语学习素材，借助植物词汇阅读全面了解文化差异，理性分析现象和问题，转变以往英语教学"向外看"的单一路径，形成"以我为主、面向未来"的崭新视野。因此，深入挖掘植物词语中内蕴的具有不同特色的隐性思政教育资源，是一个符合实际而又具有校本特色的创新路径，尤其适合农林类高校实施，以实现专业教学和课程思政的同向同行，形成协同效应，达到润物无声、立德树人的教育效果。

要进一步凸显国际中文教育和海外孔子学院的生态育人特色。在"一带一路"倡议下，中国与世界各国的联系愈发紧密，中国与世界各地的经济和文化交流活动愈发频繁，海外孔子学院这座友谊之桥也架遍全球。英语植物名中的中国元素符号虽然数量有限，但植物名作为一种专类词汇，其词义不仅充满趣味性、知识性和文化性，而且带有浓浓的"民族味道"，无疑可以作为汉语教学的一个切入点。笔者在塞尔维亚工作期间，致力于"汉语＋茶"特色教学和"茶外交"，让"友谊茶"香飘多瑙河畔。笔者还设计了问卷，在诺维萨德大学、贝尔格莱德大学、波黑巴尼亚卢卡大学、罗马尼亚克鲁日巴比什—波雅依大学和黑山大学等多所大学的孔子学院开展调研，93%的学员认为学习中国茶文化对汉语学习帮助很大或者有一定帮助。植物名是劳动人民的智慧结晶，从学习"茶"的词义理据开始，大力开展隐喻性教学，适当补充汉语植物名词义理据，与学习者母语的植物名词义进行比较，帮助学生理解中华文化、增进情感认同，提升汉语学习水平，定能收到事半功倍的效果。孔子学院办学要更加充分、更加鲜明地展现中国故事及其背后的思想力量和精神力量，弘扬中华文明蕴含的全人类共同价值，引导学生深刻理解中国 5000 年文明的博大精深，涵养人类命运共同体的精神气质，建设更加和谐美好的大同世界。

参考文献

［1］安志伟,2009.汉语动植物名词指人现象的隐喻认知研究[J].东岳论丛, 30(10):87-91.

［2］白靖宇,2010.文化与翻译[M].北京:中国社会科学出版社.

［3］鲍林杰,1993.语言要略[M].方立,李谷城,等译.北京:外语教学与研究 出版社.

［4］蔡基刚,2008.英汉语词汇对比研究[M].上海:复旦大学出版社.

［5］蔡基刚,2008.英汉语词汇对比研究[M].上海:复旦大学出版社:3-7.

［6］蔡基刚,2008.英汉语词汇对比研究[M].上海:复旦大学出版社: 137,155.

［7］蔡基刚,2008.英汉语词汇对比研究[M].上海:复旦大学出版社: 138-177.

［8］蔡基刚,2008.英汉语词汇对比研究[M].上海:复旦大学出版社:183.

［9］蔡基刚,2008.英汉语词汇对比研究[M].上海:复旦大学出版社:108.

［10］蔡培印,宫延学,1994.植物名称传说[J].绿化与生活,3:5-6.

［11］陈道明,2007.Metonymy:借代与转喻[J].西安外国语大学学报,4: 11-13.

［12］陈晦,2014a.英汉植物名理据及生态观对比分析[J].西安外国语大学

学报,22(3):1-4.

[13] 陈晦,2014b.“植物是人”概念隐喻在汉英植物名中的投射[J].外国语文,30(5):81-87.

[14] 陈晦,2015.英汉植物命名中的动物隐喻现象对比研究[J].西安外国语大学学报,23(4):1-5.

[15] 陈晦,2016.英汉植物词汇词义特征及其文化理据对比研究[M].北京:中国社会科学出版社.

[16] 陈晦,2016.英汉植物词汇词义特征及其文化理据对比研究[M].北京:中国社会科学出版社:36.

[17] 陈晦,2016.英汉植物词汇词义特征及其文化理据对比研究[M].北京:中国社会科学出版社:37.

[18] 陈晦,2016.英汉植物词汇词义特征及其文化理据对比研究[M].北京:中国社会科学出版社:42.

[19] 陈晦,2016.英汉植物词汇词义特征及其文化理据对比研究[M].北京:中国社会科学出版社:44.

[20] 陈晦,2016.英汉植物词汇词义特征及其文化理据对比研究[M].北京:中国社会科学出版社:111.

[21] 陈晦,2016.英汉植物词汇词义特征及其文化理据对比研究[M].北京:中国社会科学出版社:112.

[22] 陈晦,2016.英汉植物词汇词义特征及其文化理据对比研究[M].北京:中国社会科学出版社:123,135.

[23] 陈晦,2016.英汉植物词汇词义特征及其文化理据对比研究[M].北京:中国社会科学出版社:161-162.

[24] 陈晦,2016.“植物是动物”概念隐喻在英汉植物名中的投射[J].解放军外国语学院学报,39(3):70-77.

[25] 陈晦,2009.英汉习语中本体/喻体的文化语义感知研究——隐喻义与象征义之比较[J].湖北大学学报(哲学社会科学版),36(6):120-122.

[26] 陈晦.2022.中文·茶·友谊——“中文＋茶文化”特色教育教学理论与实践[M].南京:江苏人民出版社.

[27] 陈晦,2023.汉英语人工物隐喻植物的认知对比研究[J].北方民族大学学报(哲学社会科学版),3:154-162.

[28] 陈家旭,2007.英汉隐喻认知对比研究[M].上海:学林出版社.

[29] 陈家旭,2007.英汉隐喻认知对比研究[M].上海:学林出版社:91.

[30] 陈香兰,2005.转喻:从"辞格"到认知的研究回顾[J].外语与外语教学,8:56-60.

[31] 陈映戎,2015.英汉植物隐喻的跨文化理解研究[M].北京:中国社会科学出版社.

[32] 陈映戎,2015.英汉植物隐喻的跨文化理解研究[M].北京:中国社会科学出版社:16.

[33] 陈映戎,2015.英汉植物隐喻的跨文化理解研究[M].北京:中国社会科学出版社:35.

[34] 陈映戎,2015.英汉植物隐喻的跨文化理解研究[M].北京:中国社会科学出版社:41.

[35] 陈映戎,2015.英汉植物隐喻的跨文化理解研究[M].北京:中国社会科学出版社:81.

[36] 陈映戎,2015.英汉植物隐喻的跨文化理解研究[M].北京:中国社会科学出版社:182-190.

[37] 陈妤姝,2023.18世纪欧洲对中国宝塔形象的应用和理解[J].复旦学报(社会科学版),1:113-125.

[38] 褚孝全,1991.语言哲学:从语言到思想[M].上海:生活·读书·新知三联书店.

[39] 崔大方,2006.植物分类学[M].北京:中国农业出版社.

[40] 崔明昆,2005.植物民间分类、利用与文化象征——云南新平傣族植物传统知识研究[J].中南民族大学学报(人文社会科学版),4:53-57.

[41] 邓炎昌,刘润清,1989.语言与文化——英汉语言文化对比[M].北京:外语教学与研究出版社.

[42] 丁艳,2020.汉语植物词语研究[D].呼和浩特:内蒙古大学.

[43] 杜学增,1999.中英(英语国家)文化习俗比较[M].北京:外语教学与研究出版社:205-206.

[44] 丰国欣,2013.汉英词汇对比研究[M].北京:清华大学出版社.

[45] 冯英,2010.汉语义类词群的语义范畴及隐喻认知研究(二)[M].北京:北京语言大学出版社.

［46］冯英,2010.汉语义类词群的语义范畴及隐喻认知研究(二)［M］.北京：北京语言大学出版社:143.

［47］付广华,2012.传统生态知识:概念、特点及其实践效用［J］.湖北民族学院学报(哲学社会科学版),30(4):52-57.

［48］高明乾,2006.植物古汉名图考［M］.郑州:大象出版社.

［49］高一虹,2000.语言文化差异的认识与超越［M］.北京:外语教学与研究出版社.

［50］高一虹,2000.语言文化差异的认识与超越［M］.北京:外语教学与研究出版社:4.

［51］格特力,2007.人类、动物与隐喻［J］.国外社会科学,1:101-104.

［52］谷建军,1999.论词义的文化性［J］.首都师范大学学报(社会科学版),3:35-39.

［53］杭东,2012.我国古代植物如何命名［J］.云南林业,33(2):68.

［54］何善芬,2002.英汉语言对比研究［M］.上海:上海外语教育出版社.

［55］何自然,2006.认知语用学——言语交际的认知研究［M］.上海:上海外语教育出版社.

［56］胡春雨,徐玉婷,2019.基于汉英经济媒体语料库的植物隐喻研究［J］.外语教学,40(6):44-49.

［57］黄碧蓉,2010.人体词语语义研究［M］.上海:复旦大学出版社.

［58］黄碧蓉,2010.人体词语语义研究［M］.上海:复旦大学出版社:24.

［59］黄碧蓉,2010.人体词语语义研究［M］.上海:复旦大学出版社:155.

［60］黄月圆,1995.复合词研究［J］.当代语言学,2:1-9.

［61］蒋德诚,2014.汉英词汇对比研究［M］.南京:东南大学出版社.

［62］凯茨比,胡克,2016.发现瑰丽的植物［M］.吕增奎,译.北京:商务印书馆.

［63］凯茨比,胡克,2016.发现瑰丽的植物［M］.吕增奎,译.北京:商务印书馆:16.

［64］李冬,1988.汉英词语理据比较［J］.外国语(上海外国语学院学报),6:1-4.

［65］李福印,2006.语义学概论［M］.北京:北京大学出版社.

［66］李福印,2006.语义学概论［M］.北京:北京大学出版社:118.

[67] 李国南,2001.辞格与词汇[M].上海:上海外语教育出版社.

[68] 李润桃,2008.以动物为原型的植物名词研究[J].河南师范大学学报(哲学社会科学版),5:145-147.

[69] 李慎廉,高玉华,高东明,等,2002.英语姓名词典[Z].北京:外语教学与研究出版社.

[70] 李时珍,1982.本草纲目[M].北京:人民卫生出版社.

[71] 李文中,2015.《道德经》的核心概念及隐喻的英语表述分析[J].解放军外语学院学报,38(5):108-116.

[72] 李瑛,文旭,2006.从"头"认知——转喻、隐喻与一词多义现象研究[J].外语教学,3:1-5.

[73] 连淑能,2003.英汉对比研究[M].北京:高等教育出版社.

[74] 廖光蓉,2000.英汉文化动物词对比[J].外国语(上海外国语大学学报),5:17-26.

[75] 廖光蓉,2002.英汉文化植物词对比[J].解放军外国语学院学报,4:5-9.

[76] 刘辰诞,1995.英语植物俗名略论[J].信阳师范学院学报(哲学社会科学版),2:101-104.

[77] 刘大为,2001.比喻、近喻与自喻[M].上海:上海教育出版社.

[78] 刘大为,2001.比喻、近喻与自喻[M].上海:上海教育出版社:75.

[79] 刘润清,2002.西方语言学流派[M].北京:外语教学与研究出版社.

[80] 刘铁凯,谷化琳,2005.比喻的相似性与相关性及其感知过程[J].四川外语学院学报,6:86-91.

[81] 刘兴均,2013.《礼记》用器类名物词"异实同名"现象探析[J].民俗典籍文学研究,2:139-160.

[82] 刘正光,2002.论转喻与隐喻的连续体关系[J].现代外语,1:61-70.

[83] 刘正光,2021.英汉认知语义对比研究[M].北京:外语教学与研究出版社.

[84] 刘志成,2014.英汉人体词一词多义认知对比研究[D].上海:上海外国语大学.

[85] 陆谷孙,2007.英汉大词典(第二版)[Z].上海:上海译文出版社.

[86] 陆国强,1999.现代英语词汇学[M].上海:上海外语教育出版社.

［87］陆俭明，2009.隐喻、转喻散议［J］.外国语（上海外国语大学学报），32（1）：44-50.

［88］鲁可荣，2021.乡村集体记忆重构与价值传承［J］.民俗研究，3：62-70.

［89］卢卫中，2015.基于认知的英汉词义对比研究——关于对比认知词义学的构想［J］.外国语（上海外国语大学学报），38（3）：33-39.

［90］卢卫中，李一，2020.英汉语隐喻构词理据对比研究［J］.外语学刊，3：27-32.

［91］卢植，2006.认知与语言——认知语言学引论［M］.上海：上海外语教育出版社：188.

［92］卢植，2006.认知与语言——认知语言学引论［M］.上海：上海外语教育出版社：83.

［93］卢植，2006.认知与语言——认知语言学引论［M］.上海：上海外语教育出版社：84.

［94］卢植，2006.认知与语言——认知语言学引论［M］.上海：上海外语教育出版社.

［95］罗常培，2004.语言与文化［M］.北京：北京出版社。

［96］马冬雪，1992.植物名称有来由［J］.河北林业，2：30.

［97］马清华，2006.文化语义学［M］.南昌：江西人民出版社.

［98］马清华，2006.文化语义学［M］.南昌：江西人民出版社：25.

［99］马清华，2000.隐喻意义的取象与文化认知［J］.外语教学与研究，4：267-273.

［100］潘文国，1997.汉英语对比刚要［M］.北京：北京语言大学出版社.

［101］潘文国，1997.汉英语对比刚要［M］.北京：北京语言大学出版社：39.

［102］裴盛基，2003.中国民族植物学：回顾与展望［J］.中国医学生物技术应用，2：66-71.

［103］彭雪华，2008.情绪隐喻的取象与文化认知［J］.南昌大学学报（人文社会科学版），39（6）：162-165.

［104］彭媛，李兴奎，李顺琴，2015.“人化”汉语“花卉”词的隐喻研究［J］.云南农业大学学报（社会科学），9（5）：102-106.

［105］祁振声，2014.“茱萸”的“同名异物”与“同物异名”［J］.河北林果研究，29（3）：324-332.

[106] 钱冠连,2018.美学语言学——语言美和言语美[M].上海:华东师范大学出版社.

[107] 钱冠连,2018.美学语言学——语言美和言语美[M].上海:华东师范大学出版社:30.

[108] 钱冠连,2018.美学语言学——语言美和言语美[M].上海:华东师范大学出版社:270.

[109] 钱冠连,2001.有理据的范畴化过程——语言理论研究中的原创性[J].外语与外语教学,10:7-10.

[110] 钱冠连,2005.语言:人类最后的家园[M].北京:商务印书馆.

[111] 任开兴,2020.植物名称的因类制宜翻译法探索[M].中国翻译,5:145-152.

[112] 萨丕尔,1985.语言论——言语研究导论[M].陆卓元,译,北京:商务印书馆:3-10.

[113] 尚衍重,2012.种子植物名称:拉汉英名称[Z].北京:中国林业出版社.

[114] 邵斌,2019.英汉词汇对比研究[M].北京:外语教学与研究出版社.

[115] 邵斌,2019.英汉词汇对比研究[M].北京:外语教学与研究出版社:45.

[116] 邵斌,2019.英汉词汇对比研究[M].北京:外语教学与研究出版社:77-78.

[117] 邵斌,2019.英汉词汇对比研究[M].北京:外语教学与研究出版社:106-108.

[118] 邵斌,2019.英汉词汇对比研究[M].北京:外语教学与研究出版社:147.

[119] 邵斌,2019.英汉词汇对比研究[M].北京:外语教学与研究出版社:188.

[120] 邵斌,2019.英汉词汇对比研究[M].北京:外语教学与研究出版社:194.

[121] 邵斌,2019.英汉词汇对比研究[M].北京:外语教学与研究出版社:198.

[122] 邵志洪,1997.英汉语研究与对比[M].上海:华东理工大学出版社.

[123] 佘正荣,2011.中国生态伦理传统与现代西方环境伦理学思维方式之

比较[J].鄱阳湖学刊,1:95-103.

[124] 沈安平,1996.论社会文化与语言的联系意义[M].上海:上海外语教育出版社.

[125] 沈家煊,1999.转指和转喻[J].当代语言学,1:3-15.

[126] 石毓智,2004.论汉语的构词法与句法之关系[J].汉语学报,1:33-39.

[127] 束定芳,2000.隐喻学研究[M].上海:上海外语教育出版社.

[128] 束定芳,2000.隐喻学研究[M].上海:上海外语教育出版社:30.

[129] 束定芳,2000.隐喻学研究[M].上海:上海外语教育出版社:43.

[130] 束定芳,2000.隐喻学研究[M].上海:上海外语教育出版社:54-55.

[131] 束定芳,2000.隐喻学研究[M].上海:上海外语教育出版社:74.

[132] 束定芳,2000.隐喻学研究[M].上海:上海外语教育出版社:70.

[133] 束定芳,2000.隐喻学研究[M].上海:上海外语教育出版社:94.

[134] 束定芳,2000.隐喻学研究[M].上海:上海外语教育出版社:177.

[135] 束定芳,2000.隐喻学研究[M].上海:上海外语教育出版社:216.

[136] 束定芳,2004.隐喻和换喻的差别与联系[J].外国语(上海外国语大学学报),3:26-34.

[137] 束定芳,2008.认知语义学[M].上海:上海外语教育出版社.

[138] 束定芳,2008.认知语义学[M].上海:上海外语教育出版社:195.

[139] 束定芳,2008.认知语义学[M].上海:上海外语教育出版社:196.

[140] 束定芳,1988.文化·语言·外语教学[J].山东外语教学,2:10-17.

[141] 束定芳,2000.现代语义学[M].上海:上海外语教育出版社.

[142] 束定芳,2011.隐喻与转喻研究[M].上海:上海外语教育出版社.

[143] 束定芳,刘正光,徐盛桓,2009.中国国外语言学研究(1949—2009)[M].上海:上海外语教育出版社.

[144] 束定芳,刘正光,徐盛桓,2009.中国国外语言学研究(1949—2009)[M].上海:上海外语教育出版社:37-39.

[145] 宋春阳,2005.现代汉语"名+名"逻辑语义研究[M].上海:学林出版社:93.

[146] 宋聚磊,2022.汉英重叠词对比研究[D].北京:北京外国语大学.

[147] 宋永培,1995.中国文化词汇学的基本特征[A]//邵敬敏.文化语言学中国潮.北京:语文出版社.

[148] 宋永培,1995.中国文化词汇学的基本特征[A]//邵敬敏.文化语言学中国潮.北京:语文出版社:133.

[149] 苏筱玲,2008.英汉动物词语的隐喻认知与语域投射[J].四川外语学院学报,5:84-86.

[150] 孙毅,2013.基于语义域的隐喻甄别技术初探——以 Wmatrix 语料库工具为例[J].解放军外语学院学报,36(4):10-16.

[151] 孙毅,2013.核心情感隐喻的具身性本源[J].陕西师范大学学报(哲学社会科学版),42(1):105-111

[152] 孙毅,张盼莉,2016.汉英服饰隐喻异同的体验哲学疏议与文化渊源溯追[J].解放军外语学院学报,39(1):45-52.

[153] 孙毅,张瑜,2018.汉英植物隐喻管轨的"同"博观与"异"微探[J].天津外国语大学学报,25(4):31-44.

[154] 谭宏娇,2010.汉英植物命名比较初探[J].吉林师范大学学报(人文社会科学版),38(5):57-60.

[155] 谭宏娇,2004.古汉语植物命名研究[D].杭州:浙江大学.

[156] 谭宏娇,2005.夏纬瑛《植物名释札记》补正[J].自然科学史研究,24(4):364-371.

[157] 特纳,2000.身体与社会[M].马海良,赵国新,译.沈阳:春风文艺出版社:99.

[158] 王艾录,司富珍,2002.语言理据研究[M].北京:中国社会科学出版社.

[159] 王德春,2002.多角度研究语言[M].北京:清华大学出版社.

[160] 王德春,1997.语言学概论[M].上海:上海外语教育出版社.

[161] 王东风,2005.再谈意义与翻译[J].中国外语:1:71-78.

[162] 王逢鑫,2001.英汉比较语义学[M].北京:外文出版社.

[163] 王逢鑫,2001.英汉比较语义学[M].北京:外文出版社:324.

[164] 王福祥,吴汉樱,1994.文化与语言(论文集)[C].北京:外语教学与研究出版社.

[165] 王继同,2005.新编汉英分类词典[Z].杭州:浙江大学出版社.

[166] 王珏,2001.现代汉语名称研究[M].上海:华东师范大学出版社.

[167] 王珏,2001.现代汉语名称研究[M].上海:华东师范大学出版社:130.

[168] 王丽玲,2009.中草药植物命名中的一物多喻现象研究[J].修辞学习, 5:68-73.

[169] 王宁,2011.论词的语言意义的特性[J].北京师范大学学报(社会科学版),2:35-42.

[170] 王文斌,2007.隐喻的认知构建与解读[M].上海:上海外语教育出版社.

[171] 王文斌,2007.隐喻的认知构建与解读[M].上海:上海外语教育出版社:238.

[172] 王文斌,2007.隐喻性词义的生成和演变[J].外语与外语教学,4: 13-17.

[173] 王文斌,2005.英语词法概论[M].上海:上海外语教育出版社.

[174] 王文斌,2005.英语词法概论[M].上海:上海外语教育出版社:20.

[175] 王文斌,熊学亮,2008.认知突显与隐喻相似性[J].外国语(上海外国语大学学报),3:46-54.

[176] 王寅,2001.认义理论与语言教学[M].上海:上海外语教育出版社.

[177] 王寅,2001.认义理论与语言教学[M].上海:上海外语教育出版社: 54-55.

[178] 王寅,2001.认义理论与语言教学[M].上海:上海外语教育出版社:229.

[179] 王寅,2006.认知语法概论[M].上海:上海外语教育出版社.

[180] 王寅,2007.认知语言学[M].上海:上海外语教育出版社.

[181] 王寅,2005.认知语言学探索[M].重庆:重庆出版社.

[182] 王月华,2010.隐喻、转喻与词义发展[J].现代语文(语言研究版),4: 16-18.

[183] 王政红,1998.复合词结构的语法属性问题[J].苏州大学学报,2: 70-73.

[184] 吴家荣,1987.论艺术的审美特征[J].安徽师范大学学报(哲学杜会科学版),1:33-38.

[185] 吴其濬,2008.植物名实图考校释[M].张瑞贤,等校注.北京:中医古籍出版社.

[186] 吴其濬,1963.植物名实图考[M].北京:中华书局.

[187] 吴思娜,刘梦晨,李莹丽,2019.具身认知视角下汉语二语情感词的空间隐喻[J].世界汉语教学,33(3):405-415.

[188] 吴苡婷,2023.中国人从何而来:人类迁移路线图出来了[EB/OL].[2023-11-10].https://mp.weixin.qq.com/s/1LevEOR1ejWHgQ9bmNJzVw.

[189] 吴应祥,1980.希腊神话与植物名称[J].植物杂志,2:44.

[190] 夏纬瑛,1990.植物名释札记[M].北京:农业出版社.

[191] 夏纬瑛,夏经林,2022.植物名释札记[M].北京:中华书局.

[192] 项成东,王茂,2009.英汉动物隐喻的跨文化研究[J].现代外语,3:239-247.

[193] 谢之君,2007.隐喻认知功能探索[M].上海:复旦大学出版社.

[194] 谢之君,2007.隐喻认知功能探索[M].上海:复旦大学出版社:56.

[195] 徐艳琴,许瑛,胡生福,等,2014.药用植物名称由来分析与溯源[J].实验室研究与探索,33(4):210-214.

[196] 许余龙,1992.对比语言学概论[M].上海:上海外语教育出版社.

[197] 许余龙,2002.对比语言学[M].上海:上海外语教育出版社.

[198] 许余龙,2002.对比语言学[M].上海:上海外语教育出版社:100.

[199] 许余龙,2002.对比语言学[M].上海:上海外语教育出版社:104.

[200] 许余龙,2002.对比语言学[M].上海:上海外语教育出版社:126.

[201] 薛旭辉,2000.英语复合词:搭配及其分类——以复合形容词为例[J].西安外国语学院学报,4:23-29.

[202] 杨锡彭,2002.论复合词结构的语法属性[J].南京大学学报(哲学.人文科学.社会科学),1:155-160.

[203] 杨元刚,2008.英汉词语文化语义对比研究[M].武汉:武汉大学出版社.

[204] 殷莉,韩晓玲,2007.英汉习语与民族文化[M].北京:北京大学出版社.

[205] 于杰,2016.汉语植物命名中的动物隐喻研究[D].四平:吉林师范大学.

[206] 张公瑾,2002.语言与民族物质文化史[M].北京:民族出版社.

[207] 张辉,杨波,2009.隐喻和转喻的区分:研究现状和分歧[J].外国语文,

25(1):81-88.

[208] 张建理,2006.英汉"心"的多义网络对比[J].浙江大学学报(人文社会科学版),3:161-168.

[209] 张建理,2003.英汉多义词异同研讨:以"脸、面"为例[J].外国语(上海外国语大学学报),4:54-58.

[210] 张建理,2005.汉语"心"的多义网络:转喻与隐喻[J].修辞学习,1:40-43.

[211] 张绍全,2010.词义演变的动因与认知机制[J].外语学刊,1:31-35.

[212] 张炜炜,2020.隐喻与转喻研究[M].北京:外语教学与研究出版社.

[213] 张炜炜,2020.隐喻与转喻研究[M].北京:外语教学与研究出版社:5.

[214] 张炜炜,2020.隐喻与转喻研究[M].北京:外语教学与研究出版社:51.

[215] 张炜炜,2020.隐喻与转喻研究[M].北京:外语教学与研究出版社:52.

[216] 张炜炜,2020.隐喻与转喻研究[M].北京:外语教学与研究出版社:32.

[217] 张炜炜,2020.隐喻与转喻研究[M].北京:外语教学与研究出版社:88.

[218] 张维友,2010.英汉语词汇对比研究[M].上海:上海外语教育出版社.

[219] 张维友,2010.英汉语词汇对比研究[M].上海:上海外语教育出版社:37.

[220] 张彦文,1997.植物中文名称的来源类别及其确定原则[J].丹东师专学报,1:24-27.

[221] 张媛,2022.英汉反义词共现构式的认知对比研究[M].北京:科学出版社.

[222] 张喆,2018."人是树"本体概念隐喻研究[J].解放军外国语学院学报,41(2):104-111.

[223] 张喆,2012.基于英语语料的"人是树"隐喻探究[J].郑州大学学报(哲学社会科学版),45(3):98-101.

[224] 赵爱国,姜雅明,2003.应用语言文化学概论[M].上海:上海外语教育

出版社.

[225] 赵国庆,邵波,2002.植物名称漫谈[J].种子世界,3:47.

[226] 赵宏,2013.英汉词汇理据对比研究[M].上海:上海外语教育出版社.

[227] 赵学德,2010.人体词语语义转移的认知研究[D].上海:复旦大学.

[228] 赵艳芳,2001.认知语言学概论[M].上海:上海外语教育出版社:116.

[229] 赵艳芳,2001.认知语言学概论[M].上海:上海外语教育出版社:100.

[230] 赵艳芳,2001.认知语言学概论[M].上海:上海外语教育出版社.

[231] 中国社会科学研究院语言研究所词典编辑室,2005.现代汉语词典(第5版)[Z].北京:商务印书馆.

[232] 朱德熙,1982.语法讲义[M].北京:商务印书馆.

[233] 朱建新,左广明,2012.再论认知隐喻和转喻的区别与关联[J].外语与外语教学,5:59-62.

[234] 朱亚夫,2005.意义的七种类型和英语词汇教学[J].外语与外语教学,9:28-30,35.

[235] 朱志荣,2005.中国审美理论[M].北京:北京大学出版社.

[236] 朱志荣,2005.中国审美理论[M].北京:北京大学出版社:58.

[237] Alexander C,James A,Christopher B,et al. 2007. Plant names:A guide for horticulturists, nurserymen, gardeners and students[M]. Edinburgh:Royal Botanic Garden Edinburgh.

[238] Alexander R J, 1978. Fixed expressions in English:A linguistic, psycholinguistic, sociolinguistic and didactic study[J]. Anglistik und Englischunterricht, 6:171-188.

[239] Anderson S, 2001. Plant names, politics and identity:'A rose would smell as sweet by any other name...'[J].Papers from the Institute of Archaeology, 12:26-34.

[240] Barcelona A, 2002. Clarifying and applying the notions of metaphor and metonymy within cognitive linguistics:An update[A]//Driven R, Poings R. Metaphor and metonymy in comparison and contrast. New York:Mouton de Gruyter.

[241] Berkes F, Colding F, Folke C, 2000. Rediscovery of traditional ecological knowledge as adaptive management [J]. Ecological

Applications，10(5)：1251-1262.

[242] Berkes F，Dudgen R C，2003. Local understandings of the land：Traditional ecological knowledge and indigenous knowledge[A]// Selin H. Nature across cultures：Views of nature and the environment in non-Western cultures. Dordrecht：Kluwer Academic Publishers：75-96.

[243] Berlin B，1966. Folk taxonomies and biological classification[J]. Science，154：273-275.

[244] Berlin B，1972. Speculations on the growth of ethnobotanical nomenclature[J]. Language in Society，1：51-86.

[245] Berlin B，Breedlove D，Raven P H，1973. General principles of classification and nomenclature in folk biology [J]. American Anthropologist，75：214-242.

[246] Bloomfield F，2022. Language [M]. Beijing：Foreign Language Teaching and Research Press.

[247] Brown C H，1977. Folk botanical life-forms：Their universality and growth[J]. American Anthropologist，79(2)：317-342.

[248] Brown C H，Kolar J，Torrey B J，et al.，1976. Some general principles of biological folk classification[J]. American Anthropologist，3：73-85.

[249] Brown C，Witkowski R，1981. Figurative language in a universalist perspective[J]. American Ethnologist，8：596-615.

[250] Brown G，1999. Language and understanding [M]. Shanghai：Shanghai Foreign Language Education Press.

[251] Carter R，1987. Vocabulary：Applied linguistic perspectives[M]. London：Allen & Unwin Ltd.

[252] Charles T O，1982. The Oxford dictionary of English etymology[Z]. Oxford：Oxford University Press.

[253] Coombes A J，2009. The timber press dictionary of plant names[Z]. London：Timber Press.

[254] Croft W，1993. The role of domains in the interpretation of metaphors and metonymies[J]. Cognitive Linguistics，4：335-370.

[255] Cruise D A, 2009. Lexical semantics[M]. Beijing: World Publishing Corporation: 16.

[256] Cruise D A, 2009. Lexical semantics[M]. Beijing: World Publishing Corporation: 146.

[257] Dirven R, Verspoor M, 1998. Cognitive exploration of language and linguistics[M]. Amsterdam: John Benjamins.

[258] Dragoescu A, Dragoescu P, 2012. Creative metaphors in poisonous plant names[C]//Raţă G, Sala F, Samfira I. Agricultural English. Cambridge: Cambridge Scholars Publishing: 177-188.

[259] Duranti A, 2002. Linguistic anthropology[M]. Beijing: Peking University Press.

[260] Esenova O, 2007. Plant metaphors for the expression of emotions in the English language[J]. Beyond Philology, 5: 7-21.

[261] Esenova O, 2013. Image metaphors for hair with the animal and plant source domains[J]. Acta Linguistica, 7(1): 46-55.

[262] Evans V, 2009a. Semantic representation in LCCM theory[A]// Evans V, Pource S. New directions in cognitive linguistics. Amsterdam: John Benjamin Publishing Company: 27-55.

[263] Evans V, 2009b. How words mean—Lexical concepts, cognitive models and meaning construction[M]. Oxford: Oxford University Press: 74.

[264] Filipczuk-Rosińska S, 2016. The comparison of a human being is a plant metaphor between the English and Polish Language[J]. World Journal of Social Science, 3(1): 15-21.

[265] Funk W, 1978. Word origins and their romantic stories[M]. New York: Bell Publishing Company.

[266] Garner A, 2004. Living history: Trees and metaphors of identity in an English forest[J]. Journal of Material Culture, 9: 87-100.

[267] Geeraerts D, 2010. Theories of lexical semantics[M]. Berlin: Mouton de Gruyter.

[268] Gledhill D, 2002. The names of plants[M]. 3rd edition. Cambridge:

Cambridge University Press.

［269］Gledhill D，2002．The names of plants［M］．3rd edition．Cambridge：
Cambridge University Press：32．

［270］Goatly A，2006．Humans，animals，and metaphors［J］．Society &
Animals，14(1)：15-37．

［271］Goossens L，2002．Metaphtonymy：The interaction of metaphor and
metonymy in expression for linguistic action［A］//Dirven R，Poings
R．Metaphor and metonymy in comparison and contrast．New York：
Mouton de Gruyter．

［272］Herman D，Moss S，2007．Plant names and folk taxonomies：
Frameworks for ethnosemiotic inquiry［J］．Semiotica，167：1-11．

［273］Hermanson E A，Plessis J A，1997．The conceptual metaphor
'people are animals' in Zulu［J］．South African Journal of African
Languages，17：49-56．

［274］Hidasi J，2008．Cultural messages of metaphors［A］//Berendt E．
Metaphors for learning：Cross-cultural perspectives．Amsterdam：
John Benjamins：103-122．

［275］Hill J，2003．What is lost when names are forgotten［A］//Sanga G，
Ortalli G．Nature knowledge：Ethnoscience，cognition，and utility．
New York：Berghahn Books：161-184．

［276］Hsieh S C，Chiu Y L，2004．Plant fixed expressions in Mandarin
Chinese and English：A cross-cultural study on 'trees'［A］//English
Group．Proceedings of language education international conference．
Taiwan：South Taiwan University of Technology：63-68．

［277］Hsieh S C，Elena K，2007．Frame semantics and languaculture：
Plant fixed expressions in Mandarin Chinese and English［J］．Studies
of International Culture，3(2)：1-33．

［278］Jackendoff R S，1985．Semantics and cognition［M］．Cambridge，
MA：MIT Press．

［279］Johnson M，1987．The body in the mind—The bodily basis of
meaning，imagination & reason［M］．Chicago：University of Chicago

Press.

[280] Kolosova V, et al., 2017. The bear in Eurasian plant names: Motivations and models [J]. Journal of Ethnobiology and Ethnomedicine, 13(14): 1-72.

[281] Kovecses Z, 2002. Metaphor: A practical introduction[M]. New York: Oxford University Press: 4-6,17-23.

[282] Kovecses Z, 2002. Metaphor: A practical Introduction[M]. New York: Oxford University Press:24.

[283] Kovecses Z, 2010. Metaphor [M]. Oxford: Oxford University Press.

[284] Kovecses Z, 2010. Metaphor [M]. Oxford: Oxford University Press:7.

[285] Kovecses Z, 2007. Metaphor in culture[M]. Cambridge: Cambridge University Press.

[286] Kovecses Z, 2007. Metaphor in culture[M]. Cambridge: Cambridge University Press: 231.

[287] Kraska-Szlenk I, 2014. Semantic extensions of body part terms: Common patterns and their interpretation[J]. Language Sciences, 44: 15-39.

[288] Krzeszowski T P, 1997. Angels and devils in hell: Elements of axiology in semantics[M]. Warszawa: Wydawnictwo Energeia.

[289] Krzeszowski T P, 1997. Angels and devils in hell: Elements of axiology in semantics[M]. Warszawa: Wydawnictwo Energeia: 161.

[290] Lai V T, Ahrens K, 2001. Mappings from the source domain of plant in Mandarin Chinese[A]//T'sou B K, Kwong O O Y, Lai T B Y. Proceedings paper of the 15th pacific Asia conference on language information and computation. Hong Kong: City University of Hong Kong: 203-210.

[291] Lakoff G,1993. The contemporary theory of metaphor [J]. Metaphor and Thought,2:202-251.

[292] Lakoff G, 1993. The contemporary theory of metaphor [J].

Metaphor and Thought，2：202-251.

[293] Lakoff G，2012. Explaining embodied cognition results [J]. Topics in Cognitive Science，4：773-785.

[294] Lakoff G，Johnson M，1980. Metaphors we live by[M]. Chicago：The University of Chicago Press：7.

[295] Lakoff G，Johnson M，1980. Metaphors we live by[M]. Chicago：The University of Chicago Press：57.

[296] Lakoff G，Johnson M，1980. Metaphors we live by[M]. Chicago：The University of Chicago Press：69.

[297] Lakoff G，Johnson M，1980. Metaphors we live by[M]. Chicago：The University of Chicago Press：35-40.

[298] Lakoff G，Johnson M，1980. Metaphors we live by[M]. Chicago：The University of Chicago Press：117.

[299] Lakoff G，Johnson M，1980. Metaphors we live by[M]. Chicago：The University of Chicago Press.

[300] Lakoff G，Johnson M，1999. Philosophy in the Flesh—The embodied mind and its challenge to Western thought[M]. New York：Basic Books.

[301] Lakoff G，Turner M，1989. More than cool reason：A field guide to poetic metaphor[M]. Chicago：University of Chicago Press.

[302] Lakoff G，Turner M，1989. More than cool reason：A field guide to poetic metaphor[M]. Chicago：University of Chicago Press：118.

[303] Lakoff G，Turner M，1989. More than cool reason：A field guide to poetic metaphor [M]. Chicago：University of Chicago Press：166-169.

[304] Lakoff G，Turner M，1989. More than cool reason：A field guide to poetic metaphor [M]. Chicago：University of Chicago Press：160-180.

[305] Langacker R W，1987. Grammar and conceptualization [M]. New York：Mouton de Gruyter.

[306] Langacker R W，1987. Foundations of cognitive grammar vol. I：

Theoretical prerequisites [M]. Stanford, California: Stanford University Press.

[307] Langacker R W, 1991. Foundations of cognitive grammar vol. II: Descriptive application [M]. Stanford, California: Stanford University Press.

[308] Lass R, 1994. Old English: A historical linguistic companion[M]. Cambridge: Cambridge University Press.

[309] Leech G, 1981. Semantics[M]. Harmondsworth: Penguin Books.

[310] Leech G, 1981. Semantics [M]. Harmondsworth: Penguin Books:33.

[311] McCarthy M, 1990. Vocabulary[M]. Oxford: Oxford University Press.

[312] Mokhiruh K, 2017. Plant naming patterns as a reflection of language image of the world[J]. Linguistics and Literature Studies, 5(3): 179-183.

[313] Moon R, 1998. Fixed expressions and idioms in English: A corpus-based approach[M]. Oxford: Clarendon Press.

[314] Ogden C K, Richards I A, 1989. The meaning of meaning:A study of the influence of language upon thought and of the science of symbolism[M]. New York: Harcourt Brace.

[315] Radden G, Kovecses Z, 1999. Towards a theory of metonymy[A]// Panther K U, Radden G. Metonymy in language and thought. Amsterdam: John Benjamins Publishing Company: 17-60

[316] Radden G, Kovecses Z, 1999. Towards a theory of metonymy[A]// Panther K U, Radden G. Metonymy in language and thought. Amsterdam: John Benjamins Publishing Company: 91-120.

[317] Rakova M, 2004. The extent of the literal: Metaphor, polysemy and theories of concepts[M]. New York: Palgrave Macmillan:16.

[318] Rakova M, 2004. The extent of the literal: Metaphor, polysemy and theories of concepts[M]. New York: Palgrave Macmillan:17.

[319] Rastall P, 1996. Metaphor and the names of plants [J]. English

Today，12：30-31.

[320] Rival L，1998. The social life of trees：Anthropological perspectives on tree symbolism [M]. Oxford：Berg.

[321] Roger L，Anderson J M，1994. Old English：A historical linguistic companion[M]. Cambridge：Cambridge University Press.

[322] Saussure D F，2001. Course in general linguistics[M]. trans. Harris R. Beijing：Foreign Language Teaching and Research Press.

[323] Scalise S，Bisetto A，2009. The classification of compounds[A]// Lieber R，Stekauer P. The Oxford handbook of compounding. Oxford：Oxford University Press. 34-53.

[324] Skeat W W，1896. Anglo-Saxon plant names [J]. Notes and Queries，8：163-164.

[325] Srinivasan M，Rabagliati H，2014. How concepts and conventions structure the lexicon：Cross-linguistic evidence from polysemy[J]. Lingua，4：1-29.

[326] Su J C L，2003. Striving for accuracy：The rendition of plant names in bilingual dictionaries [J]. Journal of Translation Studies，8：75-90.

[327] Sweetser E E，1990. From etymology to pragmatics—Metaphorical and cultural aspects of semantic structure [M]. Cambridge：Cambridge University Press.

[328] Sylwia F R，2016. The comparison of a human being is a plant metaphor between the English and Polish language [J]. World Journal of Social Science，2(1)：15-21.

[329] Taylor J R，2002. Cognitive grammar [M]. Oxford：Oxford University Press.

[330] Taylor J R，1989. Linguistic categorization—Prototypes in linguistic theory [M]. Oxford：Clarendon Press.

[331] Ucar I，2013. Plant names which created with ethnic naming or grown/brought geography naming[J]. Journal of World of Turks，5：115-135.

[332] Ullmann S，1983. Semantics：An introduction to the study of meaning[M]. Oxford：Basil Blackwell.

[333] Ungerer F，Schmid H J，1996. An introduction to cognitive linguistics[M]. London：Longman.

[334] Waniakowa J，2018. Polish dialectal wild herbaceous plant names against a Slavic and European background[J]. Dialectologia et Geolinguistica，26：113-129.

[335] Wells D，1997. 100 flowers and how they got their names[M]. North Carolina：Algonquin Books of Chapel Hill.

[336] Wijana I D P，2016. The use of metaphor in Indonesian plant names [A]//Stetiajid H H. Language，literature，and society. Department of English Letters，Faculty of Letters Universitas Sanata Dharma，Yogyakarta：56-67.

[337] Zariquiey R，2014. Name types，polysemy and contrast sets in Kakataibo ethnobiological nomenclature (Pano，Peru)[J]. Journal of Ethnobiology，34：251-272.

按每个汉语植物名组成字数分类考察。

一、两字词植物名

胡麻	大麻	薏苡	大豆	小麦	大麦	礦麦	扁豆	雀麦	东廧	黎豆
绿豆	荞麦	蚕豆	蜀黍	稌头	稗子	穄子	川谷	野黍	燕麦	胡豆
豇豆	豌豆	刀豆	黄麻	冬葵	蜀葵	锦葵	菟葵	人苋	蒜薹	苦菜
冬瓜	薯蓣	百合	山丹	卷丹	干姜	山葱	山薤	苦瓠	水斳	紫芹
马芹	鹿藿	花芥	苜蓿	芜菁	山韭	襄荷	山蒜	荎菜	落葵	繁缕
戢菜	蘘香	瓠子	莱菔	翘摇	甘蓝	苬苣	白苣	莳萝	越瓜	胡荽
茼蒿	邪蒿	罗勒	菠薐	灰藋	蕹菜	胡瓜	苦瓜	石芥	鸦葱	瓯菜
费菜	甘薯	蕈菜	南瓜	丝瓜	套瓜	排菜	芥蓝	辣椒	阳芋	蕨蔂
紫姜	阳藿	人参	黄耆	甘草	赤箭	沙参	远志	菱蕤	升麻	丹参
防风	独活	细辛	柴胡	黄连	防葵	黄芩	白微	白鲜	知母	贝母
玄参	紫参	紫草	秦艽	党参	狗脊	王孙	地榆	苦参	龙胆	白茅
黄茅	桔梗	白及	贯众	黄精	茅苣	前胡	白前	杜衡	及己	蒐草
长松	仙茅	都管	锁阳	通草	三七	紫蓝	天茄	小青	薯莨	柊叶
香梨	铁伞	菜蓝	地茄	蕲棍	菴䕡	白蒿	地黄	豨莶	牛膝	茺蔚

蒺藜	车前	决明	地肤	续断	景天	漏芦	飞廉	蠡实	败酱	酸浆
葈耳	麻黄	紫菀	女菀	瞿麦	马蓼	微衔	连翘	葶苈	蛇含	荩草
篇蓄	陆英	恶实	小蓟	大蓟	大青	荭草	虎杖	青蒿	莪蒿	白蒿
矮桃	碱蓬	沙蓬	沙消	山蓼	米蒿	花蒿	大蓼	地参	天葵	地锦
蒻草	淮草	水稗	荸草	臭草	苎麻	苦芙	甘蕉	牡蒿	苘麻	鳢肠
水蓼	龙葵	莪蒿	毛蓼	蜜菜	红花	木贼	萱草	鸡冠	水英	莠竹
鹤草	石斛	卷柏	石韦	石龙	剑丹	地胆	风兰	石兰	石豆	水仙
乌韭	马勃	垣衣	石蕊	地衣	列当	石松	碎补	金兰	石交	郁松
独牛	海菜	荠米	泽泻	菖蒲	香蒲	水萍	海藻	羊蹄	酸模	陟厘
石发	昆布	荅菜	蕲草	紫菜	海蕴	海带	泼盘	山豆	挲藤	石血
香藤	木莲	南藤	鹅抱	瓜藤	烈节	奶树	酸藤	血藤	月季	玫瑰
酴醾	木香	蓬蔂	旋花	白英	茜草	络石	紫葳	栝楼	王瓜	百部
通草	防己	黄环	羊桃	白敛	赭魁	忍冬	草薢	菝葜	钩藤	蛇莓
女萎	白药	萝藦	紫葛	萆草	堵喇	紫参	地笋	滇苎	野烟	大黄
商陆	狼毒	狼牙	藜芦	常山	蔄茹	大戟	泽漆	云实	附子	由跋
半夏	甘遂	蚤休	鬼臼	射干	鸢尾	茵芋	芫花	牛扁	荛花	莨菪
莽草	钩吻	兰草	芍药	白芷	杜若	泽兰	当归	芍药	牡丹	藁本
水苏	假苏	香薷	莎草	郁金	姜黄	薄荷	蒟酱	蒌叶	马兰	荠苎
山姜	廉姜	藿香	荜茇	排草	三柰	紫薇	春桂	兰花	红兰	棣棠
绣球	粉团	锦带	翠梅	金灯	小翠	蓝菊	玉桃	蜜萱	净瓶	金篯
翠雀	金雀	风兰	雪蕙	朱兰	春兰	雪兰	夏蕙	天蒜	佛桑	丈菊
草葵	鬶花	桢桐	木棉	含笑	茉莉	素馨	黄兰	彩蝶	鹤顶	朱锦
油葱	铁树	林檎	楒桲	胡桃	荔枝	水松	杨梅	橄榄	乌榄	椰子
椑柿	甜瓜	枸橼	金橘	银杏	西瓜	苹婆	杧果	荔脐	棠梨	海红
楂子	番瓜	佛桃	山橙	瓦瓜	葡萄	蘘荷	柚附	橘红	莲藕	茅栗
樱桃	木瓜	枇杷	龙眼	槟榔	甘蔗	乌芋	慈姑	榅实	枳椇	山楂
槲实	橡实	锥栗	面楮	韶子	软枣	棕子	刺柏	茯苓	岩桂	木兰
辛夷	杜仲	檗木	女贞	枸杞	蔓荆	酸枣	蕤核	厚朴	秦皮	合欢
皂荚	崖椒	卫矛	栀子	枳实	栾华	石南	郁李	鼠李	蔓椒	巴豆
猪苓	沙木	檀香	云叶	木葛	芫树	椴树	臭蕻	白杨	青杨	莢蒾
水杨	栾荆	阿魏	大空	梓榆	奴柘	桐木	莎木	卢会	樬木	木槿

桦木　柽柳　紫荆　南烛　乌药　黄栌　棕榈　柞木　柞树　枸骨　冬青
梧桐　扶桑　山茶　枸橘　蜡梅　乌木　石瓜　竹花　缅树　雪柳　滇桂
棉柘　马藤　红木　蜡树　桐树　狗椒　马椒　寄母　宝树　何树　桹木
虹榔　野檀　蔡木　蘖木　楝树　桦木　马棘　檵花　刺枫　旱莲

二、三字词植物名

赤小豆　白大豆　青稞麦　山黑豆　山绿豆　苦马豆　山扁豆　回回豆
玉蜀黍　龙爪豆　云扁豆　乌嘴豆　野豆花　黑药豆　蝙蝠豆　山黄豆
马齿苋　滇苦菜　苣荬菜　野苦荬　家苣荬　乌金白　野苜蓿　野园荽
遏蓝菜　星宿菜　鸡肠草　芸薹菜　野豌豆　东风菜　草石蚕　白花菜
黄瓜菜　地梢瓜　水苏子　水落藜　山萝卜　水萝卜　山苦荬　山白菜
山宜菜　绵丝菜　节节菜　老鸦蒜　山莴苣　水莴苣　野蔓菁　水蔓菁
山蔓菁　山芹菜　银条菜　珍珠菜　凉蒿菜　鸡肠菜　燕儿菜　歪头菜
耧斗菜　枸儿菜　变豆菜　獐牙菜　水辣菜　独行菜　葛公菜　委陵菜
女娄菜　麦蓝菜　匙头菜　舌头菜　柳叶菜　山甜菜　辣辣菜　八角菜
地棠菜　白屈菜　蚓坡菜　山梗菜　山小菜　獾耳菜　回回蒜　地槐菜
泥胡菜　山蓟菜　紫云菜　牛尾菜　胡萝卜　搅丝瓜　水壶卢　木耳菜
诸葛菜　豆叶菜　稻槎菜　油头菜　绵丝菜　山百合　红百合　绿百合
高河菜　金刚尖　芝麻菜　木槵子　珍珠菜　巴戟天　肉苁蓉　徐长卿
大柴胡　小柴胡　淫羊藿　白头翁　黄精苗　墓头回　鬼都邮　辟虺雷
延胡索　鬼见愁　麦条草　白马鞍　朱砂根　铁线草　半边山　锦地罗
平地木　六面珠　红丝线　鸡公柴　鸦鹊翻　牛金子　马甲子　满山香
风车子　张天刚　楼梯草　铁拳头　大叶青　红孩儿　红小姐　九管血
土风姜　见肿消　金鸡尾　合掌消　观音竹　铁灯树　一连条　铁骨散
土三七　洞丝草　水晶花　急急救　山芍药　肺筋草　翦刀草　四季青
白头翁　一枝香　鹿衔草　紫背草　七厘麻　七厘丹　白如棕　鸡脚草
山柳菊　野山菊　山马蝗　和血丹　小槐花　白鲜皮　土常山　黎辣根
野南瓜　钉地黄　美人娇　细米条　山胡椒　千斤拔　青荚叶　山豆根
阴行草　杜根藤　省头草　叶下红　钻骨草　地麻风　赤胫散　落地梅
野百合　野鸡草　茶条树　小丹参　滇白前　甜远志　滇黄精　面来刺
土升麻　鲇鱼须　抱鸡母　一扫光　元宝草　海风丝　还魂丹　四方麻

麦门冬	天名精	茵陈蒿	石龙刍	马先蒿	款冬花	蜀羊泉	夏枯草
旋覆花	青葙子	黄花蒿	翻白草	雁来红	金盏草	地锦苗	紫香蒿
堇堇菜	犁头草	毛白菜	地耳草	野艾蒿	野同蒿	大蓬蒿	牛尾蒿
柳叶蒿	扯根菜	龙芽草	满天星	水蓑衣	鸡眼草	狗蹄儿	米布袋
鸡儿肠	水棘针	铁扫帚	六月菊	佛指甲	卿鱼鳞	婆婆纳	螺黡儿
兔儿酸	铁杆蒿	虎尾草	兔儿伞	柳叶菜	菝葜根	绵枣儿	土圞儿
金瓜儿	牛耳朵	拖白练	胡苍耳	野蜀葵	透骨草	酸桶笋	还亮草
天奎草	活血丹	七叶荆	水杨梅	消风草	宝盖草	过路黄	金瓜草
马鞭花	寻骨风	附地菜	鸡肠菜	鸭舌草	老鸦瓣	雷公凿	水芥菜
野苦麻	野麻菜	狼尾草	鱼腥草	千年矮	无心菜	湖瓜草	喇叭草
纽角草	小蓼花	竹叶青	马鞭草	鼠尾草	龙常草	蒲公草	三白草
刘寄奴	狗舌草	鼠曲草	捶胡根	鸭跖草	鬼针草	地杨梅	灯心草
谷精草	狼杷草	黄蜀葵	海金沙	胡卢巴	攀倒甄	丽春草	见肿消
九牛草	曲节草	阴地厥	水甘草	竹头草	迎春花	千年艾	蒴春罗
淡竹叶	半边莲	鹿蹄草	水杨梅	瓜子金	虾须草	奶花草	八字草
夏无踪	天蓬草	粟米草	瓜槌草	飘拂草	水线草	画眉草	绊根草
水蜈蚣	仙人掌	万年青	牛黄伞	金不换	筋骨草	见血青	见肿消
鱼公草	野芝麻	白头婆	金乞耳	土豨莶	田皂角	七篱笆	水麻芳
钓鱼竿	臭牡丹	斑珠科	铁马鞭	叶下珠	臭节草	临时救	救命王
鹿角草	天草萍	盘龙参	石长生	酢浆草	老蜗生	石胡荽	骨碎补
草石蚕	金星草	飞刀剑	金交翦	过坛龙	水龙骨	水石韦	凤尾草
凤了草	双蝴蝶	虎耳草	岩白菜	呆白菜	石吊兰	七星莲	石花莲
牛耳草	千重塔	千层塔	地柏叶	万年柏	万年松	鹿茸草	筋骨草
牛毛松	佛甲草	离离草	仙人草	螺庵草	土马鬃	翠云草	石盆草
地盆草	石蝴蝶	黑牛筋	蜈蚣草	石筋草	象鼻草	对叶草	树头花
豆瓣绿	草血竭	镜面草	石风丹	一把伞	地卷草	石龙尾	过山龙
玉芙蓉	半把伞	大风草	骨碎补	还阳草	石龙参	小扁豆	子午莲
马尿花	水毛花	水金凤	牙齿草	鹿角菜	石花菜	水豆儿	黑三棱
砖子苗	鱼襄草	水粟草	红梅消	蛇附子	大血藤	山木通	小木通
大木通	三加皮	石猴子	贴石龙	野扁豆	九子羊	金线草	过山龙
山慈姑	万年藤	大打药	钻地风	飞来鹤	秤钩风	癞虾蟆	阴阳莲

狂凤藤	金钱豹	石盘龙	野杜仲	广香藤	清风藤	南蛇藤	川山龙
扳南根	鹅抱蜑	顺筋藤	紫金皮	内风消	臭皮藤	牛皮冻	墓莲藕
鸡矢藤	金灯藤	两头挐	土茯苓	常春藤	千里及	老鹳筋	寻骨风
内风藤	铁扫帚	凉帽缨	倒挂藤	白龙须	刺犁头	透骨消	野苦瓜
野西瓜	鲇鱼须	鲢鱼须	金莲花	小金瓜	马蹄草	瓜耳草	碧绿藤
金鸡腿	黄鳝藤	白马骨	锦鸡儿	白心皮	候风藤	白花藤	洋条藤
拉拉藤	樏藤子	悬钩子	使君子	何首乌	木鳖子	马兜铃	威灵仙
黄药子	山豆根	预知子	独用藤	百棱藤	天仙藤	金棱藤	野猪尾
杜茎山	土红山	芥心草	含春藤	大木皮	石合草	祁婆藤	紫金藤
鸡翁藤	马接脚	藤长苗	狗筋蔓	绞股蓝	牛皮消	猪腰子	九仙子
杏叶草	佛见笑	黄酴醿	缳丝花	十姊妹	转子莲	兔丝子	菟丝子
五味子	天门冬	覆盆子	白兔藿	千岁蘽	牵牛子	地不容	落雁木
解毒子	赤地利	乌蔹莓	刺天茄	刀疮药	紫地榆	叶上花	土余瓜
滇土瓜	绣球藤	扒毒散	崖石榴	铁马鞭	黄龙藤	白龙藤	地棠草
飞仙藤	鞭绣球	姜黄草	鸡血藤	碗花草	青羊参	架豆参	山苦瓜
青刺尖	染铜皮	紫罗花	过沟藤	马尿藤	巴豆藤	滇防己	小鸡藤
山豆花	野山葛	象鼻藤	透骨钻	珠子参	土党参	山土瓜	老虎刺
土荆芥	滇藁本	野草香	滇瑞香	东紫苏	白草果	香科科	小黑牛
野棉花	月下参	小草乌	滇常山	象头花	金刚纂	乳浆草	羊踯躅
搜山虎	天南星	石龙芮	金腰带	滇钩吻	隔山香	蛇床子	土当归
积雪草	石香薷	郁金香	高良姜	石菖兰	荆三棱	蓬莪术	野藿香
零陵香	白茅香	肉豆蔻	白豆蔻	补骨脂	益智子	毕澄茄	甘松香
茅香花	缩砂蔤	元宝草	辟汗草	兰香草	南天竹	万寿子	丁香花
白棣棠	八仙花	锦团团	野绣球	美人蕉	狮子头	晚香玉	长春花
罂子粟	满天星	鸢萝松	如意草	铁线莲	金丝桃	水木樨	千日红
万寿菊	虎掌花	野茉莉	秋海棠	金钱花	玉蝶梅	吉祥草	松寿兰
望江南	盘内珠	半边月	独占春	虎头兰	朵朵香	小绿兰	大绿兰
莲瓣兰	元旦兰	火烧兰	五色兰	佛手兰	羊耳蒜	鹭鸶兰	象牙参
金蝴蝶	黄连花	野丁香	牛角花	白刺花	报春花	小雀花	素兴花
灯笼花	滇丁香	藏丁香	压竹花	藏报春	七里香	野栀子	草玉梅
白蔷薇	珍珠梅	缅栀子	海仙花	白蝶花	夹竹桃	夜合花	贺正梅

凤凰花	夜来香	文兰树	马缨丹	鸭子花	百子莲	珊瑚枝	橙冠花
换锦花	铃儿花	华盖花	玲甲花	水蜡烛	喝呼草	菴罗果	新会橙
海松子	桃榔子	猕猴桃	公孙桔	人面子	黄皮果	羊矢果	秋风子
天茄子	无花果	波罗蜜	五敛子	天师栗	露兜子	鸡矢果	落花生
糖刺果	番荔枝	冈拈子	黎檬子	哈蜜瓜	野木瓜	水茶臼	文冠果
护子树	山樱桃	淡水梨	南华李	安石榴	菴摩勒	苦楮子	都角子
无漏子	桂寄生	五加皮	溲疏附	吴茱萸	山茱萸	詹糖香	黄楝树
稚芽树	月芽树	回回醋	白槿树	械树芽	龙柏芽	兜护树	山茶科
花楸树	白辛树	乌棱树	刺楸树	黄丝藤	报马树	坚荚树	臭竹树
青檀树	胡桐泪	苏方木	乌臼木	椋子木	接骨木	卖子木	毗黎勒
诃黎勒	骐磷竭	无食子	木天蓼	罂子桐	石刺木	放杖木	无患子
盐麸子	密蒙花	伏牛花	金樱子	醋林子	海红豆	大风子	黄杨木
木芙蓉	胡颓子	相思子	优昙花	龙女花	山梅花	皮袋香	珍珠花
野李花	野樱桃	山桂花	马银花	象牙树	山海棠	栗寄生	炭栗树
野春桂	衣白皮	树头菜	簸楮子	金刚刺	千张纸	滇厚朴	山栀子
柏寄生	厚皮香	铁树果	鸦蛋子	紫罗花	大黄连	刺绿皮	黄连木
青冈树	罗汉松	蚊榔树	蚊子树	八角枫	小蜡树	牛奶子	羊奶子
阳春子	野胡椒	树腰子	菩提树	凤尾蕉	棕榈竹	水杨柳	黄芦木
野鸦椿	化香树	土厚朴	苦茶树	万年青	绣花针	赌博赖	万年红
野樟树	赤药子	闹狗子	野漆树	山桂花	见风消	紫荆花	拘那花
宝碗花	三角枫	望水檀	乌口树	水杨梅	香花树	接骨木	野红花
虎刺树	半边风	水蔓子	白花树				

三、四字词植物名

白绿小豆	湖南稷子	光头稗子	山西胡麻	光叶苦荬	紫花苦苣
葵花白菜	野胡萝卜	地瓜儿苗	蝎子花菜	毛女儿菜	粉条儿菜
青荚儿菜	雨点儿菜	霍州油菜	野木耳菜	广信柴胡	威州根子
信州紫袍	杏叶沙参	细叶沙参	细亚锡饭	四大天王	短脚三郎
朝天一柱	观音座莲	铁树开花	紫喇叭花	蜘蛛抱蛋	仙人过桥
一枝黄花	冬虫夏草	野辟汗草	劲枝丹参	滇龙胆草	滇银柴胡

小二仙草　大二仙草　王不留行　地角儿苗　鸡儿头苗　牦牛儿苗
刀尖儿苗　野粉团儿　狗掉尾苗　猪尾把苗　兔儿尾苗　野西瓜苗
紫花地丁　小无心菜　红丝毛根　火炭母草　地蜈蚣草　紫花地丁
信州田麻　公草母草　野白菊花　刘海节菊　天水蚁草　黄花龙芽
紫背金盘　石龙牙草　昨叶何草　施州崖棕　福州石垂　瓶尔小草
水朝阳草　水朝阳花　水胡芦苗　三叶挐藤　五爪金龙　金线壶卢
百脚蜈蚣　木羊角科　伏鸡子根　仙人掌草　土青木香　大顺筋藤
莒实墙蘼　滇白药子　鞭打绣球　大发汗藤　滇红草藓　滇淮木通
滇兔丝子　飞龙掌血　山红豆花　滇南薄荷　鸡骨常山　紫背天葵
白花射干　大叶香薷　大叶薄荷　福州香麻　小叶薄荷　珍珠绣球
铁线海棠　野凤仙花　龙头木樨　荷包牡丹　贴梗海棠　大朱砂兰
小朱砂兰　黄花独蒜　小紫含笑　地涌金莲　铁线牡丹　野萝卜花
绿叶绿花　木桃儿树　石都念子　蒙自桂树　桑上寄生　秦椒蜀椒
老叶儿树　山格剌树　马鱼儿条　老婆布鞋　青舍子条　驴驼布袋
婆婆枕头　大毛毛花　野香橼花　金丝杜仲　水东瓜木　昆明乌木
滇山茶叶　滇大叶柳　金丝杜仲　酒药子树　吉利子树　倒挂金钩
丫枫小树　十大功劳　小银茶匙　田螺虎树

四、五字词植物名

资州生瓜菜　施州半天回　施州露筋草　施州龙牙草　施州小儿群
施州野兰根　福州琼田草　福州建水草　福州鸡项草　福州赤孙施
信州鸨鸟威　福州独脚仙　信州茆质汗　九头狮子草　小虫儿卧单
婆婆指甲菜　黄花地锦苗　秦州无心草　常州菩萨草　密州胡堇草
秦州苦芥子　密州翦刀草　鼎州地芙蓉　信州黄花了　竹叶麦冬草
蛇包五披风　鹅掌金星草　铁角凤尾草　河中府地柏　泰州百乳草
施州红茂草　金丝矮它它　紫背鹿衔草　滇海水仙花　千年不烂心
台州天寿根　金线吊乌龟　明州天花粉　昆明鸡血藤　铜锤玉带草
汉荭鱼腥草　金雀马尾参　竹叶古祥草　羊肝狼头草　兰花双叶草
红花小独蒜　鸭头兰花草　莲生桂子花　荷包山桂花　蝴蝶戏珠花
昆明山海棠　老虎刺寄生

五、六字词植物名

威胜军亚麻子　天台山百药祖　天台山黄寮郎　天台山催风使
常州石逍遥草　临江军田母草　南恩州布里草

六、七字词植物名

永康军紫背龙牙　施州紫背金盘草

注：以上汉语植物名均来自《植物名实图考校释》。

附录二：英语植物名

按每个英语植物名组成简单词（"字"）数分类考察。

一、两"字"词植物名

Adam's laburnum，adder's tongue，African cypress，African daisy，African hemp，African lily，African oak，African tulip，African valerian，African violet，air plant，alder buckthorn，Alexandrian laurel，alkali grass，allspice，Alpine azalea，Alpine chrysanthemum，altar lily，Amazon lily，anchor plant，angel wings，angel's trumpet，angelica tree，anise tree，annual mallow，antelope bush，apache plume，apple berry，arar tree，arch angel，Arctic chrysanthemum，arrow arum，arrow wood，arrow grass，arrowhead，artillery plant，Arum lily，Asiatic poppy，Australia chestnut，Australian heath，Australian pea，Australian pine，autumn crocus，autumn daffodil，awl wort，Babassu palm，baboon flower，baby's breath，baby's tears，Bael tree，balloon flower，balloon pea，balloon vine，Balsam apple，bamboo fern，bamboo grass，baneberry，Barbados cherry，Barbara's herb，barbel palm，barberry，basket grass，basket plant，bastard agrimony，bastard balm，bat flower，beach fern，beach grass，bead plant，beak sedge， bean tree, bear grass, bear's breeches, bearberry, beard grass, beauty bush, bedstraw, beebalm, beefwood, beggar weed, bell vine, belladonna lily, bellflower, bellwort, bent grass, Bentinck's palm, Bermuda grass, billy buttons, bindweed, bird's eye, bird's foot, bird's nest, birthwort, Bishop's cap, Bishop's head, Bishop's mitre, Bissaba palm, bitter cress, bitter cucumber, bitter orange, bitter peas, bitter wood, bitterroot, bittersweet, bitterwood, black bryony, blackroot, bladder fern, bladder senna, bladdernut, bladderwort, blanket flower, blazing star, bleeding heart, blessed thistle, blood berry, blood flower, blood lily, bloodroot, bloodwood tree, blowballs, blue Amaryllis, blue corn lily, blue cupidone, blue daisy, blue heath, blue margeruite, blue oxalis, blue star, blue stem, bluebeard, bluebell, blueberry, blush wort, boerboon, bog arum, bog asphodel, bog myrtle, bog orchid, bog rosemary, bog rush, bogbean, bottlebrush, bottle gourd, bottle palm, bottle tree, bower plant, Brazil nut, breadfruit, bird's foot trefoil, bridal wreath, bridewort, bristle grass, broadleaf, Bronvaux medlar, brookweed, broomrape, buck's beard, buckthorn, buckwheat, buffalo berry, buffalo grass, buffalo nut, bugbane, bugle iris, bugseed, bullwort, bullrush, bunchflower, bur clover, bur cucumber, bur grass, bur marigold, burdock, burnet saxifrage, burnweed, burr reed, bush clover, bush nettle, bush pea, bush violet, busy Lizzie, butcher's broom, butterbur, buttercup, butterfly bush, butterfly flower, butterfly orchid, butterfly pea, butternut, buttertree, butterwort, button cactus, buttonbush, buttonweed, byfield fern, cabbage tree, Calabar bean, Calabash nutmeg, Calabash tree, California bay, California laurel, California lilac, Californian lobelia, Californian poppy, camel thorn, Camphor tree, canary grass, candle tree, candytuft, cane reed, Canna lily, Cape chestnut, Cape cowslip, Cape figwort, Cape lily, Cape myrtle, Cape primerose, Cape stock, Caranda palm, Carline thistle, carpetweed, Carrion flower, cat mint, cat's ears, cat's tail, catchfly, caterpillar fern, caterpillar plant, catjang pea, Caucasian crosswort, celandine poppy, celery pine, century plant, chain fern, chalice vine, chamois cress, chaste tree, cherry mahogany, chick pea, chickweed, Chile bells, Chilean cedar, Chilean crocus, Chilean iris, Chilean nut, China aster, China berry, China fir, Chinese arborvitae, Chinese olive, Chinese quince, chocolate vine, chokeberry, Christ's thorn, Christmas bells, Christmas berry, Christmas palm, claw fern, cliff brake, cliff bush, climbing dahlia, climbing hydrangea, climbing lily, climbing onion, club rush, clubmoss, cluster bean, cluster lily, cobra lily, cock's foot, cocklebur, cockscomb, cockspur, coco plum, colic root, colt's foot, coltsfoot, cone flower, copperleaf, coral bell, coral drops, coral necklace, coral pea, coral plant, coral tree, coral vine, coral wood, cord grass, cork tree, corn lily, corncockle, cornsalad, cotton grass, cotton weed, cotton thistle, cottonweed, cow tree, cow wheat, cowbane, cowherb, cowslip, crab grass, crabwood, cradle orchid, cranberry, crane's bill, crape myrtle, crazy weed, cream cup, creeping zinnia, crepe fern, crossflower, crosswort, crowberry, crowfoot, crown beard, crown daisy, crown vetch, cucumber tree, cucumber root, cudweed, cupflower, creeping snapdragon, cushion bush, custard apple, cut grass, cypress-pine, dacryberry, daggerpod, daisy bush, dame's violet, darling pea, date palm, day lily, dayflower, dead nettles, death camas, deer grass, deergrass, desert candle, desert lime, desert rose, devil pepper, devil wood, devil's bit Scabious, devil's claw, devil's club, devil's ivy, devil's thorn, devil's tongue, dewplant, dog fennel, dog grass, dog's tail, dogbane, dogwood, double coconut, Doum palm, dove orchid, dove tree, down-tree, dragon arum, dragon flower, dragon tree, dragon's head, dragon's mouth, dragon's teeth, drop tongue, dropseed, dropwort, drum sticks, duckweed, dumb cane, dwarf pine, dwarf snapdragon, earth star, eel grass, eelgrass, egg fruit, eggplant, elephant bush, elephant ears, elephant's apple, elephant's ear, elephant's-ear plant, elephantwood, elk grass, epaulette tree, evening primrose, everglades palm, evergreen laburnum, everlasting flower, eyebright, fairy bells, fairy foxglove, fairy lily, false acacia, false anemone, false asphodel, false brome, false camellia, false chamomile, false cypress, false dayflower, false dragon head, false fennel, false garlic, false indigo, false indogo, false lupin, false mallow, false myrtle, false nettle, false olive, false sedge, false spiraea, false vervain, fameflower, fan fern, fan palm, feather grass, felt fern, feltwort, fen orchid, fennel flower, fern grass, fern palm, fern-leaf aralia, feverwort, fiddleneck, field madder, field scabious, fiesta flower, figwort, filmy fern, finger grass, finger lime, fir clubmoss, fire bush, fire lily, firebush, firethorn, fishtail palm, fishwort, five finger, flame lily, flame nettle, flame pea, flame tree, flamingo flower, flannel bush, flat sedge, flax lily, fleabane, fleawort, Flixweed, floating fern, floating heart, Florist's chrysanthemum, Florist's cineraria, Florist's gloxinia, flossflower, flowering fern, flowering maple, flowering quince, flowering rush, flowering stones, foam flower, foll's parsley, forest poppy, fork fern, fountain bamboo, fountain grass, fox nuts, foxglove, fragrant orchid, Franklin tree, fringe flower, fringe lily, fringe tree, fringe cup, frog orchid, frog's lettuce, frog bit, frogfruit, gallant soldier, garland lily, garlic mustard, gay feather, German ivy, ghost orchid, giant fennel, giant lily, giant mallow, giant reed, giant rhubarb, giant scabious, gillyflower, ginger lily, glasswort, globe Amaranth, globe artichoke, globe daisy, globe mallow, globe thistle, globe tulip, globe flower, glory bush, glory flower, glory lily, glory pea, goat grass, goat nut, goat's beard, goat's rue, gold fern, gold threat, golden aster, golden chinkapin, golden club, golden knee, golden larch, golden polypody, golden rain, golden saxifrage, golden seal, golden thistle, goldenrod, golden stars, goldilocks, gooseberry, goosefoot, goat weed, governor's plum, Grama grass, granny's bonnet, grape hyacinth, grape ivy, grape vine, grape fruit, grapple plant, grass widow, grassy bells, great pignut, greater celadine, Greek clover, green Alkanet, greenhood, greenthreads, greenweed, ground elder, ground ivy, gum Ammoniac, gum lac, gum myrtle, gumplant, Gutta percha, Gypsywort, hair grass, hairy rocket, Hakone grass, hard fern, hard grass, hare's ear, hare's tail, hartwort, haw medlar, hawk's beard, hawkbit, hawkweed, heath grass, heavenly bamboo, hedge hyssop, hedge nettle, hedge parsley, hedge veronica, hedgehog broom, hedgehog cactus, Helen's flower, helmet flower, helmet orchid, hemlock spruce, hemp agrimony, hemp nettle, henbane, Herald's trumpet, herb Paris, Heron's bill, Hesper palm, hoary Alison, hoary mustard, hoary pea, hog peanut, hog plum, hog's fennel, hogweed, holly fern, holly grape, holly hook, holly grass, honewort, honey berry, honey bush, honey garlic, honey locust, honey myrtle, honey palm, bells, honeysuckle, honey wort, hop tree, horehound, hornbeam, horned poppy, hornwort, horse balm, chestnut, gentian, radish, horsetail, hot water plant, hottentot tobacco, hottentot-fig, hound's tongue, house leek, huckleberry, hyacinth bean, iceplant, Indian crocus, Indian grass, Indian mallow, Indian rhododendron, Indian rhubarb, ironbark, irontree, ironweed, ironwood, ivory thistle, ivy tree, Jack bean, Jacob's ladder, Jacob's rod, Jacobean lily, Jade vine, Jamaica cherry, Japanese cedar, Japanese lanterns, Javan grape, jelly palm, Jersey fern, Jersey lily, Jerusalem thorn, Jesuit's bark, jewel orchid, Job's tears, joint fir, joint vetch, Joseph's coat, Juneberry, Kaffir plum, kangaroo paw, kapok tree, Katsura tree, Kauri pine, key palm, kidney vetch, Killarney-fern, king palm, kiwi fruit, knapweed, knotgrass, knotweed, Labrador tea, lac tree, lace flower, lacebark, ladder fern, lady fern, lady palm, lady's mantle, lady's slipper, lady's tresses, lady bells, lamb's succory, lantern tree, larkspur, lavender cotton, lawn lobelia, leadwort, leather fern, leatherleaf, leatherwood, lemongrass, leopard lily, leopard plant, leopard's bane, Leyland cypress, lignum vitae, lilac hibiscus, lily turf, lily turf, limequat, lion's ear, lip fern, liverleaf, living granite, living rock, living stones, lizard orchid, lizard's tail, longan fruit, longleaf, loosestrife, Loulu palm, lousewort, love charm, love grass, love plant, luckynut, lungwort, lyme grass, Madagascar periwinkle, madeira vine, madwort, mammee apple, man orchid, mangrove palm, Manila palm, Marari palm, mare's tail, Mariposa tulip, marlberry, marsh elder, marsh fern, marsh grass, marshmallow, marsh marigold, marsh orchid, marsh trefoil, marsh wort, mask flower, masterwort, mat grass, may apple, may lily, mayweed, meadow beauty, meadow foam, meadow grass, meadow rue, meadowsweet, Melagueta pepper, merry-bells, Mexican aster, Mexican hat, Mexican hyssop, Mexican poppy, Michaelmas daisy, milk parsley, milk thistle, milk tree, milk vetch, milkweed, milkwort, miracle fruit, mist flower, mistletoe, Moccasin grass, mock azalea, mock cucumber, mock orange, mock privet, moneywort, monk's hood, monkey nut, monkey puzzle, monkeyflower, moon carrot, moonseed, moonwort, moor grass, morning flag, morning glory, moth orchid, motherwort, mountain ash, mountain ebony, mountain heather, mountain holly, mountain mahogany, mountain misery, mountain sorrel, mouse ear, mouse tail, mud plantain, mud wort, mug bean, mulberry, musk cucumber, musk orchid, muskroot, muskweed, naked ladies, nakedweed, Narihira bamboo, natal plum, navelwort, needle grass, needle palm, neem tree, nerve plant, nettle tree, New Zealand spinach, New Zealand bur, New Zealand edelweiss, New Zealand flax, nightshade, Nikau palm, ninebark, nipplewort, Nippon daisy, nit grass, oak fern, oat grass, obedient plant, oceanspray, oil palm, orange blossom, orange jessamine, orchid cactus, ordeal tree, Oregon grape, Oregon plum, oriental thuja, Osage orange, ostrich fern, ox eye, ox tongue, oxeye, oxtongue, oysterplant, pagoda tree, painted nettle, palm grass, Palma corcho, Pampas grass, panic grass, pansy orchid, paper daisy, paperbark, papoose root, Para cress, Para rubber, paradise lily, parasol tree, parsley fern, parsley piert, partridge berry, pasqueflower, passion flower, Patagonian cypress, paurotis palm, pea shrub, pea tree, peace lily, peacock flower, peanut, pearl fruit, pearlbush, pearlwort, pearly everlasting, penny cress, pennywort, pepper saxifrage, peppergrass, peppertree, pepperwort, Persian violet, Peruvian lily, pheasant's eye, pickerel weed, pigmyweed, pignut, pigweed, pillwort, pincushion flower, pincushion tree, pineapple, pink root, pipewort, pitcher plant, plantain lily, plum yew, plume albizia, plume grass, plume poppy, point vetch, poison bush, poison tree, pokeweed, pondweed, poppy mallow、porcelain flower、Portia tree、potato bean、potency wood、pouch flower、prairie dock、prairie mallow、prickly ash、prickly ear、prickly pear、prickly thrift、prince Albert's yew、prince's pine、princess palm、purple wreath、pussy-toes、pyramid orchid、Pyrenean violet、quaking grass、queen lily、Queensland nut、quillwort、rabbitbush、radiator plant、rag gourd、ragweed、ragwort、rain flower、rainbow flower、raisin tree、Rannoch rush、rapturewort、rasp-fern、raspberry、raspwort、rata vine、rattan palm、rattlebox、red alder、red cedar、red pucoon、red valerian、redbud、redwood、reedmace、restharrow、ribbon fern、ribbon wood、ribbonwood、rice flower、rice grass、river rose、rock bell、rock jasmine、rock lily、rock rose、rock spiraea、rockcress、rocket salad、rose bay、rose mallow、rose moss、rose myrtle、rosemary、roseroot、rosewood、rosin-weed、royal fern、royal palm、rubber tree、rue anemone、ruffle palm、rye grass、sacred bark、safflower、saffron spike、sage brush、sago palm、salak palm、salt cedar、salt tree、saltbush、sand crocus、sand grass、sand myrtle、sand spurrey、sand verbena、sandalwood、sandbur、sandwort、satin flower、satin wood、sausage tree、saw wort、scorpion orchid、scorpion vetch、scorpion weed、screw pine、scurf pea、scurvygrass、sea bean、sea blite、sea daffodil、sea grape、sea heath、sea holly、sea kale、sea lavender、sea onion、sea rocket、sea spurrey、selfheal、sensitive fern、sensitive plant、sentry palm、serviceberry、Seychelles nut、shamrock、sheep laurel、sheep's bit、shell flower、shellflower、shepherd's cress、shepherd's purses、shield fern、Shittimwood、shooting star、shower tree、shrub palmetto、shrubby trefoil、signal grass、sildweed、silk tassel、silk vine、silky bent、silver bell、silver fern、silver fir、silver grass、silver palm、silver tree、skullcap、skunk cabbage、sleepy mallow、slipper orchid、slipper spurge、slipperwort、slough grass、small reed、smartweed、smilo grass、smoke bush、smokewood、snake gourd、snake plant、snake wood、snakeweed、snapdragon、sneezeweed、snow poppy、snow wreath、snow bell、snow berry、Snowdon lily、snowdrop、snowflake、soap bush、soapberry、soapwort、society garlic、soft grass、Solomon's seal、sorrel tree、Sorva gum, sourwood, southern beech, southern broom, sow thistle, sowbread, soya bean, spangle grass, Spanish broom, Spanish cherry, Spanish dagger, spear grass, spear lily, spear grass, speedwell, spicebush, spider flower, spider ivy, spider lily, spider plant, spiderwort, spike grass, spike heath, spike rush, spiral flag, spiral ginger, spleenwort, spotted laurel, spotted orchid, spur leaf, spurge nettle, squirting cucumber, star apple, star daisy, star grass, star thistle, stike's aster, stitchwort, stone cress, stone parsley, stonecrop, stork's bill, strap fern, strap wort, strawberry, strawflower, Strychnine tree, summer cypress, summer hyacinth, summer-sweet, sun marigold, sun pitcher, sun rose, sunflower, swallowwort, swamp cypress, swamp pink, swan orchid, sweet alyssum, sweet box, sweet cicely, sweet clover, sweet fern, sweet flags, sweet grass, sweet gum, sweet oliver, sweet pepper, sweetshade, sweetspire, sweetwood, swine cress, sword lily, sword fern, Tahitian chestnut, tail flower, tail grape, tallow tree, tarweed, Tasmanian fuchsia, tassel tree, tassel weed, tea tree, tea plant, temple bells, temple plant, temple tree, Thale cress, Thatch palm, thorn apple, throatwort, tick trefoil, tickseed, tiger flower, tiger grass, tiger jaws, Tipu tree, toad lily, toadflax, Toddy palm, tongue orchid, Tonka bean, toothwort, torch ginger, torch lily, torch wood, Townsend daisy, trailing azalea, Transvaal daisy, traveller's tree, treasureflower, tree anemone, tree aralia, tree celandine, tree fern, tree groundsel, tree mallow, tree poppy, tree tomato, treebine, trinity flower, trumpet bush, trumpet creeper, trumpet vine, tuba root, tuberose, tulip orchid, tulip tree, tungoil tree, turnip fern, turnsole, turtle bone, twayblade, twinleaf, twin-flower, twining snapdragon, twisted stalk, umbrella leaf, umbrella palm, umbrella pine, umbrella plant, umbrella tree, umbrella wort, unicorn plant, upas tree, vanilla leaf, vanilla orchid, velvet bean, velvet plant, Venus' slipper, vernal grass, violet cress, violet grass, viper's grass, virginal stock, Virginia creeper, Virginia mallow, voodoo lily, wake robin, wall lettuce, wall rocket, wallflower, wand flower, wandflower, wand plant, Warty cabbage, water arum, water bush, water chestnut, water clover, water cress, water dropwort, water fern, water hyacinth, water hyssop, water lettuce, water lily, water melon, water milfoil, water nymph, water oats, water parsnip, water plantain, water poppy, water shield, water soldier, water starwort, water trumpet, water violet, water willow, watercress, waterleaf, watermeal, waterweed, waterwheel plant, waterwort, wax flower, wax gourd, wax palm, waxflower, wayfaring tree, weasel's snout, weeping bamboo, wheatgrass, wheeltree, whisk alder, white forsythia, white sapote, whitebeam, whitlow grass, whitlow-wort, whorl grass, widow's tears, wild bergamot, wild cinnamon, wild coffee, wild garlic, wild ginger, wild oats, wild pea, wild plantain, wild rice, willow myrtle, willowherb, windflower, window palm, windowleaf, wine palm, wineberry, winged broom, winged everlasting, wingnut, winter aconite, winter cress, winter daffodil, winter hazel, winter purslane, winter's bark, winterberry, winterfat, wintergreen, wintersweet, winterthorn, wireplant, witch alder, witch hazel, woadwaxen, Wollemi pine, wood apple, wood barley, wood betony, wood lily, wood-rush, woodruff, woody pear, wool flower, worm grass, wormwood, woundwood, woundwort, yam bean, yam pea, yard grass, yellow ageratum, yellow centaury, yellow flax, yellow jessamine, yeloow palm, yellow rattle, yellow wood, yellow wort, yellowwood, yerba mansa, ylang ylang, zephyr flower

二、三"字"词植物名

African cherry orange, African hairbell, Alpine clubmoss, Alpine saw wort, apple of Peru, Argus pheasant tree, Australian mint bush, Australian pitcher plant, autumn oxeye, bar-room-plant, berry catchfly, bird of paradise, bird's eye bush, bird's nest orchid, bird's-nest bromeliad, , blue sowthistle, blue-eyed grass, bonnet bellflower, bottle-brush bush, bottle-brush grass, bottlebrush orchid, bowstring hemp, bush honeysuckle, button snake root, California tree poppy, candlenut tree, Cape honeysuckle, castor oil plant, Chinese foxglove, Chinese ground orchid, Chinese hat plant, Chinese lantern lily, climbing butcher's broom, coastal redwood, coralroot orchid, creeping lady's tresses, curly water thyme, deadly nightshade, ditch stonecrop, dog's tooth violet, dragon's blood palm, eastern horned poppies, elkhorn fern, enchanter's nightshade, Esthwaite waterweed, farewell to spring, false buck's beard, false mitrewort, false oat grass, false rue anemone, false Salomon's seal, field bindweed, floating water plantain, floss silktree, forget-me-not, foxglove tree, foxtail grass, foxtail lily, foxtail orchid, French oat grass, fringed water lily, giant bellflower, giant water lily, gold of pleasure, golden dog's tail, golden rain tree, grass of Parnassus, great fen sedge, greater duckweed, grey hair grass, Gru Gru palm, Guinea gold vine, Gutta percha tree, hare's ear mustard, hare's foot fern, Hercules all heal, hop hornbeam, horned pondweed, horseradish tree, horseshoe vetch, ice-cream bean, Indian strawberry, Isaac and Jacob, Japanese dead nettle, Japanese foam flower, lesser clubmoss, lesser sea-fig, lesser water plantain, lipstick tree, lemon-scented fern, lords and ladies, maidenhair fern, maidenhair tree, Malabar nightshade, marsh clubmoss, Mediterranean hair grass, Mexican sunflower, Mexican tulip poppy, midnight horror, monkey-bread tree, mouse tail plant, nutmeg yew, noon and night, Norfolk island hibiscus, oxeye daisy, palm springs daisy, paper mulberry, pignut palm, plain treasureflower, pineapple flower, polka dot plant, powder puff tree, prairie cone flower, purple dewplant, rat's-tail cactus, red flag bush, red hot poker, rice-paper plant, ring bellflower, rock madwort, rose of Jericho, Russian knapweed, saltmarsh grass, sandbox tree, scarlet-fruited gourd, scentless false chamomile, sea buckthorn, sea club rush, sea milkwort, sea sandwort, shaving-brush tree, shea butter tree, shrubby dewplant, silk-cotton tree, silkworm thorn, silver saw palm, silver-flowered everlasting, snake's head iris, snowdrop tree, soap bark tree, spiny-club palm, spotted rock rose, spring starflower, St Daboec's heath, St John's bread, St Paul's wort, staghorn fern, star of Bethlehem, starfish flower, stinking bean trefoil, strap air plant, strawberry tree, swan river daisy，swan river pea，sweetpea bush，Swiss-cheese plant，tanbark oak，tansy-leaved rocker，Teddy bear vine，trailing bellflower，tre of Damocles，tree of heaven，tree of sadness，Turk's cap cactus，Venus' fly trap，Venus' looking glass，wheat-rye hybrid，wild buckwheat，wood club rush，wooly sunflower，yellow oat grass，yellow pond lily，yellow-eyed grass

三、四"字"词植物名

Alpine forget-me-not，bur forget-me-not，canary island bellflower，Chinese windmill palm，cup and saucer vine，glory of the snow，gold-and-silver chrysanthemum，great forget-me-not，lily of the Incas，lily of the valley，love-in-a-mist，mother-in-law's tongue，mind your own business，pick-a-back plant，Pellitories of the wall，round-headed club rush，youth-and-old-age

注：以上英语植物名均来自《木材出版社植物名词典》。

后 记

　　最早关注汉英语同类词汇的词义文化异同,始于笔者撰写硕士学位论文《英汉象征习语中的指称词与文化差异》(*Symbolic Idioms in English and Chinese: Referents and Cultural Disparities*),至今已过去 20 余年。回顾漫长的高校科研时光,笔者如同一只乳燕,一地一地衔泥,一点一点筑窝,终于形成眼前这本薄书。出版本书是对自己 30 载科研历程的一个总结,也希望其能成"引玉之砖",启发后学踏肩而上、获得硕果。

　　"桐花万里丹山路",抱朴守拙维初心! 在科研选题上,笔者经历了从迷茫、怀疑、清晰到专注的过程。2007 年 2 月,笔者赴美国密歇根州立大学访学,旁听了其文学院的语言文化认知相关课程,并在图书馆系统查阅了文献资料,发现自己关注思考的汉英植物类词汇对比值得深入研究。回国后,笔者进一步明晰思路,确立了汉英专类词汇对比研究这一领域。

　　2008 年至 2011 年,在职修完上海外国语大学英语语言文学博士课程后,笔者有幸师从许余龙先生,在撰写博士学位论文的过程中获得了导师的悉心指导、引航、把舵。三年间,笔者不定期地往返奔波于上海虹口校区和杭州临安两地,终于在 2011 年底完成论文,获得答辩委员会专家们的一致肯定,顺利通过答辩。专家们认为,"英汉植物词语对比研究"选题虽小,研究者少,但有意义。2012 年暑期,笔者前往英国班戈大学参加国际双语认知语言学理论研讨班(International Bilingualism Cognition Theory Seminar at Bangor University),得到国际认知语言学界知名专家、词汇概念和认知模型理论创始人维维·埃文斯(Vyv Evans)教授的肯定和点拨。2014年,研究课题"概念隐喻视角下的汉英植物名词义概念及隐喻映射对比研究"获得国家留学基金的资助。2015年2月,受埃文斯教授的邀请,笔者再赴英国班戈大学语言学和英语学院(School of Linguistics and English Language at Bangor University)访学进修,大大提升了前期的研究积累。

笔者获得博士学位后,相继完成了浙江省社科规划、浙江省社科联、世界汉语教学学会等资助的多个课题,围绕"汉英植物词语隐喻对比"这一主线,在《西安外国语大学学报》《解放军外国语学院学报》等期刊上发表了系列论文,2016年出版了《英汉植物词汇词义特征及其文化理据对比研究》,再次坚定了笔者勇毅前行的信心和力量。

在深入开展中外语言文化交流与文明互鉴、构建人类命运共同体的背景下,2017年5月,笔者受国家汉办派遣,前往塞尔维亚诺维萨德大学孔子学院担任中方院长。在孔子学院履职期间,笔者经常与诺维萨德大学哲学院院长、博士研究生导师伊凡娜·捷万契维奇·赛凯露丝(Ivana Živan Čevi Č-Sekeruš)教授就不同语言间植物名对比研究进行交流,了解了塞语植物名与汉英植物名的各种语言共性。这触发笔者对自己研究领域的深入思考,有了写新书的冲动。作为一名从事中外语言文化交流的教育工作者,笔者认为全面阐释"他物喻植物"汉英专类词汇的认知理据和文化内涵,可为年轻的跨文化学习者提高民族文化意识、吸收传统文化养分提供新颖独特的素材。于是,在2020年暑期,笔者开始着手梳理新书的逻辑体系、理论框架,整理资料,起草部分章节;2023年6月一回国,便埋头撰写书稿,日夜兼程,终于在龙年春节来临前脱稿。

本书源于笔者的博士学位论文,又高于博士学位论文。研究对比植物名词义的共性与个性,虽然是微观探讨,但词义是语言文化的基石,不厌其小才能见微知著,日积月累才能集腋成裘。本书是继上述成果发表之后,对汉英植物名专类词汇研究的提升,部分章节内容源自笔者发表的论文和专著,收入本书时作了扩充与更新。本书的出版,获得了浙江农林大学领导和多个部门的支持与帮助,在此谨致谢忱!数十年的求学和教研,热忱依旧。一路上,笔者获得了众多老师、同仁以及友人给予的教导、启发和鼓励,在此向他们由衷地表示感谢。特别感谢浙江大学出版社曲静老师给予的大力帮助和支持！

　　限于本人学识水平，缺憾、错误恐难免存在，敬请各位专家、同行学者和广大读者批评指正。

陈　晦

2024 年 1 月 30 日于杭州临安